中共湖北省委宣传部与中南财经政法大学共建新闻学院项目成果

文澜学术文库

Research on
Public Welfare Communication of
Chinese New Media

中国新媒体公益传播研究

李晓红 著

社会科学文献出版社
SOCIAL SCIENCES ACADEMIC PRESS (CHINA)

总　序

中南财经政法大学新闻与文化传播学院建院虽然只有十余年，但院内新闻系、中文系和艺术系所辖学科专业都是学校前身中原大学1948年建校之初就开办的，后因院系调整中断，但从首任校长范文澜先生出版《文心雕龙讲疏》开始其学者生涯，到当代学者古远清教授影响遍及海内外的台港文学研究，本校人文学科的研究可谓薪火相传、积淀丰赡。

1997年，学校重新开办新闻学专业，创建新闻系，相关学科专业建设开始步入新的发展阶段。2004年，新闻与文化传播学院组建。近年来，在学校建设"高水平、有特色的人文社科类研究型大学"的发展目标的指引下，中文系和艺术系相继在2007年和2008年成立，人文学科迅速得到恢复和发展。

为了检阅本院各学科研究工作的实绩，进一步推动研究的深入和学科的发展，我们将继续编辑出版本院教师系列学术论著"文澜学术文库"丛书。

丛书以"文澜"命名，一是表达我们对老校长范文澜先生的景仰和怀念，二是希望以范文澜先生的道德文章、治学精神为楷模自律自勉。

范文澜先生曾在书斋悬挂一副对联："板凳要坐十年冷，文章不写一句空。"这种做学问的自律精神在今天更显得宝贵和具有现实意义。《文心雕龙讲疏》是范文澜先生而立之年根据在南开大学的讲稿整理完成的第一部学术著作，国学大师梁启超为之作序："展卷诵读，知其征证详核，考据精审，于训诂义理，皆多所发明，荟萃通人之说而折衷之，使义无不明，句无不达。是非特嘉惠于今世学子，而实有大勋劳于舍人也。"学术研究之意义与价值，贵在传承文明、承前启后、继往开来、推陈出新。范文澜先生之《文心雕龙讲疏》后又经多次修订，改名《文心雕龙注》以传世，作者有着严谨的学风、精益求精的精神，实为吾辈楷模。正因如此，其著作乃成为《文心雕龙》研究史上集旧注之大成、开新世纪之先河的里程碑式的巨著。

先贤已逝，风范长存。高山仰止，景行行止。虽不能至，然心向往之。

是为序。

胡德才

2015 年 7 月 6 日于武汉

序

中国的公益事业正由长期以来的政府主导向社会主导转型，公众自发参与民间公益活动已成为一种普遍的社会现象。以互联网为代表的新媒体，因其即时互动、公开透明、方便快捷等特点正日益成为公益传播的重要载体，有效实现了公益的平民化、日常化和多样化，极大地推动了社会公益精神的普及，促使了社会化公益时代的到来。这对于繁荣和发展中国现代公益事业、促进社会管理模式创新、培育市民社会有着重要的现实意义。

2008年汶川地震极大激发了国人的公益慈善热情，民众自发积极地参与到赈灾救灾当中来，改变了以往完全由政府主导的公益局面，民间公益事业的全面展开，把中国带入了一个"善时代"。随着互联网在中国的快速发展，互联网技术方便快捷、即时高效等特质更对中国公益事业的发展起到了极大的助推作用。从2011年以微博为信息平台的"免费午餐""大爱清尘"等一批民间微公益的起步，到2018年国家民政部依法公开遴选指定20家互联网募捐平台，依托网络新媒体的公益传播已经形成了一个多元化、专业化的公益传播平台体系。"免费午餐"这一发自民间的公益传播活动，由于公开透明及可参与性强的特点而吸引了公众的积极参与，在全国范围内形成一股强大的舆论力量，直接促成了政府"农村义务教育学生营养改善计划"的启动和实施，"免费午餐"公益传播活动的成功充分证明，在公益传播过程中创造性地运用新型公众参与平台的重要性以及探索政府与社会合力发展的新型公益传播模式的必要性。2016年9月1日，《中华人民共和国慈善法》开始实施，标志着我国互联网公益事业发展进入一个新的阶段。移动支付、大数据、区块链等互联网技术的蓬勃发展，给中国公益事业注入了科技创新的力量。移动互联网兴起、公民意识进步、新慈善法出台，都成为公益事业发展和社会进步的重要推力，网络捐赠额从几千万元增长到了几十亿元。

　　人们的一切社会行为都由其价值观所决定。因此，由美国印第安纳大学慈善研究中心所提出的"公益是指个人或组织基于价值观来实现公共利益的志愿行动"这一定义被社会广泛接受。当前，中国正处于社会转型和利益分化时期，在新媒体所建构的这样一个开放多元的公共领域里，社会的各种公益价值观念得以充分地表达和交锋；社会的各种公众参与需求得以创造性地满足与实现。那么，在新媒体公益传播中，公众的价值表达和自发参与有何特点、产生的问题及其生成原因是什么、我们应该如何来规范这些价值表达和公众参与行为，都是亟待思考和解决的问题。

目 录

绪 论 / 001
 一 选题缘起：依据与意义 / 001
 二 研究现状分析 / 003
 三 理论框架与研究问题 / 009
 四 研究目标与研究方法 / 013
 五 核心概念的界定 / 013

第一章 新媒体公益传播的发展历程 / 019
 一 中国新媒体公益传播的兴起 / 020
 二 发展期：公益网络平台出现 / 023
 三 繁荣期：微公益时代到来 / 026
 四 专业期：互联网募捐平台的发展 / 030

第二章 新媒体公益传播的发展动因 / 034
 一 互联网技术的发展及普及 / 034
 二 社会组织的蓬勃发展 / 039
 三 志愿服务的发展和捐赠文化的形成 / 042
 四 互联网众筹模式的出现 / 045
 五 公益相关政策法规的不断完善 / 048

第三章 新媒体公益传播的特点 / 051
 一 平台信息传播 / 051

二　社交关系传播 / 054

　　三　多元场景传播 / 058

　　四　科技创新传播 / 061

第四章　多元与冲突：新媒体公益传播中的价值表达 / 066

　　一　新媒体公益传播中的多元价值观 / 067

　　二　新媒体公益传播中的价值观冲突 / 075

第五章　新媒体公益传播中的公众参与 / 082

　　一　公众参与的现实基础——新媒体公共领域 / 082

　　二　新媒体公益传播中公众参与机制的形成 / 085

　　三　新媒体公益传播中的公众参与类型 / 089

　　四　参与领域：以扶贫、教育、救助为主 / 097

第六章　新媒体公益传播存在的问题及其原因 / 104

　　一　存在的问题 / 104

　　二　新媒体公益传播中问题产生的原因 / 112

第七章　新媒体公益传播的良性发展策略 / 119

　　一　完善公益事业法律体系，加强监管 / 119

　　二　构建核心公益价值观 / 123

　　三　探索良性合作模式，加强行业自律 / 127

　　四　"公益+商业"实现可持续发展 / 138

第八章　新媒体公益传播典型案例研究 / 141

　　一　免费午餐项目 / 141

　　二　腾讯公益与"99公益日" / 149

　　三　轻松筹 / 154

　　四　湖北长江垄上集团——传统媒体的网络扶贫 / 159

结　语 / 168

参考文献 / 170

附录1　2013年淘宝公益店发展情况统计 / 182

附录2　"免费午餐"活动中邓飞微博部分内容 / 186

附录3　免费午餐退出情况 / 195

附录4　轻松公益平台公益机构筹款及支持情况 / 196

绪　论

一　选题缘起：依据与意义

1. 研究依据

20世纪以来，全球性的社会机构变迁展现出一个崭新的潮流和趋势，即在原先的政府领域、市场领域基础上迅速地崛起了非营利性的第三方领域。这一领域又叫志愿领域、慈善领域或社区领域。公益事业作为第三方领域的重要组成部分，正不断发展成为全新的社会公共空间和公共领域。

在2008年汶川大地震的灾难救助中，民间公益组织的力量得到凸显，中国公益事业的社会化进程拉开序幕。中国的公益事业从长期以来的政府公益向社会化公益转型。同时，在汶川大地震中起了重要作用的中国互联网也正式成为中国社会主流信息传播平台。成为公民参与公益，培养公民意识，实现自我管理，构建市民社会的一个重要途径。

2011年，一个网名叫"郭美美baby"的女孩的一次网络炫富，使得中国红十字会等官方公益组织遭遇了前所未有的全民信任危机。"郭美美事件"掀起的互联网公益监督热潮，揭示出当前中国的社会公益事业亟须加强公开透明的监管并增强社会公信力。在红十字会等主要官方公益组织受到社会质疑，信任危机频发的时候，以"免费午餐""微博打拐""大爱清尘""老兵回家"等为代表的微公益活动，正在由民间发起，并在全国掀起了一股公益热潮，微公益充分利用了网络媒体的及时性、互动性、草根性等特点，真正实现了公益的常态化、平民化、社会化。随着微信等社交媒体的兴起和发展，基于朋友圈等强关系的社交传播成为公益传播的常见方式，公益与日常生活、娱乐、教育创意性地结合，实现了人人可公益的全民参与局面。大数据、智能技术、云计算、区块链等互联网技术的发展改变了中国的传统公益格局，极大地促进了公益事业的发展。

以新媒体为切入点研究中国公益传播，理由如下：

第一，新媒体代表一种和传统媒体完全不同的媒介形态，体现出及时、双向、互动、去中心等传播特点，其可贵之处在于它对社会公众进行了赋权，使媒体成了公民自由发言的平台。传统媒体的话语权威正在逐渐消解。同时，新媒体也为那些在传统主流媒体中难以表达的话题和内容提供了表达和传播的平台，并得到社会各界的广泛关注，进而得以上升到更深层面的探讨，甚至引起了制度、法律等方面的深刻变革。

第二，由于受到中国历史和政治因素的影响，中国的公益传播事业一直处于非正常的发展状态，政治意志和市场因素构建了公益传播的主导性框架，而且和其他因素如媒介角色定位等相互交融、渗透，构成了现实中复杂多元的传播图景。在这样的传播范式中，新媒体对公众进行公益观念的普及，改良公益传播方式，对于促进公民意识的觉醒和市民社会的培育至关重要。

第三，新媒体在我国当前的发展呈现迅猛势头，其强大的人际传播、组织传播、大众传播功能意味着全民公益时代的到来，也意味着一个自我管理社会时代的到来。但是，在这样一个自我管理的过程中，也存在着相关法律滞后与不完善而造成的公益传播现实中法律监管的漏洞。新媒体因为其双向互动、公开透明、去中心化、去权威化等特点，而具有强大的舆论监督功能，通过新媒体对公益事业进行监督，能促使中国公益组织透明化，使中国公益事业走上专业化发展道路。

第四，新媒体公益传播是传播主体通过公益行为进行价值观表达的过程，在这个过程中，我们看到了中国传统价值观与现代价值观的明显特征，新媒体呈现并提供了一个各类公益价值观表现及冲突碰撞的公共空间。新媒体公益传播也是一个公众自发参与的过程。在这个过程中，各种信息、组织管理方面的问题也会造成非理性、违法等无序参与状态。因此，研究新媒体公益传播中存在的问题并寻求解决对策，已经迫在眉睫。

2. 研究意义

中国社会正处于转型期，社会利益不断分化、贫富差距日益加大等问题已经成为社会发展的不利因素。发展公益事业对于消除贫富差距，寻求社会公平正义，改良社会问题，培育市民社会具有十分重要的现实意义。当前，通过新媒体进行的公益传播活动正成为社会热潮，如何在多元化的公益价值观格局中构建主导公益价值理念，如何在公众的自发参与中警惕无序化状态，都是摆在我们面前的亟待研究并解决的问题。研究新媒体公益传播，寻求其良性发展策略，可以有效地促进中国公益事业的发展。

二 研究现状分析

关于新媒体公益传播的研究，不同阶段研究重点不同。早期关于新媒体公益传播的内容散见于《中国第三部门观察报告》《中国民间组织报告》《中国公益发展报告》等行业年度报告中。研究主要集中在传播主体、模式、意义等方面。随着《慈善法》的颁布实施和民政部批准20家互联网募捐平台，关于互联网募捐和众筹的相关研究逐渐增多。

1. 关于新媒体公益传播发展阶段的研究

互联网技术与技术史上的其他技术形式一样，在发展与应用的过程中，与社会各个领域发生着复杂且丰富的互动。刘秀秀（2019）认为互联网公益是"互联网+"国家战略的重要组成部分，在20余年的发展历程中，经历了三个阶段："公益+互联网"的1.0阶段、"互联网+公益"的2.0阶段、互联网与公益真正融为一体的3.0阶段。其中遍布着技术应用及其行动者的消亡、转型、新生、重生等事件，这是互联网技术应用到公益领域的"死与生"的故事，也是技术与社会相互调试的过程，市场、政策和舆论等诸多因素是其互构的中介与桥梁。

2. 关于新媒体公益传播模式的研究

王齐（2010）在《慈善公益传播的网络方式——以腾讯公益为案例》一文中，对传统的公益传播与现代的网络传播进行了比较。他认为，传统的公益传播方式，相对来说，成本比较高，基本属于小众群体参与模式，在定位与理念、资金投入上都存在缺陷和不足。这就决定了它对大众传媒的运用能力较弱，受众目标也仅仅是一小部分人，效果并不理想。而互联网公益传播，首先做到了对用户的精准投放，将多种传播手段进行整合。这种多元化的整合推广，与传统意义上的公益传播形成了优势互补。"互联网所带来的传播形式不仅融合了推广效果，更实现了人人公益的大众传播手段。使每一个网民都可以没有门槛地加入公益行为行列中来。"王齐认为，互联网公益传播具有多样性，体现在公益信息传播的及时性、公益行为的持续性、网络传播的互动与交互性，带来了公益2.0的网络新时代。

《中国互联网公益传播模式初探》（赵华，2010）一文中对中国互联网公益传播的发展历程进行了梳理，分析、比较了传统媒体公益传播与互联网公益传播的传播要素构成、传播模式以及各自的传播特点。论文分析了现有互联网公益传播模式下公益传播活动所产生的一些弊端，尝试性地提出了互联网公益传播的多元互动综合传播模式。此外，《基于社会化媒体之公益传播"翘尾现象"探析》《浅析自媒体时代的公益传播扩散》等论文，也主要是从传播模式或传播效果入手进行的研究。以上关于新媒体公益模式的研究虽然能具象化地呈现公益传播的特点，但多是以一种静态的方式进行研究，以传播模式而不是传播行为本身为研究对象，缺少了对新媒体公益传播中传播者的观察。

2011年以微博为载体的新媒体公益传播风靡全国，"免费午餐""宝贝回家""大爱清尘"等由民间自发组织的公益传播活动，体现了民间公益的大能量。《2011年中国微公益传播报告》（张宁、吴嘉颖，2012）对2011年社会影响比较大的微公益案例的传播策略进行了详细分析，策略包括巧用名人效应、借力电商合作、整合传播渠道、搭建组织合作、策划营销事件、善用政府关系六个方面。通过对微博打拐、大爱清尘、宝贝回家、爱心衣橱、爱之家动物救助、免费午餐六项微公益传播活动传播策略的分析，提出了公益组织传播策略的相关建议，认为整合传播模式已经成为新媒体时代公益组织的策略性核心理念。一方面，公益组织应借助草根与微博的力量，发展"公开、透明、自发"的"微公益"模式；另一方面，整合线上与线下传播渠道，利用意见领袖的话语权增强公益活动的公信力，加强与电子商务平台合作，创新公益组织与运营机制，善用政府关系使公益项目得以长期运转。

3. 关于公益传播主体的研究

王炎龙（2009）在《我国媒体公益传播研究分析》中结合市民社会逐渐形成的背景，以传播主体为标准，将公益传播分为"媒体公益传播"、"企业公益营销"、"政府公益管理"和"民间公益参与"四个维度，形成公益传播的四维框架。以探讨在公益传播的运行结构和系统中，四个主体出于何种动机、何种需求，如何统筹与发挥各自功能，参与公益传播，并最终实现公益传播效果最大化。

《社会化媒体与公益营销传播》（赵曙光、王知凡，2014）一书中根据社会化媒体公益传播营销的不同主体，将其分为政府组织的公益营销传播、NGO组织的公益营销传播、企业组织的公益营销传播、网民组织的公益营销传播。

《"格桑花"在虚拟社区中绽放》（冯利，2011）一文中，以格桑花西部助学组织为例，从组织边界、身份、业务主管、发起及基础、组织宗旨、组织价值观、组织目标、决策、组织结构与制度、核心能力、办公场所、项目、人员、运作成本、组织灵活性、组织的稳定性及持续性方面详细分析了虚拟公益组织与实体公益组织之间的区别，并提出了虚拟公益组织的发展趋势是由虚拟到实体，但继续保持虚拟的思考。

《新媒体与NGO：公益传播中的数字鸿沟现象研究》（钟智锦、李艳红，2011）统计调查了国内403家NGO，考察了新媒体时代我国社会组织对新媒体的使用情况，他们认为这种使用被视为广义的公益传播的组成部分。通过研究，论文描述了新媒体技术时代我国NGO使用新媒体的基本状况，包括使用新媒体的程度、主要使用新媒体的哪些功能等。研究发现，在中国的NGO中，计算机与互联网的普及程度较大，"数字硬件鸿沟"其实并不明显。但是，硬件的普及并不意味着所有的NGO用户都能充分享受新媒体带来的益处，不同的NGO在计算机和互联网应用方面存在较大差异，这主要表现在对以Web2.0为代表的互联网服务的采用的差异上。

吴欢超（2016）对新媒体浪潮下不同性质的公益组织类型及其发展机遇与挑战进行了分析，用案例分析法对公益组织的新媒体策略进行了介绍。

4. 关于社交媒体公益传播的研究

有关社交媒体的研究近几年来逐渐兴起。主要集中在社交网络对现实社会的影响、社交网络的结构特性与演化机理、信息模型及演化规律、社交网络时代的营销等诸方面。《在线社交网络分析》（方滨兴，2014）揭示了社交网络的"结构、群体、信息"三个要素之间的复杂交互关系和互动规律，为开展社交网络分析与信息传播研究提供了重要的理论和技术支撑。《社交网络改变世界》（弗雷泽、杜塔，2013）深入剖析了社交网络中的三大现象：身份日益多元化、地位日益民主化、权力日益分散化。《关系营销2.0——社交网络时代的营销之道》（Smith，2013）指出，通过建立线上关系网络实现关系营销是企业必不可少的营销方式和途径。

《社会化媒体与公益传播营销》（赵曙光、王知凡，2014）一书中提出，社会化媒体公益营销传播的O2O模式分为信息公告型和信息平台型。信息公告型是指第三方组织将公益活动发布到社交媒体平台后，受众通过线上报名参与或自发参与线下活动，通过社会化媒体记录活动中的所见所闻，受众不仅能够参与到具体的公益营销中，还能够主动寻找受助对象并发布信息，提升了受众参与公益营销的主动性。信息平台型是指第三方组织在社会化媒体上发布活动号召，无须提供受助对象的具体个案信息，而是为需要帮助者和提供帮助的人搭建沟通平台。

《"社会化媒体"的发展与其背景下的公益传播》（师曾志、徐娟、潘聪平，2011），梳理了"社会化媒体"的概念和历史，针对社会化媒体的分类、特征，结合具体案例，从网络公共精神的孕育、网络信任机制的建立、公共话语空间的构建以及双向传播模式的发展等方面探究了其对公益传播和市民社会发展的重要意义及影响。文章认为，公益传播事业的发展与中国市民社会尤其是网络市民社会逐渐形成密切的关系。他们称，国内外学者已达成一定的共识，即中国市民社会的发展与互联网的广泛应用高度相关。他们认为互联网公益传播的主体、信息内容及反馈、信息扩散的范围、传播效果等都是传统主流媒体所无法比拟的，其公益传播的意义主要体现在以下几个方面：其一，社会化媒体所建构的公共空间孕育着公共精神，这与公益传播的终极目标一致；其二，从公益传播的主体来看，社会化媒体赋予了每个人创造并传播内容的能力，其"去中心化"和"低进入门槛"

给予个体话语权，每一个个体都可以成为公益传播的主体，扩大了公益传播主体的构成，扩充了公益传播的分众和小众传播渠道；其三，从传播效果来看，社会化媒体改变了传统的单向传播模式，其形成的双向传播和频繁互动消除了部分受众因接收过量信息而产生的厌倦感，同时，通过社会化媒体形成的弱关系使得传播能够抵达范围更广的人群，跨越更大的社会距离；其四，从公益传播基础来看，公益传播有效抵达的基础是信任，而社会化媒体的发展正是基于现实和网络中人与人之间的相互信任，社会化媒体的信任机制是公益传播依靠的力量。

《微行大益》（王秀丽，2013）探讨了社会化媒体现状与发展、公益理念与实践的发展演变，分析了基金会社会化媒体使用现状；对微博公益、社交网站、博客公益、电子商务、视频分享网站、开放信息平台、LBS[①]公益等社会化媒体公益产品资源进行了介绍，并对社会化媒体公益项目成功案例进行了分析。

5. 关于网络公益众筹的研究

鲁篱、程瀚（2020）对水滴筹事件进行了研究，认为我国网络慈善众筹平台存在诸多缺失，商业性平台和公益性事业之间的紧张关系致使慈善众筹平台的商业化倾向十分严重，直接导致慈善众筹平台在运行中存在信息严重不对称、合规管理缺失以及监管缺位等问题，解决之道是创新监管机制，有效切割商业组织与慈善众筹的关联，由公益组织来开展慈善众筹，同时强化平台的信息披露、通过信息规制工具提高监管效能，完善慈善众筹的内部合规管理。

王佳炜、初广志（2016）认为，作为技术赋权的产物，互联网公益众筹通过降低公民参与成本，为公民参与公共事务提供便捷通道；通过增强社会自组织程度，推动公民自治；实现由公共权力解决的问题回归由社会自身负责；通过培育社区意识，增加人们对集体的责任感和对社会公共事务的兴趣。互联网公益众筹势必会成为我国社会大众参与社会公共事务的有效途径之一。搭建高效、安全的互联网公益众筹平台，实现互联网公益

[①] LBS（Location Based Service），是通过电信移动运营商等无线电通信网络（如 GSM 网、CDMA 网）或外部定位方式（如 GPS）获取移动终端用户位置信息，在地理信息系统平台支持下，为用户提供相应服务的一种增值业务。

众筹的合法性，形成监督机制，都是保障互联网公益众筹在未来健康、可持续发展的基础。

金锦萍（2017）认为，在慈善法颁布实施之后，慈善募捐有了一定依据，但是依然需要从原理到规则层面进行全面梳理和廓清。募捐主体、募捐地域限制和网络募捐平台的法律地位是其中最为关键的三个问题。

蔡明章、王林、吴江（2020）从互联网技术对公益众筹的影响角度进行了分析，认为区块链具有的去中心化、不可伪造、可以追溯、公开透明等技术特征，为互联网公益众筹发展提供了具有创新性的技术方案。区块链技术在互联网公益众筹领域主要有信息追溯、增信认证、审计结算、数据共享、信息安全五个应用场景。基于区块链的互联网公益众筹应用框架，主要包括基础技术层、智能合约层与应用服务层三个层面，实现的善款追溯、信息公开、数据共享等功能解决了目前互联网公益众筹领域存在的诸多问题。

6. 关于互联网公益动机、商业与公益关系的研究

陈娟、李金旭（2018）对轻松筹项目的参与动机进行了研究，认为在技术支持下，轻松筹已成为我国社交公益众筹平台的代表。虽然"合群""关系"也是驱动捐助行为的重要因素，但从轻松筹的捐助行为来看，西方现代慈善理论中舶来的"陌生人伦理"开始浮现，捐助中的利他性更强；而在涉及传播者自身形象建构、个体自我展示及获得认同的项目信息传播上，利己倾向更为显著。然而，即便是利他性更强的捐助，当捐助者与被捐助人/捐助项目发起者"关系"越近时，其捐助行为也越利己；在利己性更强的信息传播中，高学历者会将轻松筹项目的信息传播与个体形象相结合，因此，他们更不容易受到"关系"和"圈子"的影响。

彭小兰（2014）认为，公益慈善作为社会性的德性，是为了实现公共利益的志愿性的道德行为，也是维护现代社会秩序以及走出道德实践困境的重要途径和迫切需要。从利他维度看，公益慈善是超越利己但不排除利益的利他行为，同时是源于同情心但不排除理性的利他精神。从公德维度看，公德发展呼唤公益慈善发展，同时公益慈善与公德又是互利共生的。基于合理地回应社会问题的需要，我们对公益慈善进行道德原则设计与方式探索，这对于现代公益慈善合理性论证具有理论指导性，对现代道德实践具有现实指引价值。

康晓光（2018）反对从"商业中心主义"出发来看待公益与商业关系，也反对从"公益中心主义"出发来看待公益与商业关系，通过建立一个分析框架，从人性论、价值观、资源运用规范、微观组织形式、宏观运行机制、公益与商业互动模式以及上述各项的内在联系出发厘清公益与商业关系，主张公益不能化约为商业，公益有其不可替代的人性和制度基础，以资本主义市场经济制度为前提，立足中华文化，重建现代公益的伦理基础，建构"人类向善"的替代路径，为公益发展提供了基础性的伦理和理论支撑。

综上所述，以往学术研究对新媒体公益传播的历时性分阶段的梳理和研究并不多见；对于新媒体公益传播中公益价值观的多元性、冲突性观察并不全面；对于新媒体技术给公益传播带来的变化以及特点的分析也并不深入。因此，本书将对新媒体公益传播在中国的发展及其原因、特征及其功能、公益价值表达及公众参与进行全面的分析。

三 理论框架与研究问题

1. 价值观理论

关于价值的理解，西方哲学史上至少存在三类不同的说法：一是以客体自身的功能和属性来规定价值，突出和强调价值的客观性。二是以主体和主体的需要来规定价值，突出和强调价值的主观性，这种观点认为事物本身不具有价值，事物之所以有价值是因为它们被人们所追求或使人们得到满足。三是以主体与客体关系来规定价值（吴向东，2009）。在对价值的理解上，需要在价值的本体论层面，或者说在价值与存在的关系中把握价值。作为价值意识，价值观是关于价值（即人的生存的意义）的看法、观点和态度，表现为对一系列的基本价值的态度、信念和信仰。价值观是一个系统，作为一种体系，它有着自己的内在结构。人们在现实生活中，形成了三种基本的具体的现实的关系：人与自然、人与社会（他人）、人与自身的关系。在这三类价值观中关于人与社会（他人）关系的价值观无疑是最重要的，制约着其他两类价值观。

20世纪60年代，公民文化研究出现，其关注的问题是公民价值观、公民态度及行为的影响因素和发生机制。Inglehart（1997、2005）认为，经济发展、工业化、城市化、全民教育、资讯发达等现代化因素会催生公民价值观从传统价值观向"自我表达价值观"转变。在经济不发达的前工业化社会里，民众会更关注经济利益、温饱等物质主义价值；而在工业化和后工业化社会，基本物质需求已得到满足，民众对物质层面价值的关注程度下降，对言论自由权、政治决策过程中的价值表达更为重视。

价值观与价值观念是有区别的。两者是一般与特殊、抽象与具体的关系。价值观是关于价值的根本看法，价值观构成价值观念的理论基础，是各种价值观念的抽象和概括；价值观念较具体，是价值观在有关问题上的体现和具体化。新媒体公益传播呈现出了丰富多彩的价值观念，诸如因果观、报恩观、市场经济互利观等，这些都可以上升到价值观的理论层面去理解和分析，而价值观中个人与他人的关系则可以成为辨析这些价值观念的根本方法。如何认识公益传播中各类复杂的公益价值观念，归根结底是如何认识利我、利他、互利等公益价值观的问题。

2. 公众参与理论

公众参与是一种公民权利的使用，是一种权利的再分配。加强公众参与可以培育公共精神，增进公众的利益集结和表达，改善地方治理，进而增强公众对政府的信任感（帕特南，2001）。Arnstein（1969）提出了公民参与阶梯，将参与分为八个层次，从低到高依次为：操纵、治疗、告知、咨询、安抚、合作伙伴、授权、公民控制。Connor（1988）构建了一个新的公众参与阶梯，试图更加系统地预防和解决关于具体的政策项目中的公共争议。新的阶梯由七部分组成，自下而上分别是教育、信息反馈、咨询、共同规划、调解、诉讼和解决预防。积极的公众参与能使个人成为自己的主人，公众参与是追求自我实现、爱与同属感的过程（Maslow，1954）。社会成员在参与过程中学习，从而理解、认知不同的价值观。

公益组织是共意性社会运动组织，在推进社会公益事业发展方面起着重要作用。在"公众为什么会参与社会运动"的研究领域里，存在两种假设。社会契约论者等西方思想家假设人类都是根据理性、自利而行动的，将人类结社归结为理性的自利使然。另外一种假设认为，人类的意识形态、心理因素及文化等，对于公众是否参与集体行动也有重要的影响。

3. 议程设置理论

议程设置是大众传播媒介影响社会的重要方式，其观点主要来自政治学，李普曼的《舆论》最早提出该思想，被认为是传播学领域的奠基之作。"议程设置理论"认为大众媒介往往不能决定人们对某一事件或意见的具体看法，但是可以通过提供信息和安排相关的议题来有效地左右人们关注某些事实和意见。传统议程设置理论认为，新闻媒介提供给公众的是它们的议程。大众传媒对事物和意见的强调程度与受众的重视程度成正比，受众会因媒介提供议题而改变对事物重要性的认识，对媒介认为重要的事件首先采取行动。新媒体颠覆了传统的议程设置理论，议程设置不再由少数的传统媒体所设置，所有的网民都可以进行议程的设置。传统的传播学的5W要素已经被Anytime、Anywhere、Anyone、Anything所代替。在新媒体公益传播中，由网民发起的公益传播活动结合了新型的电子商务平台，因此所设置的活动议程可以被固定下来，而不会由于新媒体信息传播的海量、碎片、实时更新而被淹没。因此，在新媒体公益传播中，我们可以从以上方面结合新媒体公益传播中议程设置的特点进行分析，力图产生新的理论发现。

4. 市民社会理论

市民社会（Civil Society），在西方是一个与人类社会结构内部变化相一致的、具有历史渊源的概念。它表达的是一种不同于国家构造的、文明化的、世俗的、与私人和独立经济以及民主相联系的社会存在。市民社会被当作国家或政府系统，以及市场或企业系统之外的所有民间组织或民间关系的总和，它是官方政治领域和市场经济领域之外的民间公共领域。一般来说，市民社会"表示国家控制之外的社会和经济安排、规则、制度"，是指当代社会秩序中的非政治领域（米勒、波格丹诺，1992）。市民社会作为社会的第三部门，相对于第一部门组织来说，是非政府组织；相对于第二部门市场组织来说，是非营利组织。因而，民间性、公益性、自治性成为社会组织的基本组织属性和特点。党的十七大报告提出的"重视社会组织建设和管理"，把培育和发展社会组织纳入社会建设和社会管理的重要内容，对推进我国社会的制度创新、政策创新，对市民社会组织的健康发展，都是非常重要的。在市民社会发展的今天，政府不再是唯一的公共管理组织和部门，它对公共权力的垄断将成为历史，只有政府与市民社会在公共生活中合作进行管理，才能够真正实现善治，也就是公共利益最大化的社会管理过程。在新媒体公益传播中，公众通过新媒体积极参与社会公益，实现社会的自我管理正成为中国市民社会发展的一种重要力量。

5. 集群行为理论

集群行为，又称作"聚合行为"。最早研究集群行为的学者是法国社会心理学家古斯塔夫·勒庞（Gustave LeBon），他被看作集体行为和社会运动研究的鼻祖。勒庞的整个理论的核心就是所谓的心智归一法则（The Law of Mental Unity）。他认为，作为个体的人个个不同，但一般都是理性的、有教养的、有文化和负责任的。但一旦聚到一起，随着聚众（Crowd）的规模逐渐增大，他们之间就会互相影响、启发和感染，最后导致原本互不相同的个体在思维和行为方式上逐渐一致；其行为也越来越受到脑下垂体控制，变得越来越非理性（Irrational）。

符号互动理论大家布鲁默在勒庞的基础上创造了集体行为形成理论。心智归一法是纯粹的社会心理学理论，但勒庞却认为他的理论能够解释从集体行为到社会运动，到革命的所有聚众现象。与此同时，勒庞的理论没有涉及聚众形成的任何微观机制，也没有指明从暴乱、社会运动到革命等各类不同聚众得以形成的结构性条件。与勒庞不同，布鲁默首先申明他的理论仅适用于解释集体行为，而不能解释社会运动和革命；他同时认为，集体行为、社会运动和革命的后果并不总是负面的，因为聚众现象既反映了社会变化，也给社会变化提供了一定动力。布鲁默还在其理论中引入了社会学的结构变量。其模型的出发点是社会变化导致的个人生活方式的变化，也给社会变化提供了一定动力。这种变化导致不安、孤独甚至怨恨，因而奠定了集体行为发生的前提条件。但是，布鲁默理论中关于聚众形成的机制则继承了勒庞的社会心理学视角。尽管与勒庞一样，布鲁默也认为聚众中的个人是比较容易相信谣言、产生扩张性感觉和非理性行为的，但与勒庞不同的是，布鲁默运用符号互动理论，对聚众形成过程的机制进行了专门阐述。新媒体公益传播中的公众参与是一种集体行为的体现，公众公益行为非理性、盲目等特点可以在集体行为理论中找到理论解释。

四 研究目标与研究方法

1. 研究目标

考察中国新媒体公益传播的发展历程及发展动因,从媒介技术的角度来观察新媒体技术对公益传播所带来的影响,通过分析新媒体公益传播中不同的公益价值理念,来展现当前新媒体公益传播中公益价值观的多元化及其所带来的冲突,研究公众通过新媒体参与公益传播活动的渠道与方式,展示当前中国新媒体公益传播中公众参与的现状及问题,并提出新媒体公益传播发展的良性对策。

2. 研究方法

(1) 文献研究法

通过收集相关文献资料,了解中国公益事业的发展历程与现状及相关政策理论;了解国外公益事业管理的先进做法,并为改进中国公益发展策略提供依据。

(2) 深度访谈法

通过对西部格桑花、麦田计划、中国报恩网及滴水公益等公益组织及其工作人员进行深度访谈,了解民间公益组织的网络传播动机、传播内容、传播方式及面临的现实问题。

(3) 个案研究法

选择比较有代表性的新媒体公益传播个案作为研究对象,分析其传播特点、传播者身份及传播策略,探寻成功的新媒体公益传播模式。

五 核心概念的界定

1. 新媒体

新旧总是相对而言。对于报纸来说,广播是新媒体,对于广播来说,电视是新媒体,而对于电视来说,互联网则是新媒体。"新媒体"一词被正式提出,是在1998年5月联合国新闻委员会召开的年会上,当时是指被称为"第四媒体"的互联网。20多年来,"第四媒体"凭借着其他媒体无法比拟的技术优势和灵活、快捷的传播方式,成为历史上发展最快的媒体。

联合国教科文组织曾经有过关于新媒体的一个定义:新媒体就是网络媒体。也就是说,新旧媒体形态以互联网为分水岭。麦奎尔指出,和旧媒体相比,新媒体具有更多的互动性、社会参与性、私人化与自主性。目前,对于新媒体的定义非常多,但主要是从技术的角度和传播的角度来进行界定。

从技术的角度来看,新媒体是一种依托数字技术存在的介质和工具。是一种采用当代最新科技手段,将信息传播给受众,从而对受众产生预期效应的介质。新媒体作为一种与传统媒体不同的媒体形态,"主要指伴随卫星通信、数字化、多媒体和计算机网络等技术的发展而出现的新型传播媒介,包括跨国卫星广播电视、多频道有线电视、文字、音像的电子出版以及作为信息高速公路之雏形的互联网络等"(郭庆光,1999)。

从传播的角度来看,新媒体相对于传统媒体来说更体现了它的双向、互动的传播特点,同时兼具了大众传播与人际传播的特质。美国《连线》杂志对新媒体的定义为"所有人对所有人的传播",列夫·曼诺维奇(Lev Manovich)认为新媒体就是各种依赖计算机呈现与传播的新文化形式,凡·克劳思贝(Vin Crosbie)将新媒体称为融合了人际媒体和大众媒体的第三种媒体形态,即能对大众同时提供个性化的内容的媒体,"是传播者和接受者融会成对等的交流者,而无数的交流者相互间可以同时进行个性化交流的媒体"(郭小平,2009)。

从信息传播的角度来看,新媒体的类别与形式是不断变化的,这种变化直接对传播效果产生巨大的影响。在信息时代,不断发展的传媒技术会产生更多的新媒体,它们又改变着社会的传播生态,使传媒市场的传播格局被重新划分。总体来看,新媒体主要涉及互联网络、手机媒体和传统媒体建立的数字媒体三大领域,涉及新的多维的新闻信息、社交服务、娱乐休闲等方面。

本书中所论述的新媒体主要是以计算机信息处理技术为基础,以互联网、宽带局域网、无线通信网、卫星等为运作平台,使用有线、无线通道传送方式的媒体形态，如互联网、手机媒体、移动电视、电子报纸等。

2. 公益

公益，是"公共利益"的简称。"公共利益"的提出最早可以追溯到公元前6—前5世纪的古希腊。古希腊特殊的城邦制度造就了一种"整体国家观"，与"整体国家观"相联系的是具有整体性和一致性的公共利益，公共利益被视为一个社会存在所必需的一元的、抽象的价值，是全体社会成员的共同目标。亚里士多德把国家看作最高的社团，其目的是实现"最高的善"，这种"最高的善"在现实社会中的物化形式就是公共利益（胡建淼、邢益精，2004）。"众意与公意之间经常总是有很大的差别；公意只着眼于公共的利益，而众意则着眼于私人利益，众意只是个别意志的总和。"（卢梭，2003）卢梭在《社会契约论》中谈到公意时指出，公意永远是公正，它只着眼于公共利益，且并非所有人的利益，他以公意和公共利益为近代政治生活奠定了合法性的基石。纽曼将"公益"分为"主观的公益"与"客观的公益"。"主观的公益"是基于文化关系的不确定多数所涉及的利益；而"客观的公益"是基于国家、社会所需要的重要之目的及目标，即国家目的（任务）（陈新民，2001）。边沁（2000）认为，"公共利益"绝不是什么独立于个人利益的利益的总和；不理解什么是个人利益，谈共同体的利益便毫无意义。马克思（1960）则指出了"公共利益"的实质，即公共利益不是仅仅作为一种"普遍"的东西存在于观念中，而是首先作为彼此分工的个人之间的相互依存关系存在于现实中。英国的哈耶克则对公共利益有一种独特的见解：公共利益只能定义为一种抽象的秩序——自由社会的共同福利或公共利益的概念，绝不可定义为所要达至的已知的特定结果的总和。与"公平""法治""人权"等原则概念一样，公共利益的含义具有相当程度的模糊性和不确定性，它只能在最终价值诉求上表达为共同体全体成员的普遍利益。

公益是一个非常广泛而又不断发展的范畴，从世界各国社会政策发展历程看，公益的概念不断扩大，一般来说很难在一部法律中界定清楚。同时，对于公益的主体学界也有着不同的看法。从广义上来说，"公益"是指一切涉及公共利益的行为和活动，既包括政府性的，也包括非政府性的；既包括营利性的，也包括非营利性的；既包括强制性的，也包括非强制性的；等等。而从狭义上来说，"公益"主要是以非政府的形式进行的，具有非营利性、非强制性、救助性和奉献性的一切公益活动的总和。陈友华（2012）认为，公益即公共利益，指公众自愿参与，提供资源和服务，为公共利益服务。虽然公共产品与公共服务多为政府所提供，但这是政府对公众应尽的责任，因而不属于公益的范畴。

根据美国印第安纳大学慈善研究中心被广泛接受的定义，公益是指个人或组织基于价值观来实现公共利益的志愿行动（朱健刚，2012）。公益是指那些人们为了公共利益而开展的志愿性行动，也就是说这种志愿性地实现公共利益的行为才是我们要研究的领域。

3. 公益传播

对于公益传播的理解，有人认为公益传播是指服务于公共利益的信息传播行为。它是针对社会生活中的公益问题，通过符号系统，借助各种信息传播媒介，表达一定的价值观念，使为数众多、分布广泛的受播者得到感染，并增殖其行为价值，推动公共利益实现的过程（张艳，2009）。也有人认为公益传播是指具有公益成分，以谋求社会公众利益为出发点，关注、理解、支持、参与和推动公益行动、公益事业，推动文化事业发展和社会进步的非营利性传播活动，如公益广告、公益新闻、公益网站、公益活动、公益项目工程、公益捐赠等（张弛，2012）。还有学者从狭义和广义两个方面来进行界定。从狭义来说，公益传播侧重于在风险社会的慈善传播；从广义来说，公益传播侧重于在市民社会的公共传播。对于逐渐走向市民社会的现实环境而言，公益传播也有着市民社会的特点（王炎龙、李京丽、刘晶，2009）。也有人认为："公益传播是指具有公益成分、以谋求社会公众利益为出发点，关注、理解、支持、参与和推动公益行动、公益事业，推动文化事业发展和社会进步的非营利性传播活动，其所倡导的积极的价值观和符合人性的道德规范犹如一条承载人类共同情感和记忆的纽带，有一种文化整合的作用。"（马晓荔、张健康，2005）广义的公益传播侧重于任何组织与个人服务于公共利益的传播，狭义的公益传播则主要是公益传播组织和个人建构的公共利益的传播体系（师曾志、徐娟、潘聪平，2011）。

公益事业具有公益性、非营利性、组织性、服务性、自愿性、民间性等特点，公益事业大体有四种功能。一是经济功能。公益慈善作为一种道德分配方式，用以校正市场分配不公。二是政治功能。分配失衡带来公众对政治合法性的怀疑。政府通过社会动员式的公益慈善，解决部分困难群众的生活问题。三是社会功能。民间公益慈善组织资源募集能力较为有效，有利于缓解社会矛盾。四是伦理功能。公益慈善不是富者对贫者的同情，而是一种对民族共同体的认同，具有重大伦理意义（王银春，2011）。

本书认为公益传播是个人及非政府的社会组织，为了推动社会公共利益实现的信息传播活动。

新媒体公益传播是公益传播的一个分支，是公益传播的一种媒介表现形式，与公益传播具有相同的内涵和指向。因而，我们可以把新媒体公益传播看作个人和组织基于一定的公益价值观，借助、利用互联网、手机等新媒体载体，通过文字、图片、音频、视频、动画等多媒体符号系统所进行的与社会公共利益相关的传播活动。

4. 价值表达

作为哲学范畴的价值，是主体和客体之间的一种基本关系，表示客体对于主体所具有的积极的或消极的意义。价值观念是人的观念的一种，价值观念不是先天就有的，而是在一定的社会环境及社会活动中形成的。价值观念是价值学研究的起点和终点，也是价值学理论的中心。从价值的本质、价值的作用到价值的创造、价值的认识和实现，其中的每一个部分都离不开价值观念和对一定价值观念的看法（袁贵仁，2006）。

在现实中，人们无时无刻不在进行着表达。在价值观的支撑下，人们以语言和行动等载体来进行思想、感情、态度的主观呈现，通过表达，来进行关于主体的意愿、倾向、立场和情感的信息传播。因此，表达的内容是社会生活的重要组成部分，是社会精神文明的符号载体。但是表达不仅仅是一种主体的情感宣泄，也是人与人之间社会关系相互作用的结果。杜威认为，价值表达是一种社会现象，而不是一种心理现象。"我们要讨论的问题不是主体的内在状态，而是主体间的相互作用或交互作用。如果我们剔除了'表达'的模糊性和'情感'的不相干，我们就可以得到这样一个结论：'价值表达'只与人与人之间的交互行为相关，或者说，价值表达只存在于人与人交互作用的关系中。这种交互作用是可以接受公共观察和描述的。"（Dewey，1939：6-7）

本书中的价值表达是传播主体以新媒体为载体的公益价值观念表达，即表达对"公益是什么""公益怎么做"等问题的看法，而上升到价值观的理论层面，则是表达公益中个人与他人（社会）之间利益问题的看法。

5. 公众参与

公众参与，因其涵盖范围广泛而难以界定。与公众参与相近的名词还包括"公民参与"、"公众投入"、"公民投入"和"公民行动"等。公众参与中"公众"的概念，包括公民个体和公众组织。在《公共行政辞典》中，公众参与被界定为"政策形成、方案执行和行政决策的过程，公民的直接投入"。公众参与源自政治参与，概念上同指个人或组织参与政府的公共事务，但性质有所差异。政治参与意指任何志愿行动旨在影响政府的决策及执行，包括政府官员的选举。公众参与则侧重公民意识觉醒后产生参与公共事务的主动性行动，范围可小至日常生活中与他人有关的公共行动，大至政府政策的制定或执行过程。因此，公众参与不同于一般的"压力集团"、"利益集团"和"政治团体"，也与一般社团成员参与联谊性趣味活动不同，更相异于选举性的政治活动。

公众参与是公众或公众团体基于公民意识的觉醒，以追求公共利益为导向，透过健全的参与渠道，付出自己的感情、知识、意志与行动，以影响公共政策或公务事务的一种自发的公民行动。谁是参与中的公众，历来是不少学者所争议的焦点。一些学者认为，公众参与是指一般的公众人士的参与，而不包括政府官员。反对这种观点的学者则认为，该观点的基本假设，是将公民视为同一性质、利益一致的群体，未能够正视其中存在的不同的利益团体。本书中，一般的公众人士是公众参与的主体，而党政干部、非民意代表等则是公众参与的非主体。

参与有自愿、自主、自发的参与，也有非自愿、强制的"被动员的参与"。自愿参与是公民主动而自愿的选择，而不是被政治权力动员所产生的参与行动；另外也包括所谓强制动员式参与。公众参与是公民或公众团体，基于公民意识的觉醒和对公共责任的重视，通过公益组织来投入资金、感情与行动的过程。参与的界定广泛地包括自发式和动员式参与。本书中的公众参与是指前者，即自发式参与。

第一章
新媒体公益传播的发展历程

从 2008 年汶川地震后社会公益热潮的兴起到 2021 年的 13 年时间里，中国公益事业随着新媒体技术的蓬勃发展，进入了一个更加日常化、多元化的时代。从 Web 1.0 时代门户网站提供内容，到 Web 2.0 时代用户生产内容，再到 Web 3.0 时代双向互动，互联网技术改变了公益传播的格局与态势。公益事业与互联网、新媒体和大数据的结合，是中国公益传播发展史上一个重要的转折点，使得公益传播在中国的发展呈现前所未有的局面。

互联网传播改变了报纸、广播、电视等传统媒介中心化、自上而下的传播特点。其去中心化的互动传播模式，以及促进公众理性、广泛关注社会事务、参与社会话题，从客观上推动了市民社会的进步，也改变了中国传统公益事业自上而下的政府主导的传播模式。在新媒体公益传播中，政府、企业、公益组织、网民能够利用博客、微博、微信等新媒体积极主动地发布公益信息，组织和参与公益活动，通过新媒体进行项目发起、传播推广、资源筹措和志愿者招募等一系列活动，公益传播的门槛大大降低，微公益、随手公益，一种与人们日常生活紧密相连的公益方式成为新媒体时期公益传播的显著特点。新媒体强大的社会动员能力，让"人人公益"成为可能，网络支付的发展为公民的公益捐赠行为带来极大便利，这一切都极大地推动了全民公益理念与实践的发展。

一 中国新媒体公益传播的兴起

1. 网络媒体成为中国主流媒体

随着我国网民数量与手机用户数量的迅速增长,新媒体在新闻传播中的作用也与日俱增。互联网、手机等新媒体已经被纳入我国主流媒体的行列。2008年,在对南方雪灾、拉萨事件、汶川地震、北京奥运的报道中,以及对其后全国"两会"的报道中,网络媒体对新闻报道的独特优势更是发挥得淋漓尽致。2008年国务院新闻办公室网络局副局长彭波曾在新媒体高峰论坛上表示,对汶川地震的报道,标志着网络媒体正成为中国社会的主流媒体。

在汶川地震的救灾过程中,新兴的中国互联网作为一股强大的新生力量,在新闻报道、寻亲、救助、捐款等抗震救灾过程中发挥了重要作用,标志着网络媒体的发展进入了一个新的阶段。地震发生后十多天内人民网、新华网、中国新闻网、央视网发布抗震救灾新闻(含图片、文字、音视频)约123000条,发挥了主导作用;新浪网、搜狐网、网易网、腾讯网整合发布新闻133000条。上述八家网站新闻点击量达116亿次,跟帖量达1063万条。[1]

地震发生后,以腾讯为代表的门户网站第一时间行动起来,让网络成为一个祝福、寻人、募款的大平台,集中所有资源,利用网络影响力和互动优势开展立体的"Web 1.0 式"救灾活动。短短1个月,有30多万名网友通过腾讯网络捐赠平台捐款,捐款额共计超过2400万元,创下中外互联网公益慈善史上网友最高捐赠纪录。[2]

2008年5月13日,SOSO在震后第一时间推出"搜吧寻人"活动,帮助网民发布寻找震区失去联系的亲人和朋友的信息,当天就有上万名网友

---

[1] CNNIC:《2008年中国互联网发展大事记》,http://www.cnnic.net.cn/hlwfzyj/hlwdsj/201206/t20120612_27423.htm。

[2]《腾讯公益慈善基金会简介及公益事业概况》,腾讯公益,https://gongyi.qq.com/a/20101214/000056.htm。

发布寻人信息。随后 SOSO 推出了寻人频道，通过这个频道可以迅速搜索国内最全的寻人信息和灾民信息。十多天时间里，SOSO 寻人频道汇集的寻人信息超过 10 万条，平安者信息 26766 条，伤员信息 11 万条，寻人信息与灾民信息匹配成功 11415 条。[①]

在汶川地震抗震救灾动员中，中国扶贫基金会、中华思源工程扶贫基金会开设"我们和你在一起——爱心捐助"平台，为广大网民参与救灾动员行动提供了一个全新和便捷的渠道。中国红十字会等非政府组织也通过门户网站开辟了志愿者招募专栏。中国志愿者网还整合了地震灾区志愿者需求信息，建立志愿者数据库，为动员网民担任志愿者参与救灾提供了关键的信息平台（闫芳、杨苏，2008）。

2. 抗震救灾激发了民间公益热情

2008 年 5 月 12 日汶川大地震发生后，国家快速动员和组织救灾力量，以前所未有的响应速度帮助受灾群众，大批志愿者从四面八方奔赴灾区，民间赈灾捐款数量实现巨大突破。在抗震救灾的过程中，从官方到民间，中国社会各界向灾区捐献了数以亿计的救灾物资，此外，还催生了许多参与抗震救灾的民间草根公益组织。汶川大地震掀起了一场举国上下的公益热潮。

在 2008 年中国慈善事业发展论坛上，民政部社会福利和慈善事业促进司司长王振耀表示："汶川大地震中的捐赠活动客观上全面创新了中国慈善事业的发展格局，新的格局中居首位的是捐款捐物，这次捐赠已达到 592 亿元，加上共产党员献爱心捐款，总捐款近 700 亿元。如果加上其他各类慈善捐赠，今年年底我国慈善捐赠款额将达到上千亿元……中国的慈善事业经过汶川地震之后，现在已经成为一种风尚。全国人民的数亿爱心开启了中国慈善事业的公益元年，我国已进入伟大的公益时代。"（王胜先、朱薇，2008）《中国慈善发展报告（2009）》显示，2008 年中国的个人捐赠首次超过企业捐赠，占捐款总额的 54%，改变了此前个人捐赠不超过总额的 20% 的格局（刘欢、石永红、蔡玉高，2010）。

---

① 《腾讯公益慈善基金会—项目介绍—扶贫救灾项目》，腾讯公益，https://gongyi.qq.com/tc-cf/pro/project_4.htm。

2008年到2010年，汶川地震、玉树地震等重大自然灾害事件激发了民众的公益意识，催生了大量民间公益组织。公益事业逐渐从官方走向民间，中国的现代公益事业开始进入一个新的阶段。

3. 官办公益组织的去行政化

由于历史渊源，在我国公益慈善组织发展初期，各地慈善会、红十字会、青少年发展基金会和宋庆龄基金会等，在卫生、民政、共青团和统战等部门和单位的支持下，发展较快，长期承担相关政府部门委托的工作任务，承担在紧急状况下运用政府资源和动员社会资源的职能。由于政府代办代管的背景，一部分官办慈善组织存在论资排辈、效率低下、自主性差、不透明、不规矩等现象，让其饱受诟病。①

2011年6月的"郭美美事件"标志着互联网对公益事业开始发挥强大的舆论监督作用。6月20日，一个名叫"郭美美baby"的新浪微博实名认证用户在网上的炫富迅速引发千万网民关注。"郭美美baby"在微博上经常展示自己的生活照，从中能看到，她开玛莎拉蒂跑车，在别墅开生日会，皮包、手机、手表都是奢侈品。而她微博认证的身份是"红十字会商业总经理"，正是这一点，引发了公众的强烈质疑：一个年仅20岁的女孩就当上了总经理，并拥有名包豪车，财产来源是否和红十字会有关？一时之间，网友们展开了"人肉搜索"，各种与郭美美、红十字会有关的说法在网络上流传，真假难辨，真相不明。虽然无论是郭美美还是红十字会都迅速地在事发后澄清了两者之间并无直接关系，并在半年后提供了该事件的完整调查结果，但这件事对红十字会的公信力带来了巨大的负面影响。

此后，互联网又和传统媒体一起把更多的官办公益组织推向了舆论监督的风口浪尖。中华慈善总会因为向尚德公司虚开1500万元的捐赠免税发票而遭到指责；常年在国内接受捐款的河南宋庆龄基金会更是被披露直接将善款用于放贷敛财（朱健刚，2012）。

我国自20世纪90年代以来成立的公益慈善组织都有一个共同点，那就是"官办性"，即绝大部分直接依托于各级政府部门而建立，与政府部门是

---

① 《中国官办慈善组织去行政化转型提速倒逼体制破冰》，环球网，2012年8月6日，https://china.huanqiu.com/article/9CaKrnJwyb0。

"一个部门,两块牌子"的关系,"其组织结构趋向行政机构,人员构成趋向官僚编制,资金构成趋向财政拨款,运作管理趋向科层结构",从而"形成对上负责、脱离民众的官办色彩"(贾西津,2005)。官办背景的公益组织的行政化特点导致这些组织自主决策能力弱,自主发展空间有限,中国的官办型公益慈善组织,主要是基金会,在成立之初使用的资源,无论是有形资产还是无形资产,基本都是国有的,改革之后大多数组织的情况仍是如此。这种财政资金和产权的控制使得政府部门牢牢扼住公益慈善组织发展的脉搏,堵塞其独立自主发展的空间,使得公益慈善组织被纳入政府组织的管理体制中,从而具有浓厚的"行政化"色彩(毕素华,2015)。在日益强烈的"去行政化""去垄断化"的呼声中,官办型公益慈善组织急切谋求转型突破之路。在这样的背景下,随着网络新媒体的去权威化、去中心化,新媒体公益传播活动门槛变低,所有网民都能通过新媒体参与公益传播活动。

二 发展期:公益网络平台出现

汶川地震后,中国新媒体公益开始进入一个快速发展的阶段,基于商业平台的捐赠平台纷纷上线,公益垂直领域捐赠平台跃跃欲试,公益众筹平台募款量激增,公益慈善组织迎头赶上,进入这个欣欣向荣的公益新领域。由此逐渐形成了互联网公益不平衡的发展生态:互联网巨头公司的公益平台聚拢大多数流量与资源,成为整个行业的领跑者;占据不同位置的公益组织发展状况参差不齐,第一梯队的公益组织跟跑互联网平台,第二、三梯队的公益组织跟进困难,面临掉队风险;不规范操作频发,公益运作效果好坏不一(刘秀秀,2019)。

1. 门户网站

2002年5月,中国网络媒体第一个综合性公益频道——千龙网公益频道开播。2006年,首个商业网站专门公益频道——搜狐公益频道建立。自此,互联网企业纷纷成立公益部门。四大商业门户网站都开设有自己的公益平台,其中腾讯公益是目前国内流量最大的公益性网络媒体及多元化公益平台。腾讯于2007年发起成立了腾讯公益慈善基金会（简称"腾讯基金会"），这是中国第一家由互联网企业发起的公益基金会。腾讯基金会联合腾讯网，借鉴并吸取国内外公益网站的经验和教训，搭建腾讯公益网，该平台第一期项目于2007年6月6日上线，包括募资、义卖、资讯传播、社区等模块，和中国青少年发展基金会、中国儿童少年基金会、中国扶贫基金会、李连杰壹基金、爱德基金会等10余家知名公益组织建立起战略合作伙伴关系，为它们提供在线捐赠、义卖、资讯、社区等平台服务。此后，新浪网、百度网、凤凰网等商业门户网站先后开设公益频道，设立思源园丁奖、思源水窖、蒲公英计划等公益项目，在环保、教育领域开展公益活动。2010年8月，百度发起了北京百度公益基金会（简称"百度基金会"），2011年10月经北京市民政局审核批准成立。百度基金会业务范围包括资助青少年、弱势群体、贫困地区与公益机构提高信息技术应用水平，推动建立公益信息平台，资助扶贫济困、健康、救灾、教育、环保等公益项目。新华公益频道于2012年12月正式上线。运作了"授渔计划"等公益项目，并与知名公益品牌合作"爱心衣橱"等项目。2014年，新华网捐资在中国社会福利基金会创建"新华善举基金"。

2. 公益网站导航

网站导航（Directindustry Web Guide）是互联网最早的网站形式之一，是一个集合较多网址，并按照一定条件进行分类的网址站。为了搭建便捷的公益网络平台，一些机构上线了公益组织的信息导航，免费登记公益组织，发布公益组织信息；公益组织可以在导航内免费发布公益项目，展示公益项目进度，为捐助者与受捐者搭建桥梁。

《中国发展简报》创办于1996年，是一个为公益慈善行业提供专业的观察、研究、网络平台支持与服务的中英文双语平台。其中文网站（NGO信息中心）始创于2003年，经过2007年、2014年两度改版，打造出了影响力深远的"NGO招聘""NGO在线名录""NGO发声"等品牌栏目，已成为公益领域中读者数量、点击率居前的网络平台。2012年2月中国发展简报网站的"NGO名录"正式上线，该平台共收录762家民间公益组织和国际公益组织，截至2021年6月共收录5627个机构。"NGO名录"的分类检索功能设置包括关注领域、地理位置和字母索引三种方式，对于想要寻找特定合作伙伴的用户非常方便,这些公益行业网络平台的搭建,拓宽了公益组织集中对外交流的渠道。

此外,公益导航还有由网站导航设立的公益频道,如好123;传统媒体的公益频道导航,如人民网公益频道、新华网公益频道、公益时报导航网;民间草根组织自发建立的导航系统,如快乐公益导航;企业建立的公益导航,如公益123等。整体来说,我国公益网站导航系统还并不健全,体现在分类不够明确,而且对所链接的公益网站并没有权威机构的资质审核,存在很大的随意性,造成了公益网站好坏共存的情况。

3. 网上劝募平台

2011年底,腾讯公益、支付宝公益、新浪公益等基本实现在线劝募功能。

腾讯公益网络募捐平台是腾讯基金会推出的公益项目自主发布平台,包括发起、捐赠、互动与监督等功能,为网友提供网络求助、公益组织认领求助、在线筹款、项目反馈、公众监督等一站式服务。有公募资格的公募组织可通过该平台为自己的公益项目筹款。自2007年5月平台上线起,到2016年4月,累计帮助国内优秀公益组织在网络上发起公益筹款项目1.1万多个,共有超过6800万人次捐赠善款,共计10亿元。淘宝上产生的公益行为主要通过淘宝平台,包括公益宝贝、公益网店、公益判定、公益众筹、公益拍卖等。数据显示,2014年,有2.13亿个淘宝会员参与了超过11.1亿次的公益行动,产生了2.34亿元的公益善款。2010年9月,淘宝网捐款1000万元在中国红十字会总会设立"中国红十字会·淘宝公益基金"。基金收入来自淘宝网和淘宝网员工、会员、客户、合作伙伴的捐赠(皮磊,2016)。

网上劝募平台的主要募集形式为,公益组织向网站提交筹集申请项目,通过后网站为项目设立专栏介绍,捐赠者可以点击捐助,捐款通过在线交易平台支付。除了门户网站以外,行业机构如基金会中心网、中民慈善捐助信息中心都在尝试网络劝募平台的研发。

4. 第三方信息服务与评估平台

中国公益行业的第三方平台已具雏形,虽然规模效应和专业性有待提高,但是随着行业的发展,这些第三方机构成为重要的参与者与推动者。

2010年中国基金会中心网（www.foundationcenter.org.cn）上线，基金会中心网由国内35家知名基金会联合发起，于2010年7月8日正式成立。其业务范围包括：开展关于非营利组织发展与建设相关课题研究；根据政府管理的要求和非营利组织发展状况，开展关于非营利组织能力建设、公信力建设、自律能力建设的研究和咨询服务；研究建立行业自律标准和社会评价体系；建立非营利组织信息交流平台。基金会中心网推出了基金会透明标准中基透明指数FTI，有效地推动了基金会行业整体的透明度提升。2011年河南的"宋庆龄基金会"事件，就是由基金会中心网的信息披露所引发的。2013年，中国慈善信息平台的"慈善组织信息发布管理系统""慈善项目信息发布管理系统""慈善培训业务管理系统"陆续上线。

评估平台方面，除了高校公益慈善机构外，公域合力、瑞森德和SRI是近年来比较活跃的商业咨询机构，在引进国外先进的评估方法论、运用评估支持民间公益组织发展等方面都有所表现。2011年12月14日，内地首家第三方慈善评级机构——中国慈善指南网（www.cszn.org）正式运行，其建设主要参考美国慈善组织评级网站——慈善导航网（www.theidonate.com）。从网站公开的评级方法来看，其主要考察财务指标，同时综合了部分非财务指标（组织的透明度和问责机制）。第三方评估平台的出现对于加强中国公益组织的监督管理，促进中国公益组织的规范化、透明化和良性发展起到了重要的作用。

三　繁荣期：微公益时代到来

如果说新媒体公益传播的兴起期是一种新的公益传播方式的尝试，发展期是以组织为传播主体的渐次扩展，那么繁荣期的微公益则促成了一个全民公益时代的到来。

1. 微博成为信息传播的强大载体

微博，即微博客（MicroBlog）的简称，是一个基于用户关系的信息分享、传播以及获取平台，用户可以通过Web、Wap等各种客户端组建个人社区，以140字左右的文字更新信息，并实现即时分享。微博因其内容短小灵活及裂变能力极强的特点受到了网民的青睐。美国社会心理学家米尔格伦（Stanley Milgram）于1967年提出的"六度分离"理论可以作为微博人际传播的最好理论支撑。该理论认为在人际交往的脉络中，任意两个陌生人都可以通过"亲友的亲友"建立联系，这中间最多需要通过五个朋友就能达到目的。哥伦比亚大学社会学系的一个研究小组通过2001年的互联网实验，证实了"六度分离"理论的成立。以腾讯微博为例，在腾讯微博主页上，你可以在大厅中根据提供的分类，选择你感兴趣的人群进行收听，根据用户填写的个人资料或为自己贴的标签，微博也会自动介绍一些与用户有相同经历或爱好的人。除了这些，用户自己也可以通过关键字的查找，找到与自己相似的人，并与之建立联系。

新浪微博于2009年正式上线，之后快速发展，微博用户人数在2010年出现爆炸式增长，网民通过微博对社会公共事件和政策进行舆论参与的广度和深度也在同一年达到了前所未有的水平，以至于这一年被称为"微博元年"。中国社会科学院在2010年1月发布的《2010年中国社会形势分析与预测》中指出，互联网已经成为新闻舆论独立源头，网络结合手机成为最强舆论载体。上海交通大学舆情研究实验室在2010年12月发布的《2010中国微博年度报告》中指出，微博已经成为继网络论坛、博客、跟帖这三者之后，最强大的网络舆论载体，也是网友在需要发布信息时的第一选择。据报告统计，在2010年热度靠前的50起重大舆情案件中，微博首发的有11起，占22%，以致中国社会科学院在《2010年中国社会形势分析与预测》中将微博称为"杀伤力最强的舆论载体"。

微博用户规模庞大，使得基于微博这样一种形式的公益活动得到了迅速发展。在博客发展的基础上，从2009年开始，微博客在中国产生，并于2010年得到井喷式发展，成为继BBS、网络论坛、博客这三种传播与交流形式之后，最强大的新媒体舆论与传播工具，被称为"一场正在进行的信息传播变革"，"是一种裂变传播"。至2012年12月底，我国微博用户规模为3.09亿人，较2011年底增长了5873万人，网民中的微博用户比例较上年底提升了6个百分点，达到54.7%。相当一部分用户访问和发送微博的行为发生在手机终端上，截至2012年底手机微博用户规模达到2.02亿人，即比例高达65.6%的微博用户使用手机终端访问微博。

2. 微公益实现了公益的民间化传播

微公益，又称为"微博公益"，是基于"微博"平台的公益传播形式。由于微博传播的即时性与去中心化的新媒体传播特点，微博让普通人和社会组织有机会成为互联网公益传播节点上的组织者、参与者以及受益者。微博的社会动员能力，使得平台在传播公益信息、组织募捐上展示了强大的传播能力。

在中国传统的公益传播格局中，政府一直是公益事业的主导，这种主导往往是以行政动员和组织的方式进行，特别是在遭遇自然灾害等特殊的时期，政府由上而下进行组织动员，能够快速高效地组织救援，但是久而久之，民间公益的能动性被抑制。2011年"郭美美事件"、中国慈善总会"尚德诈捐门"、中国青少年发展基金会"中非希望工程"、河南宋庆龄基金会违规筹资与放贷等在新媒体作用下引起社会广泛关注，之后社会公众对"官办"慈善机构的信任度与支持度急剧下降。基于微博平台的微公益打破了政府主导公益的局面，微公益活动以一种平民化、日常化的姿态走进了普通百姓的生活。公益主体的能动性得到发挥，人们通过微博传播公益信息，设置公益议程，通过转帖进行广播和发动，民间公益传播成为一种自觉行动。

与新媒体其他形式相比，微博更能在短期内凝聚人气，适合公益活动的组织和发动，而且因为其双向互动的特点，能在公益参与者之间形成迅速及时的交流与沟通。因此，一些微公益活动常常用微博来晒账单，接受公众的监督。这种公益传播形式激发了公众前所未有的参与热情，实现了公益传播的常态化。"微公益"的出现和发展是公益逐步走向成熟的表现，以一种更为积极和可持续发展的模式吸引更多的人参与公益，增加了社会公众的参与度与持久度。微公益门槛低、简单、易于参与，为更多的人培养了公益理念，公益文化得以培育，公益成为真正的"公"益，这是推动公益事业发展的保证和基础。

3. 媒体人与公共知识分子成为微公益的主导者

从2011年开始，中国很多民间公益活动如"免费午餐""大爱清尘""微博打拐""爱心衣橱"等都起源于微博新媒体。在这些成功的案例中，一些活动的发起者本身就是资深媒体人，发布了大量有影响力的新闻作品，获得较高的社会公信力。他们熟知媒体策划，有着深厚的人脉资源。他们懂得熟练运用新媒体，拥有大量网络粉丝，善于动员，以微博为新的信息传播载体。因为兼具了网络媒体与传统媒体的双重影响力，所以他们在网络上发动的公益活动更加具有号召力和影响力。

于建嵘，中国社会科学院农村发展研究所教授，社会问题研究中心主任。因为出身贫困和长期研究中国农村问题，他对中国弱势群体有着天然的关怀，更多表现出作为一名学者的社会责任感。2010年10月9日，他开通新浪微博，三个月后微博粉丝有120多万人。2011年1月由于一封失踪儿童家长的来信，于建嵘开始在微博上发起"随手拍照解救乞讨儿童"的活动，1月25日"随手拍照解救乞讨儿童"官方微博正式开通，吸引了大量网民。"微博打拐"得到了政府的积极回应，最终促成了公安部门在该年发起了"打拐"专项活动。

大爱清尘基金发起人王克勤，是一个有着21年深度报道经验的记者，曾经担任过《中国经济时报》《经济观察报》记者。他以高度的专业主义精神和执着的信念，对北京出租车行业的垄断黑幕等进行了调查，被业界称为"中国揭黑记者第一人"。2011年6月15日，王克勤联合中华社会救助基金会共同发起"大爱清尘·寻救中国尘肺病农民兄弟大行动"，专项救治在死亡线上苦苦挣扎、缺乏救助与关心的中国600万名尘肺病农民。尘肺病是在生产过程中吸入生产性粉尘所引起的以肺组织纤维化为主的疾病。该病共有13种，是一种无法逆转的致残性职业病，尘肺像石头一样坚硬，患病者从发病到死亡，只有4—5年。2011年我国卫生健康事业发展统计公报统计，2009年新发职业病中尘肺病占比为79.96%，2010年为87.42%。这些患者大多是农民工，由于缺乏理疗和职业病救助体系的保障，无法得到有效的救助。调查记者王克勤于2010年开设了自己的微博账号，并开始发布信息，引发网民关注并展开自发的救援行动。2011年2月，大爱清尘项目正式成立。自2011年6月15日至2015年5月31日，累计救治尘肺农民1356人，累计助学1269人次，累计发放制氧机701台，累计发放温暖包20000多个；截至2015年4月，累计筹款21291680.91元，在全国已建立43个工作区站点，志愿者有5000多人（王克勤，2015）。

"老兵回家"公益项目主要工作包括：帮助流落异乡的二战老兵回家

探亲；寻找二战时缅甸及印度战场牺牲的中国远征军将士遗骸；建立相关历史资料，帮助国内研究二战史的民间学者取得更好的研究成果等。发起者孙春龙曾任《瞭望东方周刊》社会调查部主任，2011年11月11日，由孙春龙担任理事长的深圳市龙越慈善基金会在深圳市民政局注册成立。

  此外，央视主持人王凯、马洪涛倡议发起爱心衣橱活动，崔永元设立公益基金用于资助贫困地区基础教育、文化、卫生等。这些公益活动的发起者的共同特点就是长期接触基层，对社会有着直接的、敏锐的观察与思考，通过发表言论，成为舆论领袖，拥有很高的公信力。

四　专业期：互联网募捐平台的发展

1. 网络成为公众捐赠的主要渠道

  随着移动互联网技术的飞速发展及移动支付手段的成熟，个人大病求助互联网服务平台现象应运而生。从信息发布、扩散到善款筹集的各个环节都比传统的线下救助更加便捷高效，更多家庭能通过互联网募捐平台募捐善款，得到社会的及时救助。网络募捐既有传统慈善募捐的特征，如自愿性、无偿性、公益性、公开性等，又有基于网络的交互性强、社会性广、信息传递速度快等独有的优势和特点。其兴起一方面与互联网技术不断发展紧密联系，另一方面是因为传统慈善募捐渠道单一，慈善组织数量不足，不能满足公众多样化需求，而互联网的便捷、低成本、强互动等特性能吸引越来越多的慈善组织和社会公众通过互联网进行筹款。

  我国网络捐赠体系按照发起者性质和捐赠形式，可以分为三类捐赠平台：网络捐赠平台、公益众筹平台和公益网店。从2008年的腾讯网络捐赠平台上线到2012年支付宝E公益平台上线，网络捐赠在中国总体捐赠中的比重不断上升，逐渐成为公众捐赠的主要模式。中国慈善联合会发布的《2015年度中国慈善捐助报告》显示，2015年我国境内接受国内外捐赠总额达1108亿元，较2014年增长6.4%。其中，个人捐赠总额达到169.30亿元，个人的小额捐赠（单笔金额在人民币1万元以下）总额从2014年的58.6亿元上升为8亿元，普通民众进行小额捐赠的规模不断扩大，全民参与慈善的形式日渐成熟，这一趋势与网络捐赠平台的发展有着直接关系。2015年，仅新浪微公益、腾讯公益、蚂蚁金服公益和淘宝公益四家互联网捐赠平台的年度捐赠额就达到9.66亿元，共吸引了超过30亿人次参与。[①]

2. 民政部指定20家互联网募捐平台

《慈善法》发布后，《慈善组织公开募捐管理办法》《慈善组织互联网公开募捐信息平台基本管理规范》《慈善组织互联网公开募捐信息平台基本技术规范》等政策陆续出台，互联网公益走上了制度化发展之路。2016年和2018年民政部分两次共指定20家慈善组织互联网募捐平台。《慈善法》第二十三条规定："慈善组织通过互联网开展公开募捐的，应当在国务院民政部门统一或者指定的慈善信息平台发布募捐信息，并可以同时在其网站发布募捐信息。"

2016年8月31日，民政部根据《慈善法》有关规定，按照"统筹规划、循序渐进、公开透明、自愿申请、分批考察、择优指定"原则，组织开展了首批互联网募捐平台遴选工作。经专家委员会评审，并经社会公示，指定了首批13家互联网募捐平台，分别是：腾讯公益网络募捐平台、淘宝公益、蚂蚁金服公益平台、新浪微公益、中国慈善信息平台、京东公益互联网募捐信息平台、基金会中心网、百度慈善捐助平台、公益宝、新华公益服务平台、轻松筹、联劝网、广州市慈善会慈善信息平台。2017年民政部发布的《慈善组织互联网公开募捐信息平台基本管理规范》明确规定，公开募捐信息平台是指通过互联网为具有公开募捐资格的慈善组织发布公开募捐信息的网络服务提供者。

2018年5月23日，民政部发布第433号公告，指定美团公益、滴滴公益、善源公益、融e购公益、水滴公益、苏宁公益、帮帮公益、易宝公益、中国社会扶贫网为第二批互联网募捐平台。根据《慈善法》《公开募捐平台服务管理办法》有关规定，2016年以来民政部先后遴选指定两批互联网募捐平台。2018年6月1日民政部发布第434号公告，除中国慈善信息平台、基金会中心网退出外，民政部指定的平台已有20家，运营主体中企业有15

[①]《2016年度中国慈善捐助报告发布》，中国慈善联合会官网，2017年11月2日，http://www.charityalliance.org.cn/news/10360.jhtml。

家、基金会有 4 家、慈善会有 1 家（见表 1.1）。

表 1.1　民政部认定的 20 家互联网募捐平台名称及运营主体

序号	平台名称	运营主体	运营主体性质	成立年份
1	腾讯公益	腾讯公益慈善基金会	基金会	2007
2	淘宝公益	浙江淘宝网络有限公司	企业	2010
3	蚂蚁金服公益	浙江蚂蚁小微金融服务集团有限公司	企业	2014
4	新浪微公益	北京微梦创科网络技术有限公司	企业	2012
5	京东公益	网银在线（北京）科技有限公司	企业	2014
6	百度公益	百度在线网络技术（北京）有限公司	企业	2011
7	公益宝	北京厚普聚益科技有限公司	企业	2014
8	新华公益	新华网股份有限公司	企业	2012
9	轻松公益	北京轻松筹网络科技有限公司	企业	2014
10	联劝网	上海联劝公益基金会	基金会	2015
11	广益联募	广州市广益联合募捐发展中心	慈善会	2014
12	美团公益	北京三快云计算有限公司	企业	2018
13	滴滴公益	北京小桔科技有限公司	企业	2018
14	善源公益	北京善源公益基金会	基金会	2017
15	融e购公益	中国工商银行股份有限公司	企业	2018
16	水滴公益	北京水滴互保科技有限公司	企业	2018
17	苏宁公益	江苏苏宁易购电子商务有限公司	企业	2018
18	帮帮公益	中华思源工程扶贫基金会	基金会	2018
19	易宝公益	易宝支付有限公司	企业	2018
20	中国社会扶贫网	社会扶贫网科技有限公司	企业	2017

注：第一批认定的部分平台名称较 2016 年有变更。

2017 年全年，除退出的基金会中心网外，首批 12 家互联网募捐平台合计募集善款超 25.8 亿元，腾讯公益平台全年募款总额达 16.25 亿元，位列首批 12 家互联网募捐平台筹款总额榜首，超过其余 11 家平台全年募款总和。其中腾讯"99 公益日"期间有 1268 万人次捐赠善款共计 8.299 亿元，加上腾讯基金会 2.9999 亿元配捐以及爱心企业伙伴的 1.77 亿元配捐资金，腾讯公益平台仅 3 天时间就筹款 13 亿多元。阿里巴巴旗下蚂蚁金服公益平台、淘宝公益平台全年募款总额分别为 4.87 亿元、2.98 亿元，分列第二、三位。广益联募平台（原广州市慈善会慈善信息平台）2017年度筹款总额达6912万元，位居第四，截至2017年12月25日，该平台累计募款总额已超3.37亿元。京东公益平台2017年度筹款总额128万元仅为通过平台募集的现金善款部分，该平台2017年度募集物资近130万件。基金会中心网全年筹款总额112万元，其上半年筹款为0元，所有捐赠均发生在下半年（菅宇正，2018）。2019年上半年，民政部指定的20家互联网募捐平台，募捐总额超过18亿元人民币，累计获得52.6亿人次的点击、关注和参与（马瑾倩，2019）。互联网极大降低了网民参与公益活动的门槛，为慈善事业的发展注入了巨大活力。

第二章

新媒体公益传播的发展动因

一　互联网技术的发展及普及

1. 媒介技术的演进

　　一个社会不管其规模如何，也不论其形态如何，都离不开传播。传播是人类得以组成社会的黏合剂，抽象地看犹如一张无形的巨网将分散各处、各行其是的个体联合成统一的整体。在英语里，"传播"（Communication）一词同"社会"（Community）一词具有相同的词根，并非巧合。加拿大著名的传播学家马歇尔·麦克卢汉被誉为"电子时代的先知"，他认为决定人类历史与社会形态的关键因素，不是别的，而是媒介，他的理论被称为"媒介决定论"。"媒介即信息"是其核心观点之一，他认为，从人类社会的漫长发展过程来看，真正有价值的信息不是各个时代的具体传播内容，而是这个时代所使用的传播工具的性质及其开创的可能性。虽然对于麦克卢汉的媒介决定论后人褒贬不一，但是毋庸置疑，从印刷媒体到电子广播，从电视媒体到数字化、网络化的新媒体，科技革命正在改变媒体及其生态环境；每一种新的媒介，都会创造一种不同于旧媒介的媒介生态，对社会的政治、经济、文化各方面产生深远影响。

　　从历史演进看，媒介技术共经历了五次革命：语言的使用；文字的创造；印刷术的发明；电报、电话、广播、电视等传统大众媒介的普及与应用；计算机通信技术的结合。从口传到书写到印刷再到电子传播，每一次新媒介的出现,都给人类社会带来巨大的发展变化。口语媒介使人类脱离蒙昧状态;文字使人类脱离口语传播的距离限制,并拓展了人类交流的社会空间;印刷媒介标志着人类进入文字信息复制时代,同时使媒介传播得以形成规模;电子媒介则在时间、空间的传播上都实现了突破。

进入20世纪以来,互联网技术的迅速发展,为中国社会带来了无与伦比的变化。各类新媒体应用形式层出不穷,更新换代非常快,从Web 1.0时代单向的网站式传播,到Web 2.0时代双向互动的自媒体的出现,互联网把我们带入了一个崭新的电子时空。博客、论坛、SNS社交网络、微博等新媒体的应用形式不断更新,网民们在迅速海量地获取各类信息的同时,也获得了前所未有的赋权机会,通过新媒体可以表达思想、进行舆论监督、参与社会管理,因此,中国的互联网发展也极大促进了民主政治的发展。

网络传播是基于互联网站来进行传播的,互联网站又分为综合网站和专门网站两大类型。综合网站具有很强的综合性,同时提供邮件发送、新闻信息、短信交流、网上聊天、软件下载、社区服务、网上购物、网络游戏等多种信息服务,将信息查找、传送、服务等多个功能集于一体,而专门网站(也叫垂直网站)则具有较强的专门性。专门网站的突出特点是专注于某一信息服务领域,如政府网站、企业网站、公益网站、文学网站等,它们专门对自己领域内的信息进行传播和链接,向人们提供服务和帮助,传递与自己互联网站内容相关的工作与生活的新方法、新形式。

"社会化网络"是"社会化网络服务"(Social Networking Service, SNS)的简称,专指帮助人们建立社会化网络的互联网应用服务。在我们的生活中,我们接触和使用的很多网络工具都属于SNS,如微信、QQ、MSN、博客、播客、微博等。它象征着一种融合,不仅仅是人与人的融合,也包括人与信息的融合。由于新媒体传播的互动性,人际传播中的参与者都享有发起传播活动、发送信息、控制传播内容的能力,在某种程度上由于传播人数的增多、时空限制的减少,自由平等的人际交流在网络人际传播中得到了很好的体现。

手机是继报纸、广播、电视、网络之后的"第五媒体"。中国第五媒体研究中心2010年12月发布的《第五媒体行业发展报告》给出的定义是:第五媒体,即基于无线通信技术,通过以手机为代表的移动终端,展现信息资讯内容的媒体形式，应用形式主要包括移动互联网门户网站、手机报和手机杂志、手机电视、手机社会网络、手机微博、电子阅读、二维码等。从手机的技术形态发展来看，第一代数字手机只能进行语音通话，第二代数字手机则增加了传真和短信息的功能，第三代与前两代的主要区别是在传输声音和数据的速度上的提升，能够处理图像、音乐、视频流等多种媒体形式，提供包括网页浏览、电话会议、电子商务等多种信息服务，第四代手机具备向下相容、开放全面、全球漫游、与网络互联、多元终端应用等功能。随着手机媒体覆盖人数的快速增长、手机与互联网黏性的不断提高，手机媒体的传播效应和传播价值快速提升，5G、人工智能等新兴信息技术不断演进。

2. 互联网普及率不断提升

随着互联网技术的发展和普及，中国网络用户的数量快速增长。2005年，中国互联网用户的数量为1.11亿人，普及率为8.5%；从2006年开始到2012年，除了2011年增长幅度为4个百分点外，其余5年都是以每年约6个百分点的速度快速增长。截至2012年12月底，我国网民规模达5.64亿人，全年共计新增网民5090万人。互联网普及率为42.1%（见图2.1）。

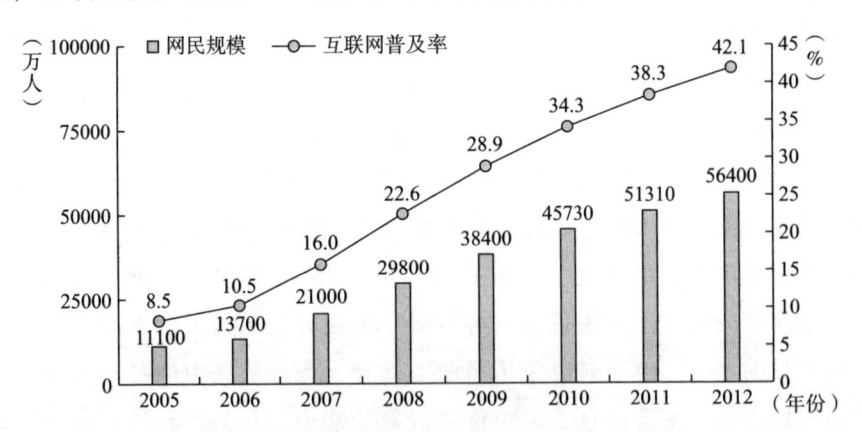

图2.1 中国网民规模与互联网普及率（2005—2012）
资料来源：CNNIC第31次《中国互联网络发展状况统计报告》。

2013年12月至2020年3月，我国互联网普及率每年增幅为2—4个百分点。2020年3月至12月，互联网普及率增幅达5.9个百分点。截至2020年12月，我国网民规模达9.89亿人，互联网普及率达70.4%（见图2.2）。

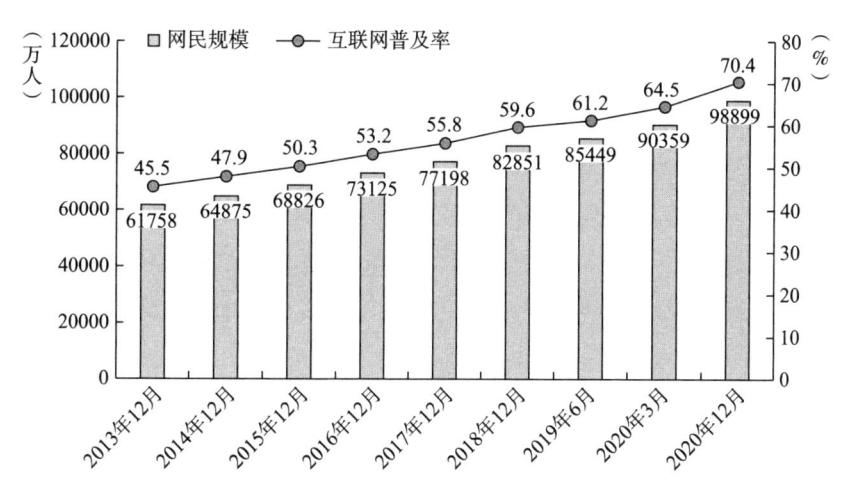

图 2.2 中国网民规模与互联网普及率（2013 年 12 月—2020 年 12 月）
资料来源：CNNIC 第 45 次和第 47 次《中国互联网络发展状况统计报告》。

从 2007 年至 2012 年，手机网民占网民整体的比例由 24.0% 飞速上升至 74.5%，尤其在 2008 年和 2009 年，都出现了大幅增长。2012 年 12 月底，我国手机网民规模为 4.20 亿人（见图 2.3）。

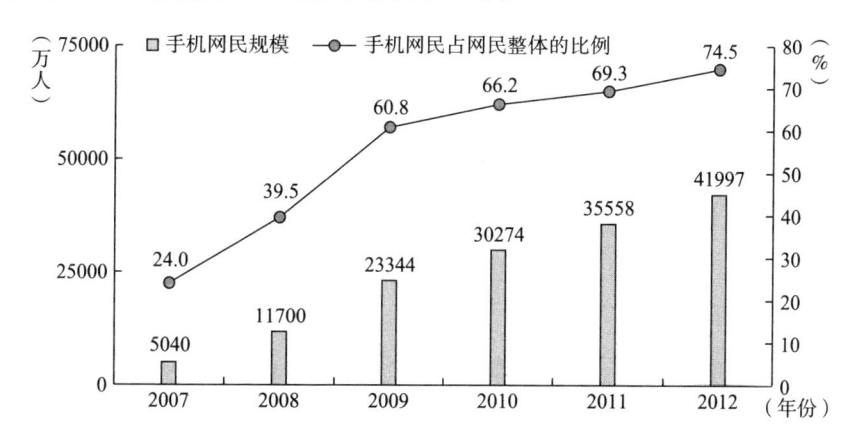

图 2.3 中国手机网民规模及其占网民整体的比例（2007—2012）
资料来源：CNNIC 第 31 次《中国互联网络发展状况统计报告》。

从 2013 年 12 月到 2020 年 12 月，手机网民占网民整体的比例由 81.0% 上升至 99.7%，截至 2020 年 12 月，我国手机网民规模达 9.86 亿人（见图 2.4）。

手机上网快速普及的意义，一方面在于推动了当前移动互联网领域持

图 2.4　中国手机网民规模及其占网民整体的比例（2013 年 12 月—2020 年 12 月）
资料来源：CNNIC 第 45 次和第 47 次《中国互联网络发展状况统计报告》。

续不断的创新热潮，以智能手机为主流的智能移动终端，因全新的终端交互方式与用户使用环境和习惯，为互联网从业者提供了广阔的创新空间。另一方面在于手机上网的发展为网络接入、终端获取受到限制的人群和地区提供了使用互联网的可能性，包括偏远农村地区居民、农村进城务工人员等。使用价格低廉和操作简易的终端，可以满足这些人员相对初级的上网需求，推动了互联网的进一步普及。随着智能终端价格继续走低，大量低端智能手机被推向市场，同时流量资费日益平民化，这些在传统互联网时代无法接入网络的群体将逐步转化为智能手机用户。互联网的核心技术是信息化（包括信息获取、信息传输、信息处理、信息再生、信息利用）、大数据、智能技术、云服务和移动互联网。信息技术倡导的开放、平等、协作、分享，与公益所倡导的互信、互助、互爱高度相通。传播技术生态的变化在一定程度上改变了社会主体所处的话语机会结构，公益组织利用网站、手机及社交媒体等传播应用形式进行公益活动的传播，改变了传统公益传播的单一性和局限性，为社会性传播主体提供了更高的信息开放度和更多的渠道资源。

互联网的去中心化，使得每一个网民都成为一个节点。传统公益传播自上而下的行政模式，也伴随着互联网所承载的平等、民主意义，发生了巨大变化。网民通过互联网、手机随时随地发布和传播公益信息，参与公益活动，实现了人人可公益的新媒体传播格局。互联网的发展，打破了传统壁垒，通过技术和产品，在规则和模式上降低了公众参与公益的门槛，真正实现了"人人公益"。2019年六一儿童节，字节跳动公益联合中国儿童少年基金会、中央广播电视总台少儿频道一同发起了"圆梦精灵图书馆"计划。"今日头条"用户在线上就可以参与到计划中来。通过公益产品"圆梦精灵"，用户将自己的阅读时长等线上行为转化成实体的书籍和学习用品，捐赠给贫困地区的儿童。只要动动手指，就能创造出温暖的价值，零门槛的参与方式充分调动了用户的公益热情。

二 社会组织的蓬勃发展

1. 社会组织的兴起

在中华文明五千多年的历史中，仁爱慈善的思想源远流长，民间公益慈善组织在社会中发挥了重要的作用。新中国的公益慈善事业，最初就是在这些旧中国留存下来的慈善组织的基础上发展起来的。中国传统的慈善思想是建立在"仁爱"思想之上的人道主义精神，但在儒家传统中，"仁政"的思想也导致在古代政府慈善成为慈善行为的主流方式，早先的公益组织主要从事人道主义救援和贫民救济活动，很多公益组织起源于慈善机构，而"公益"是随着政府对社会事业的管理民间化的范围扩大后，才开始逐渐取代"慈善"一词的。

从改革开放之初到20世纪90年代，可以视为我国社会组织兴起的阶段。在这个阶段，我国社会组织经历了一个从无到有、由点到面的原始生长期。改革开放释放出的巨大能量加上缺乏相应的制度约束，使得这一时期我国社会组织在数量上几乎呈现爆炸式的增长。这一时期我国社会组织在数量上骤增，登记注册的社会团体从1978年的不到5000家迅速攀升到1992年底的15.45万家（王名，2010）。1981年8月和9月，我国最早的两家基金会（中国儿童少年基金会、华侨茶叶发展研究基金会）成立。接着，宋庆龄基金会、中国煤矿文化宣传基金会、孙冶方经济科学基金会、中国残疾人福利基金会、中国社会福利基金会等10余家基金会成立。这一时期基金会集中在教育、社会和文化三大领域。

2. 社会组织的制度化规范化发展

从20世纪80年代后期起，我国社会组织的发展开始走上制度化规范化道路。1988年9月9日，国务院第21次常务会议上通过了《基金会管理办法》，其中规定成立基金会不仅要有明确的公益宗旨和一定的注册资金，而且必须报经人民银行审核并由民政部门统一登记注册。这项法规结束了此前成立基金会无须统一登记的历史，建立了我国社会组织的依法登记注册制度。1989年10月13日，国务院第49次常务会议通过了《社会团体登记管理条例》，强调成立社会团体必须在民政部门登记注册。在民政部的统一部署下，通过1990年和1997年的两次清理整顿表现出政府对于社会组织的政治管制与行政干预。两次清理整顿对加强社会组织的制度构建起到了积极作用。

由于国家相关政策的出台，从20世纪90年代开始，我国社会公益组织得到了迅速发展，民间公益力量的壮大为民间公益价值表达提供了组织基础。近几年来，随着社会管理创新成为国家的重大发展战略，长期制约和束缚民间组织发展的双重管理体制已经获得实质性的重大突破，民间组织地位发生了重大转变，这也是民间组织能更加积极主动开展公益活动的重要原因。一些先行地区积极探索民间组织管理改革，取得显著成效。如深圳把民间组织改革与经济社会发展的战略布局结合在一起，上海则开创了政府与社会合作共建民间组织的综合培育模式等。市民社会的不断发展，使得民间话语力量也在不断扩大。

3. 社会组织逐步成熟

1999年至今，我国社会组织在市场经济逐渐发育成熟、改革开放逐步深入和社会转型背景下逐步走向新的高潮。从1999年开始，新增社会组织的数量大致以每年30%的增长率递增至今。在这一时期随着经济的高速增长，人民生活水平显著提高，在市场经济趋向成熟、信息技术不断进步、社会转型全面展开的新形势下，各种新型社会组织，特别是借助互联网发育和迅速膨胀起来的各种形式的网络社团，已经成为影响人们社会生活乃至国家政治生活的一支不可忽视的重要力量。

2004年国务院颁布了《基金会管理条例》，将基金会区分为公募和非公募两种基本形式，这是推动中国公益事业发展的一项重大的制度创新。公募基金会受政府政策的引导，主要集中在教育、社会科学、灾难救助、医疗、扶贫、助残等传统领域，而非公募基金会尽可能拓展项目类别和新的社会议题。非公募基金会的存在使得个人慈善和企业慈善有了更大的发展空间，提高了人们对慈善事业的积极性，极大地动员了民间资源。

据民政部 2005—2019 年的《民政事业发展统计公报》数据资料可以得知，2005 年至 2019 年，我国社会组织数量从 32.0 万个增长到 86.7 万个。从 2012 年开始，社会组织整体上保持较高增长速度，除了 2016 年和 2019 年为 6.0% 之外，其余年份增长率均超过 7%（见图 2.5）。从 2018 年开始增速下滑，原因在于我国社会组织开始从高速增长阶段迈入高质量发展阶段，对社会组织的审核把关更加严格；对于社会组织的违法违规活动的处罚力度进一步加大，一些社会组织受到撤销登记处罚。

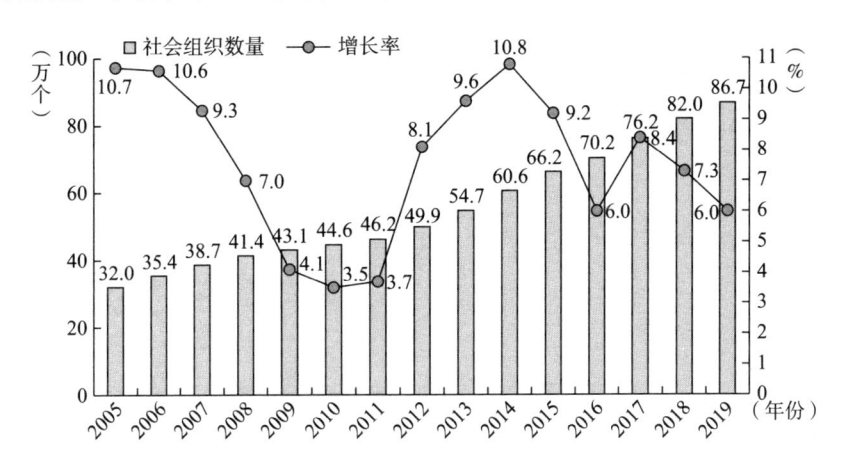

图 2.5　2005—2019 年我国社会组织数量及增长率

资料来源：2005—2019 年《民政事业发展统计公报》。

截至 2018 年 8 月 31 日，全国慈善组织总量达到 4373 家，占全国社会组织总量的 0.5%。其中，北京以 633 家慈善组织居首位，广东、浙江以 591 家、512 家分列第二、三位。各层级、各类别登记认定工作都取得一定进展，其中省级以上民政部门登记认定的慈善组织数量为 2885 家，约占总量的 66.0%；基金会类组织数量为 3403 家，约占总量的 77.8%。全国已有

49.6%的基金会登记认定为慈善组织。4373家慈善组织中有1023家获得公开募捐资格，占总量的23.4%。1023家公募慈善组织中约三分之二为基金会，三分之一为社会团体。在全部公募组织中，77家在民政部登记，591家在省级民政部门登记，二者合计约占总量的65.3%。从地域来看，贵州公募慈善组织达19家，占全省慈善组织总量的73.1%。此外，四川和湖南两省也有超过50%的慈善组织获得公募资格。总体而言，中西部地区慈善组织获得公开募捐资格的比例较高（北京师范大学中国公益研究院慈善法律中心，2018）。

《中国慈善发展报告（2020）》指出，截至2019年12月31日，我国社会组织总量为86.7万个，其中社会团体37.2万个，民办非企业单位（社会服务机构）48.7万个，基金会7580个，分别较2018年增长1.64%、9.68%和7.76%。在慈善组织方面，截至2019年底，全国登记认定的慈善组织总数超过7500个，较2018年（5285个）增长了41.9%，占全国社会组织总量的0.87%，净资产合计约1600亿元；截至2019年8月底，全国已有1260家慈善组织获得公开募捐资格。在捐赠方向方面，教育领域的捐赠人数虽较2018年度减少了6%，但仍是2015—2019年中最多的，占比为35%；而扶贫领域的捐赠人数在2015—2019年呈逐年上升态势，以占比29%排名第二；此外，慈善基金会等公益慈善事业的捐赠人数占比为16%，较2018年度减少了两个百分点，排名第三（杨团，2020）。

三 志愿服务的发展和捐赠文化的形成

1. 志愿服务的制度化及常态化发展

志愿服务体现的是一种人与人之间的社会关系。它不是存在于个人生活的私人领域，而是在一定的公共空间和特定的人群当中进行他助或互助。志愿服务事业是现代社会文明进步的重要标志。中华优秀传统文化蕴含的厚德仁爱、乐善好施、助人为乐、扶危济困等思想理念一直是中国人价值观中的重要构成部分。新中国成立之后，爱国卫生运动、义务劳动、学雷锋活动等类似志愿服务活动在全国推广。改革开放之后，志愿服务组织和志愿者在社区建设、扶贫济困、环境保护、大型赛会、应急救援等领域开展了形式多样的志愿服务活动,对推进精神文明建设、推动社会治理创新、维护社会和谐稳定、增进民生福祉发挥了重要作用。

为了保障志愿者、志愿服务组织、志愿服务对象的合法权益,鼓励和规范志愿服务活动,发展志愿服务事业,《志愿服务条例》经国务院批准自2017年12月1日起施行。该条例是我国第一部关于志愿服务的专门性法规,有效促进了志愿服务制度化、常态化发展。

2019年,我国实名注册志愿者总数达到1.69亿人,累计志愿服务时间为22.68亿小时,分别较2018年增长13.9%和3.2%。志愿服务活动已覆盖医疗、教育、扶贫、养老、环保、助残、文化、体育和"一带一路"等多个领域,成为新时代凝聚广大人民群众力量、共同实现"两个一百年"奋斗目标、实现中华民族伟大复兴的重要力量(王学军,2020)。中国志愿者服务网数据显示,截至2021年7月2日,我国实名志愿者总数达到2.06亿人,志愿队伍总数达到99万个,志愿项目总数达到572万个,服务时间总数达到24.32亿小时。按具体志愿领域,志愿者分为社区志愿者、青年志愿者、文明志愿者、文化志愿者、医疗志愿者、教育志愿者、助残志愿者、巾帼志愿者、消防志愿者。[①]

2017年7月,全国志愿服务信息系统上线,对全国范围内志愿者信息进行统一记录和管理。为进一步提高志愿服务信息化水平,2020年,民政部依托"金民工程"升级建设了全国志愿服务信息系统2.0版(以下简称"系统2.0版")。通过该系统,社会公众可以进行志愿者注册,志愿者可以加入志愿服务队伍,报名参加志愿服务活动,查看志愿服务记录,打印志愿服务记录证明;志愿服务组织可以发布志愿服务项目,招募志愿者,开展志愿服务记录与证明出具工作;民政部门等管理用户可以随时掌握本地志愿服务有关数据。系统2.0版支持PC端(中国志愿服务网)和移动端(中国志愿APP)运行,进一步加强了与国家人口基础信息库、社会组织法人库的数据核验与交换共享,简化了志愿者和志愿服务队伍注册流程,优化了志愿服务记录与证明出具的方式和内容,提升了志愿服务数据管理和

---

① 数据资料来自中国志愿服务网,https://chinavolunteer.mca.gov。

安全保障能力，强化了监督管理能力，为志愿服务管理部门、广大社会公众、志愿者和志愿服务队伍提供了更优质的信息化服务。

在2020年抗击新冠肺炎疫情的过程中，众多志愿服务组织及志愿者以各种方式积极投身到抗击疫情的战斗中，志愿者们无私而踊跃地扎根基层社区，严守疫情防控关，及时发现、严格防控、遏制疫情蔓延。疫情防控志愿服务在参与人数、持续时间、服务时长等方面都创造了历史性的新纪录。"据不完全统计，截至5月31日，全国参与疫情防控的注册志愿者达到881万人，志愿服务项目超过46万个，记录志愿服务时间超过2.9亿小时。"对于广大志愿者、志愿服务工作者和志愿服务组织来说，这是一次大考，也是一次检阅，集中反映了党的十八大以来，中国特色志愿者事业取得的重大进步，对全球志愿服务的发展也有重大意义（张朝辉，2020）。

2. 捐赠文化蓬勃发展

传统公益时代，社会将公益与奉献、牺牲、道德相联系，公益被赋予道德化和政治化的含义。新媒体降低了公益参与的门槛，人们在日常生活中随时可以参与公益活动。借助网络公益平台，越来越多的人参与到扶贫、扶持弱势群体、救助病患和残疾人群等公益行动中来。以互联网为载体的募捐、公益众筹、社交圈筹款等公益新模式的出现让慈善捐助更加便捷化、多元化和透明化，从扶贫、医疗、教育等传统公益项目，到环保、文化、艺术、农业等新型公益项目，公众的捐助选择更加多元，公益成为生活常态。

中国互联网络信息中心发布的第39次《中国互联网络发展状况统计报告》显示，截至2016年12月，有32.5%的中国网民使用过互联网进行慈善行为，规模达到2.38亿人。其中，使用互联网进行扶贫行为的最多，占比达到16.8%，其次为疾病救助，占比为16.0%。爱心包裹、免费午餐、沙漠植树……公益网店上的多数单笔订单只需一元钱，却仅在2018年就收到了累计金额达7534万元的捐赠，累计捐赠次数465万次，其中90后、00后捐赠者占比达68%。从线下到线上，从传统慈善的捐款捐物到行走捐、阅读捐、消费捐、游戏捐等新式公益活动，在互联网的助力下，公益的形式越来越多样化、场景化，并深受年轻人欢迎，人人公益、随手公益、指尖公益成为潮流。相比筹款数额，互联网公益慈善的捐赠属性更值得关注，持续有规律的小额捐赠、稳定的信任机制成为成熟公益社会的表现。

2020年新冠肺炎疫情暴发后,众多互联网企业宣布捐赠大量款物用于支持防疫工作。截至2月25日,11家互联网企业宣布的捐赠金额超过1亿元,分别是:快手1亿元,好未来1亿元,阿里巴巴10亿元,腾讯15亿元,美团2亿元,字节跳动2.5亿元,百度3亿元,网易1亿元,拼多多1亿元,新浪1亿元,滴滴2亿元。11家互联网企业宣布的捐赠金额合计39.5亿元(王勇,2020)。社会各界通过各级慈善组织和红十字会累计捐赠396.27亿元,其中,通过互联网募集善款18.67亿元,参与人数达到4954万人次。腾讯、阿里、百度、字节跳动等互联网公司的捐赠额都高达数亿元;新浪、京东、美团、滴滴等互联网公司利用自身优势,在保障重点物资供应、维护市场秩序等方面发挥了重要作用(高一村、程楠,2020)。

四 互联网众筹模式的出现

1. 众筹平台在中国的起步

众筹(Crowdfunding),即大众筹资或群众筹资,是指一种向群众募资,以支持个人或组织发起的行为,一般而言是通过网络上的平台联结起赞助者与提案者。群众募资被用来支持各种活动,包含灾后重建、民间集资、竞选活动、创业募资、艺术创作、设计发明、科学研究以及公共专案等。众筹这一概念兴起于美国网站Kickstarter,该网站通过搭建网络平台面向公众筹资,让有创造力的人获得所需要的资金,以便使他们的梦想实现。这种模式的兴起打破了传统的融资模式,每一位普通人都可以通过该众筹模式获得从事某项创作或活动的资金,使得融资的来源者不再局限于风投等机构,而是也可以包括大众。在欧美逐渐成熟后推广至亚洲、南美洲、非洲等地区。

2011年,以追梦网、天使汇为代表的众筹平台开始出现。2013年2月,国内最大的专业众筹平台——众筹网正式上线,网站为项目发起者提供募资、投资、孵化、运营一站式综合众筹服务。众筹网的基本众筹模式是捐赠模式和奖励模式。捐赠模式指投资者对项目进行无偿捐赠,多用于公益众筹。奖励众筹指投资者对项目进行投资,然后获得项目发起人提供的商品或相关服务。随着社交媒体的快速发展，众筹平台开始出现以社交为特征的移动端众筹平台。如2014年9月上线的轻松筹。2016年3月16日，第十二届全国人民代表大会第四次会议通过《国民经济和社会发展第十三个五年规划纲要》，明确指出要全面推进众创、众包、众扶、众筹，由此众筹被正式纳入十三五规划。此后，众筹呈现高速发展趋势，截至2016年底，全国正常运营的众筹平台为532家，其中公益型平台13家，全年成功项目的实际融资额高达217.43亿元，约为2015年及之前所有成功项目总融资额111亿元的两倍。①

2. 第三方支付方式普及促进众筹发展

2013年6月，央行下属的中国支行清算协会发布《中国支付清算行业运行报告》。数据显示，2012年，我国第三方支付市场规模超过10万亿元。其中，互联网支付业务104.56亿笔，金额6.89万亿元；移动支付业务21.13亿笔，金额1811.94亿元；支付机构成为传统收单市场的重要补充，处理收单业务15.19亿笔，金额3.75万亿元；预付卡业务规模总体保持稳定，119家支付机构发行预付卡3.92亿张，金额575.55亿元。

随着人工智能、大数据、5G等新一代信息技术的快速发展，数字化技术与惠普金融等的融合不断加深，移动支付作为数字惠普金融等的重要工具载体，提高了惠普金融服务等的便捷性与可得性。2020年1月20日，第三方机构艾瑞发布最新移动支付交易规模报告。报告显示，2019年第三季度，中国第三方移动支付交易规模为56万亿元，同比增长15.2%。CNNIC第47次《中国互联网络发展状况统计报告》数据显示，2016年12月，我国网络支付用户规模为4.75亿人，占网民整体的64.9%，截至2020年12月，网络支付用户规模达8.54亿人，占网民整体的86.4%。2016年12月，我国手机网络支付用户规模达4.69亿人，占手机网民整体的67.5%；到2020年12月，手机网络支付用户规模达8.53亿人，占手机网民整体的86.5%（见图2.6）。

随着中国微博、微信等社交媒体的发展，网络募捐也越发便捷，微信

---

① 《2016年中国众筹行业发展年报》，搜狐网，2017年3月20日，https://www.sohu.com/a/129382167-627962。

图 2.6　2016 年 12 月—2020 年 12 月手机网络支付用户规模及使用率
资料来源：CNNIC 第 47 次《中国互联网络发展状况统计报告》。

朋友圈已经成为主要捐款场景。在大病筹款的互联网传播活动中，轻松筹、爱心筹、无忧筹、诺言筹、细雨筹、水滴筹等大病筹款平台纷纷上线，开启了一个网络募捐的时代。手机媒体的即时通信和移动支付功能，大大促进了公益事业的发展。移动支付带来的便利，调动了公众的公益热情，小额捐赠成为网民捐赠的代表形式。尽管平均每笔捐赠额只有 0.13 元，但 2018 年阿里巴巴直接产生的公益捐赠超过了 91 亿笔（陈静，2019）。

3. 互联网公益众筹成为公众参与的有效途径

公益众筹（Donation-based Crowdfunding）指通过互联网方式发布公益筹款项目并募集资金的方式。互联网公益众筹为社会服务提供有益补充，对于政府资源暂时难以扶持到的领域、社会关注焦点之外的公共事务，互联网公益众筹能发现并带动改善解决相关社会问题，成为我国社会治理现代化的有益补充。另外，互联网公益众筹降低了公民参与门槛，消除了时间和空间对公民参与社会公共事务的限制，有效推动了公民参与公益事业，培育了公民精神。

截至 2018 年 6 月底，全国共上线众筹平台 854 家，其中正常运营的为 251 家。正常运营的 251 家众筹平台中，公益型平台数量最少，只有 14 家，仅占 5.58%。2018 年上半年共有公益型众筹项目 7879 个，其中有 2947 个项目仍在众筹中，56 个项目失败，已成功项目有 4876 个，公益众筹成功项目总融资额约为 1.86 亿元，与上年同期相比，2018 年上半年公益众筹成功项目数同比增长9.23%，成功项目的实际总融资额同比增长16.80%（北京师范大学中国公益研究院慈善法律中心，2018）。

五　公益相关政策法规的不断完善

1. 公益政策法规相继出台

1978年，民政部恢复设立。此后，经民政部批准，中国儿童少年基金会、中国妇女发展基金会、中国青少年发展基金会等公募基金会陆续成立，1994年中华慈善总会成立，通过开展救灾、扶贫、安老、助孤、支教、助学、扶残、助医八大方面的几十个慈善项目，形成了遍布全国、规模巨大的慈善援助体系。

1999年9月1日起《公益事业捐赠法》施行，全面规范了捐赠、受赠行为，明确捐赠应当是自愿和无偿的，禁止强行摊派或者变相摊派，不得以捐赠为名从事营利活动，以规范基金会的组织和活动，维护基金会、捐赠人和受益人的合法权益，鼓励社会力量参与公益事业。

随着中国公益组织的不断发展，政府对其信息公开的政策要求也在不断完善。2004年6月1日《基金会管理条例》开始施行，不仅推动了我国公益事业向前发展，也标志着中国的民主与法制建设日益走向成熟。2006年民政部下发的《基金会信息公布办法》进一步规定，信息公布义务人公布的信息资料应当真实、准确、完整，不得有虚假记载、误导性陈述或者重大遗漏。信息公布义务人应当保证捐赠人和社会公众能够快捷、方便地查阅或者复制公布的信息资料。基金会应当向社会公布其年度工作报告、财务会计报告、募捐活动信息以及资助项目信息，对不予登记以及登记不实的，由登记管理机关责令改正，并依据《基金会管理条例》第四十二条规定给予行政处罚。2011年12月，针对公益慈善类的社会团体、基金会和民办非企业单位等主体的《公益慈善捐助信息公开指引》由民政部颁布并开始实施。该指引规定信息公开的内容包括：信息公开主体基本信息、募捐活动信息、接受捐赠信息、捐赠款物使用信息、接受捐赠机构财务信息及必要的日常动态信息等。

一系列公益慈善捐赠税收优惠政策也相继出台。2013年2月发展改革委、财政部、人力资源和社会保障部经国务院同意发布的《关于深化收入分配制度改革的若干意见》规定，积极培育慈善组织，简化公益慈善组织的审批程序，鼓励有条件的企业、个人和社会组织参与公益事业。落实并完善慈善捐赠税收优惠政策，对企业公益性捐赠支出超过年度利润总额12%的部分，允许结转以后年度扣除。2013年11月，中共十八届三中全会审议通过《中共中央关于全面深化改革若干重大问题的决定》，提出完善慈善捐助减免税制度，支持慈善事业发挥扶贫济困作用。2016年4月，财政部、国家税务总局发布《关于公益股权捐赠企业所得税政策问题的通知》（财税〔2016〕45号），规定企业向公益性社会团体实施的股权捐赠，应按规定视同股权转让，股权转让收入额以企业所捐赠股权取得时的历史成本确定，并按照企业所得税法有关规定在税前予以扣除。

2.《慈善法》的实施成为中国公益发展的新起点

2016年9月1日开始实施的《慈善法》是中国互联网公益慈善事业发展的重要里程碑。《慈善法》的诞生则使公益事业更规范、更有效，它成为社会救助体系的重要方面与社会保障制度的必要补充，在国家社会、经济生活中扮演着越来越重要的角色。

《慈善法》颁布后，国家的税法进行了相应修改，从而保证了免税政策的落实。以民政部、财政部等为代表的部委发布多项相关的政策规定，调整多项政策文件，包括《慈善组织认定办法》《关于改革社会组织管理制度促进社会组织健康有序发展的意见》《慈善组织公开募捐管理办法》《公开募捐平台服务管理办法》《公开募捐违法案件管辖规定（试行）》《慈善信托管理办法》《关于社会团体和基金会办理进口慈善捐赠物资减免税手续有关问题的通知》等，各级地方政府也出台了相应的规定，从而保证了法律的落实。

在2016年《慈善法》出台以前，中国一直将社会公益组织划分为三个类型：社会团体、基金会和民办非企业单位。其中，基金会又分为公募基金会和非公募基金会。只有公募基金会才能对社会公众筹款，其他类型的社会组织只能被动接受捐赠，要想公募，必须找到公募基金会合作。

2017年9月，依据《慈善法》"信息公开"要求建设的全国慈善信息公开平台——慈善中国正式上线。慈善组织基本信息及年报、慈善项目、公开募捐方案备案、慈善信托等信息实现一键查询。慈善信息平台的完善提升了慈善信息统计和慈善活动管理效率。《慈善法》实施后，民政部依法公开遴选了两批共 20 家互联网募捐平台，进一步规范慈善组织网络募捐行为。2018 年，这 20 家平台共为全国 1400 余家公募慈善组织发布募捐信息 2.1 万条，网民点击、关注和参与人数超过 84.6 亿人次，募款总额超过 31.7 亿元。慈善组织通过腾讯公益募款 17.25 亿元，通过蚂蚁金服公益募款 6.7 亿元，通过淘宝公益募款 4.4 亿元，通过其他平台的募款金额均达千万元级。《慈善法》实施后，社会捐赠总额保持历史较高水平。据《中国慈善发展报告（2018）》统计，我国 2015 年、2016 年、2017 年慈善捐赠总量分别为 1215 亿元、1458 亿元、1558 亿元。2016 年、2017 年社会捐赠总额均保持在 1400 亿元以上，显著高于 2015 年以前的捐赠总额（杨团，2018）。《慈善法》实施一年后，通过网络实施捐赠的人数超过 10 亿人次，仅腾讯开展的"99 公益日"就动员社会捐赠 9.5 亿元，有 4500 多万人次参加了捐赠。一些基金会来自互联网的公众捐赠已经占到捐赠总收入的 80% 以上，以企业为捐赠主体的旧有格局正在发生根本性改变（常理，2017）。

第三章

新媒体公益传播的特点

新媒体对公益信息的传播具有迅速、海量、双向互动的特点。随着媒介技术形态的更新换代、信息传播方式的变化，公益信息传播也逐步走上了社交化、专业化、透明化、科技化的道路。微博、QQ、微信朋友圈等社交媒体成为公益信息传播的重要渠道，基于熟人关系的公益信息传播出现了社交媒体裂变的特点。创意、营销、科技手段也让信息传播呈现多元的特点。

一 平台信息传播

1. 信息传播平台化

互联网作为当今最大的信息交流平台，已经成为人们获取信息的主要途径。各种网络应用形式的多样化，也为人们快速、便捷、高效地获取信息带来了便利。通过论坛、SNS 社交网络、QQ、MSN、微博、微信等即时聊天工具，信息以人际传播与大众传播相结合的方式飞速传播。而手机也随着智能手机的出现和不断升级，早已突破了以往单一的通信功能，实现了新闻、娱乐、购物、社交等功能的统一。新媒体信息传播的高速、及时、海量、双向互动等特点，对公益信息的传播产生了巨大作用。

互联网时代的每一个人、每一个机构都可能成为互联网上的一个节点。在公益传播中，互联网在传播速度、模式、渠道、效果等方面明显优于传统媒体公益传播。通过互联网，新媒体打破了传统媒体单一的公益模式，实现了公益传播的日常化、生活化，网民不仅可以接收和发送公益信息并参与活动，还可以主动发起公益项目或扩大现有项目的影响力，增强受众参与公益的自主性，透明度和开放性也大大提高，互联网为有效提高社会公益参与度提供了更优的平台。

新媒体不仅是一个公益信息沟通的平台，而且是一个组织动员各类公益项目活动的平台。"免费午餐""随手拍照解救乞讨儿童""宝贝回家""大爱清尘""铅笔换校舍"这些成功的公益项目无不借助互联网这样一个平台，进行活动的动员和组织。民政部指定的20家互联网募捐平台，共同发挥大流量、广覆盖、精准推送优势，并各自发扬特色、丰富场景，为公益组织发布各类公益信息、广大网民参与在线募捐提供服务。截至2018年，这些平台累计为1300多家公募慈善组织推送了近6000项与脱贫攻坚相关的募捐项目信息，累计募款超过35.4亿元，网民在线捐赠次数超过50亿次，捐赠呈现大众化、年轻化、小额化的趋势，"人人公益、随手公益、扶贫济困"正在成为社会新风尚（朱勤，2018）。

2017年3月，京东上线了公益物资募捐平台，网友打开京东APP，在"京东公益"的模块内能浏览到平台上的所有公益项目，并以爱心价购买想要捐赠的物资，剩下的配送工作将会由京东快递小哥免费送到公益项目地，再由公益机构送给受助人。截至2019年，"物爱相连"平台已经帮助超过100家公益机构发起超过800个项目，筹集物资超过250万件，受益群体超过180万人次，其中超过77%的项目直接助力国家扶贫攻坚（牛广文，2019）。

2017年6月，腾讯公益推出创益计划，搭建了一个移动社交时代的开放的、可持续的公益广告平台，连接公益组织、创意机构、平台三方，让公益与科技和创意融合，赋能公益事业，实现传统公益的进化。首期捐出20亿元广告资源、2亿元资金，推动广告从业者及广大社会公众为公益慈善提供创意支持，助力慈善组织和慈善项目在互联网社交平台展示传播。2016年11月，"爱心衣橱"联合腾讯视频网综《拜托了衣橱》发起"这个冬天不太冷"行动。这一"网综+公益"的新模式，将通过送"衣"点爱心，捐"衣"点温暖，传递爱与关怀，引领阳光与环保的生活方式，让捐赠者与受捐人同时感受到"这个冬天不太冷"。

2. 信息传播结构化

随着互联网技术的快速发展，中国正在步入结构化信息社会，公益信息的传播，也呈现结构化的特点。结构化信息是指信息经过分析后可分解成多个互相关联的组成部分，各组成部分间有明确的层次结构，其使用和维护通过数据库进行管理，并有一定的操作规范。互联网上出现的海量信息，大概分为结构化、半结构化和非结构化三种，无法完全数字化的信息称为非结构化信息。结构化信息社会的特点就是，全社会经济文化活动将会在各种信息的有序互动中完成，信息是结构化的，是有序的，是可以互动的。信息传播更精准有效，更有秩序，便于信息查找。

"易善数据"作为慈善行业的第三方数据平台，通过微信小程序上线，整合互联网公开信息，将碎片化、孤岛化的信息数据转换成对用户有帮助的结构化数据，截至2019年已有近百万条公益组织的数据被纳入平台，平台已经收集了6.7万家出资方、89万家服务方的数据。只要在微信小程序中搜索"易善数据"即可打开。在平台上，政府、企业、社会组织、个人、媒体等都可以公开查询捐赠人的历史捐赠记录、慈善组织信息，还可以评价慈善组织绩效；慈善组织可以在平台上寻找合作伙伴；行业组织可以拓展会员网络，发布行业报告等（叶晓彦，2019）。

3. 信息传播精准化

大数据技术使得建立在通过算法匹配海量信息与个性化需求基础上的信息推送，能够实现精准传播，大大提升了传播效率。在精准寻人、精准扶贫等信息的传播方面实现了内容的精准推送。"头条寻人"是由今日头条在2016年2月发起的面向全国的一个公益寻人项目。致力于用科技手段帮助各类失散家庭团圆。它借助精准的地图推送技术，对寻人或寻亲信息进行精准的定向地域推送，其原理是利用地理位置弹窗的方式，将走失者信息推送给走失地点附近的今日头条用户。

百度每天接受近60亿次的搜索请求，百度系的内容产品覆盖了中国98%以上的网民，手机百度APP、百度贴吧等百度核心产品的日活跃用户数量为2亿—3亿人，百度公益平台基于百度丰富的信息服务场景、庞大的用户规模和先进的人工智能技术推出"共益计划"。通过"共益计划"，利用数据与人工智能技术实现公益内容精准推送，将公益需求与用户需求高度匹配。百度大脑是百度AI核心技术引擎，包括视觉、语音、自然语言处理、知识图谱、深度学习等AI核心技术。基于全网7亿多名网民的大数据用户画像、200万个用户兴趣标签，通过7×24小时的不间断深度学习，精准定位用户的意图、兴趣、地域，展现适合他们的"千人千面"的互联网世界。借助百度大脑的AI智能算法，在海量的信息、用户互动行为中，捕捉每一次公益诉求，找到每一个公益用户，从而更高效、精准地让公益机构与用户进行对接（胡斌，2019）。

二　社交关系传播

1. 社交媒体中的"弱关系"与"强关系"

美国社会学家马克·格兰诺维特1973年在《弱关系的力量》一文中首次提出"强关系"和"弱关系"两个相对的概念范畴。一般认为，强关系是一种稳定深厚的社会关系；弱关系相较于强关系是一种灵活广泛的社会关系。英国人类学家罗宾·邓巴提出"邓巴数定律"，即一个人维持紧密人际关系的人数上限是150人，包含彼此很熟悉的人，如亲戚、朋友、同事和合作伙伴等。同时指出，在我们的联系人当中，约20%是强关系连接，约80%是弱关系连接。当今，基于社交媒体的社群关系成为连接现实与网络的稳定社会关系网，从"弱关系"到"强关系"的社会化媒体正在重新布局社会关系传播模式。

社会化媒体（Social Media）传播模式与传统媒体一对多传播模式的不同在于，其多对多的互动性和平等交流方式实现了用户随时随地进行社会交往和互动，满足了用户"建立关系"和"发挥影响"的需求。社会化媒体模糊了媒体和受众之间的界限，用户生成内容（UGC）成为重要内容来源，在社会化媒体中，拥有共同兴趣爱好的网民可以形成社区，对共同感兴趣的内容进行有效沟通。博客、社交网络、内容社区、播客、论坛、即时通信、短视频社交平台等都是社交媒体的类型。美国学者安东尼·梅菲尔德（Antony Mayfield）在《什么是社会化媒体》一书中认为，社会化媒体快速地进入现代社会，不是因为它纷繁复杂的新技术、新功能，而是因为它让我们回归交往互动的本源，无论是观点分享、激烈争论，还是联络旧友、寻找新朋，在思想、艺术、娱乐、商业等方面互相协作是建立人类文明的基础。

当前社交应用市场主要包括即时通信工具、综合社交应用和垂直社交应用。即时通信工具发展到现在，已经成为集交流、资讯、娱乐、搜索、电子商务、办公协作和企业客户服务等于一体的综合化信息平台。CNNIC于2017年12月发布的《2016年中国社交应用用户行为研究报告》显示，即时通信工具以微信、QQ为代表，主要满足用户交流互动的社交需求，使用率在90%左右；综合社交应用以新浪微博、微信朋友圈、QQ空间为代表，主要满足用户进一步展现自我、认识他人的社交需求，使用率介于即时通信工具和垂直社交应用之间；垂直社交应用主要包含婚恋社交、社区社交、职场社交等类别，在特定领域为用户提供社交关系连接，用户相对小众，除百度贴吧使用率（34.4%）相对较高外，其他应用的使用率都在10%以内。

同时，该报告显示，从社交关系来看，微信朋友圈、QQ空间是以即时通信工具为基础衍生出的社交服务，在社交关系上都偏重熟人社交，趋向于通过分享个人生活信息来促进朋友间的互动、增进彼此感情，网民使用率分别为85.8%、67.5%，二者逐渐以服务群体年龄段的不同拉开差距；新浪微博是基于社交关系来进行信息传播的公开平台，网民使用率为37.1%，用户使用目的主要是了解新闻资讯和热点等，关注的内容相对公开化，在社交关系上更侧重于陌生人社交。

微信（WeChat）是腾讯公司2011年推出的一个为智能终端提供即时通信服务的免费应用程序，通过手机网络发送语音、图片、视频和文字。经过10年的发展，微信已渗透至人们生活和工作的方方面面，为网民带来社交便利的同时也增加了网络社交生态的复杂性。作为中国的主流社交媒体，微信建立于熟人圈子基础之上，强关系社交传播特征十分显著，人们对熟悉的人的信任程度往往要高于对陌生人的，通过亲戚朋友、同学同事等各种社会关系的信息传播，更为可靠。而微博主要是陌生人社交平台，社会关系连接较弱。

随着社交产品的不断创新，社交与视频相融合，出现了以音频、短视频、直播等为新形式的社交产品或功能;根据关系的亲疏远近,出现了陌生关系、"点赞之交"等不同社交深度的产品,如腾讯、陌陌陆续推出多款匿名社交APP,搜狐、微博相继推出浅互动社交产品"狐友""绿洲"等。

2. 社交媒体成为公益传播的重要渠道

随着互联网技术的快速发展,微博、微信等社交媒体极大改变了互联网生态,并重塑了现实中的社会关系。社交媒体在维系强关系的同时,也促进了弱关系的发现与交往,病毒式的信息裂变传播为社会大众提供了更多公益参与的可能。在新媒体传播中,由于新媒体传播的互动性和时空限制的减少,自由平等的人际交流在网络人际传播中得到了很好的体现。在传播手段上,网络、手机等新媒体的人际传播能够更加有效地利用数字化多渠道的传播路径,打破传统人际传播中地理空间身份地位的隔阂与界限,使得传播速度和反馈能力迅速提高,更好地弥补传统人际传播的不足。传统公益活动一般自上而下开展,由公益组织发起,公众只负责参与。而网络的草根性使网民也能成为公益主体,他们通过微博、微信等即时社交工具获得公益项目的最新信息,实时跟进,与项目发起者、其他关注者互动,大大增强了传播效果。

"小朋友画廊"公益项目是一个典型的社交媒体公益传播的成功例子。2017年8月29日,WABC联合腾讯、爱佑未来共同发起"小朋友画廊"线上线下互动活动。"小朋友画廊"公益项目旨在帮助患有自闭症、脑瘫、唐氏综合征等精智障碍的特殊人群,为他们筹集善款,以改善其生活,实现其价值。网友们通过朋友在微信平台分享的相关信息,捐助一块钱,就可以下载自己喜欢的画作为手机桌面,还能听到来自创作者的感谢录音,以及留言互动。截至当天下午,超过3000万人次点击,超过580万名网友参与捐款。最高峰时有超过240家媒体同时报道,相关新闻超过5300条,超过1980个公众号推送相关文章,总阅读量超过460万次,引发了公众对于自闭症群体等的广泛讨论和关注。[①]

[①] 《年度公益项目——小朋友画廊》,凤凰网公益,https://gongyi.ifeng.com/hot/special/xdzlm-rw2017/xiaopengyouhualang.shtml。

2017年1月，深圳市图欧公益事业发展中心①联合中国科学技术大学知识管理研究所调查得出《中国公益组织互联网使用与传播能力第五次调研报告》。相关数据显示，公益组织在通过互联网提高组织的透明度和公信力方面，使用社交网络的频率非常高，绝大部分公益组织都通过社交网络来发布项目进展情况。同时有60.45%的组织通过在线渠道公布财务状况，比第四次调研数据提升了4%。第五次调研和第六次调研中公益组织传播渠道的变化显示，微信公众号和微信、微信群已经成为公益组织最重要的传播渠道。

《艾媒报告：2019年中国移动社交行业研究报告》数据显示，2018年12月，微信月活用户数10.2亿人，QQ月活用户数6.5亿人，微博月活用户数3.2亿人，微信、QQ、微博仍是市场主流应用。据CNNIC第45次《中国互联网络发展状况统计报告》统计，截至2020年3月，微信朋友圈、微博使用率分别为85.1%、42.5%，较2018年12月分别上升1.7、0.2个百分点；QQ空间使用率为47.6%，较2018年12月下降了11.2个百分点，下降幅度较大（见图3.1）。

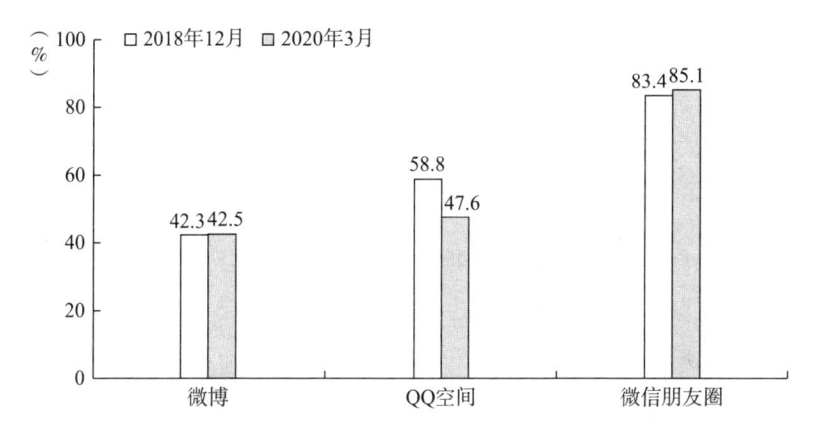

图3.1 典型社交应用使用率对比（2018年12月与2020年3月）

资料来源：CNNIC第45次《中国互联网络发展状况统计报告》。

---

① 深圳市图鸥公益事业发展中心，中文简称"图鸥公益"，英文简称"NGO 2.0"，成立于2009年5月，由中国科学技术大学知识管理研究所和麻省理工学院新媒体行动实验室共同发起，2014年在深圳注册为民办非企业单位，定位为全国型公益支持机构，倡导技术公益的理念和实践，运用互联网技术和社会化媒体，服务公益行业和社会组织。开发了公益地图平台和公益组织评级数据库，开展新媒体工作坊，编辑2.0公益工具箱，发起中国公益组织互联网使用与传播能力系列调研，同时举办公益创客团，提供众筹指导服务，开设网络公开课。

社交平台成为公益捐助的重要来源,对公益传播活动起到了巨大的推动作用。2019年上半年,民政部指定的20家互联网募捐平台募捐总额超过18亿元人民币,其中腾讯公益、微公益等都利用社交平台助力公益慈善捐助行动。在抗击新冠肺炎疫情过程中,上亿用户通过微博关注最新疫情,获取防治服务,参与公益捐助。截至2020年2月4日,微博热搜榜上疫情相关话题的占比超过60%。①

三 多元场景传播

1. 公益传播的多元化场景

场景(空间环境)或情境决定人们的行为特点与需求特征。罗伯特·斯考伯与谢尔·伊斯雷尔在《即将到来的场景时代》中抽取场景时代的五种技术力量——大数据、移动设备、社交媒体、传感器和定位系统——关注它们的联动效应,并展示了未来25年互联网将进入的新时代——场景时代。彭兰在《场景:移动时代媒体的新要素》中提出,移动时代场景的意义大大强化,移动传播的本质是基于场景的服务,即对场景(情境)的感知及信息(服务)适配。场景成为继内容、形式、社交之后媒体的另一种核心要素。

随着互联网平台和技术的不断发展,公众参与公益的方式已远不限于捐款,移动互联网的连接正在催生更有趣的多元化公益方式,通过技术把公众的碎片化时间和行为充分地利用起来,让大众能够真正地参与到公益项目中,既是公益的发动者,又是公益的传播者,从而实现人人都是公益行动家,实现公益的平民化、常态化。"捐步数""捐声音"等多元化、轻量化的创新公益践行方式已经不断涌现,连随手删除旧邮件、清理电脑垃圾都可以成为日行一善的方式,受到公众欢迎,80后、90后成为互联网募捐的主流,00后开始参与互联网公益。人人公益、随手公益、指尖公益成为潮流。日捐、月捐、零钱捐、一对一捐等新形式使捐款种类日渐多元。

---

① CNNIC第45次《中国互联网络发展状况统计报告》。

2014年，微信发起"为盲胞读书"公益活动，用户可以通过微信捐献声音，为1263万盲胞创作有声书；2015年，益行家发起线上捐步，两年内累计捐步2.4万亿步，兑换3.09亿元公益基金。2017年，腾讯益行家联合手Q阅读发起"1小时读书"公益活动，用户只需通过手Q读书平台捐出阅读时间，即可向特困大学生捐赠善款，助其完成学业。这是益行家在捐声音、捐步数、捐开机速度等"捐行为"领域积极探索的公益新方式，旨在通过互联网的连接汇聚每一个微小的力量，用科技推动公益进步。截至2017年4月24日上午11点，活动页面显示总计有110多万人参与"1小时读书"活动，捐出读书时长近28万小时，捐出金额82万余元（苏梓威，2017）。

运动也能做公益。2011年上海公益事业发展基金会组织了"一个鸡蛋的暴走"活动，向社会进行公募，以解决贫困地区儿童的营养问题。参加暴走活动的多为年轻的白领，他们在活动初期通过微博、电子邮件和MSN等渠道向自己的朋友们发出打赌邀请："如果我能走完50千米，你是否愿意为小朋友们捐点鸡蛋钱？"暴走途中和结束后又通过微博、博客、电子邮件等方式继续向亲友们发出捐款邀请，传播项目理念和个人志愿经历。联劝公益通过发微博等方式筹集到了近9万个鸡蛋，用于支持"一个鸡蛋的暴走"项目。2012年该活动发展为平台型筹款活动，旨在帮助儿童摆脱困境，保障困境儿童的基本权利，让困境儿童健康快乐成长、平等发展，截至2020年4月，"一个鸡蛋的暴走"活动累计开展项目424个，资助743997人。"一个鸡蛋的暴走"活动在12小时内挑战50千米，并通过创新的方式向熟人网络募集善款，实现个人挑战和公益参与的双重价值。截至2020年8月，该活动共有200支暴走队伍参加，募集善款7666910元。[1]

2020年4月16日至5月21日，中国社会福利基金会免费午餐基金联合京东数科旗下梨涡发起2020公益行动派百万免费午餐计划"小'膳'大爱"活动。"小'膳'大爱"2020公益行动派分为4月、5月两大公益赛程。4月为第一公益赛程，公益行动派倡导当代大学生和乡村学童们一起"好好吃饭"，提升对青少年饮食健康的关注度。5月为第二公益赛程，公益

---

[1] 数据来自"联劝公益/一个鸡蛋的暴走"官方网站，https://baozou.lianquan.org。

行动派引领并倡导在校大学生开展各种形式的健身运动，为公益行动，为健康而动；"'涡要动一动'一起健身运动"，提升了对青少年身体素质的关注度。学生可在APP端将日常步数根据一定比例兑换成善款，所有善款最终捐赠至免费午餐基金，帮助乡村学童吃上营养美味的免费午餐。这种线上与线下相结合的方式，成为网络公益传播的常见方式。

行走捐是支付宝的一款健康公益产品，用户通过捐赠每天的步数，兑换公益金，捐助给相应的公益项目。开启行走捐后，每5000步可兑换1元公益金，兑换步数上不封顶，每日仅限兑换一次。在支付宝的行走捐中还可以看到参加该活动的其他好友的运动情况，可以为好友点赞，也可以点击"喊好友捐步"一起来做公益，在锻炼身体的同时，不仅可以兑换公益金帮助他人，还可以植树造林，绿化环境。蚂蚁森林是支付宝客户端为首期"碳账户"设计的一款公益行动：用户通过步行、乘地铁出行、在线缴纳水电煤气费、网上缴纳交通罚款、网络挂号、网络购票等行为，减少相应的碳排放量，在支付宝里养一棵虚拟的树。这棵树长大后，公益组织、环保企业等蚂蚁生态伙伴们，可以"买走"用户在蚂蚁森林里种植的虚拟树，在现实中的某个地方种下一棵真实的树。2019年9月19日，中国"蚂蚁森林"项目获联合国地球卫士奖。

2. 沉浸体验提升公益传播效果

沉浸体验（Flow Experience），也叫沉浸理论（Flow Theory）、沉浸式体验。沉浸体验在积极心理学领域是指：当人们在进行活动时如果完全投入情境当中，注意力集中，并且过滤掉所有不相关的知觉，即进入沉浸状态。沉浸体验是一种正向的、积极的心理体验，它会使个体参与活动时获得很大的愉悦感，从而促使个体反复进行同样的活动而不会厌倦。[①] 新媒体公益传播的场景设计中，时间与空间关联形成叙事性，通过对叙事性线索、空间行为模式和叙事性文化符号进行空间表达，传达叙事者的思想，营造出沉浸式、富有共鸣感的空间与环境。在场景中，受众通过角色扮演、游戏通关等形式完成场景空间中的叙事行为，3D、VR技术（虚拟现实技术）的

---

① 来自百度百科"沉浸体验"词条，https://baike.baidu.com/item/沉浸体验/50886748？fr=aladdin。

存在性、多感知性、交互性等特征使得用户可以在虚拟现实世界体验与在现实世界一样的感受。

央视《等着我》栏目携手微信广告，首次在朋友圈广告中投放公益寻人视频。短短4天内，互动参与者已突破5000万人次，有1240万人次从头至尾看完了三个家庭的故事，更有超过300万人自发转载到了朋友圈或分享给了朋友（吴楠，2019）。微信广告为《等着我》栏目在朋友圈广告中前置的全景3D"寻人迷宫"，通过沉浸体验，把寻找亲人的痛苦之情进行还原，通过这种共情激发了用户内心深处的公益意愿。在多层渐进模式中，广告外层以一个复杂无边的迷宫，吸引用户点击进而查看内部的核心内容。同时以迷宫比喻寻亲之路的艰难，当用户转动手机时借助重力感应会产生身处迷宫中的代入感，沉浸体验让用户对寻亲者的迷茫无助更加感同身受，产生强烈共鸣，意识到每一个线索对于失散家庭而言都异常重要和珍贵。新颖的形式成功吸引了用户，使其进一步关注公益寻人，参与社交转发，乃至提供线索，助力寻人。除了为寻人赋予新场景和更广泛的传播之外，互联网科技还能够在很多细节处切实提升公益寻人的效率，降低寻人成本。比起电视节目受众的无差别覆盖，微信广告可以将寻人信息定向投放至寻亲家庭所在地域和特定年龄的目标人群，为警方进一步寻人提供帮助。

四 科技创新传播

随着数字技术的持续发展，互联网打破了传统壁垒，为社会各界参与公益创新提供了新的通道和新的思路，新理念、新做法、新的社群关系不断涌现，创新者正在利用互联网改变行业、改变社会。"慈善有三个阶段，最早是自发阶段，即凭借朴素的感情和人性中的同情心；第二个阶段是科学慈善，就是把好事用专业化的方式去做，标志就是基金会、公益组织的成立；第三个阶段是创新慈善，在专业水平基础上，强调用创新的方法来做。西方的科学慈善阶段在上世纪三四十年代就开始了，现在已进入创新慈善阶段，我国的创新慈善已起步。"（徐永光，2016）

大数据、区块链、人工智能使信息传播的效率得到极大提升。对于公益事业来说，科技助力可以实现公益传播内容精准推送，让公益需求与用户高度匹配；可以用数据展现公益行业的动态发展，让用户的公益行为更加显性；可以为科技解决社会问题提供大量的应用场景，推动我国公益生态的平台化、数据化、人工智能化发展。

1. 人工智能技术＋公益

人工智能（Artificial Intelligence），英文缩写为 AI。它是研究、开发用于模拟、延伸和扩展人的智能的理论、方法、技术及应用系统的一门新的技术科学。人工智能是计算机科学的一个分支，它企图了解智能的实质，并生产出一种新的能以与人类智能相似的方式做出反应的智能机器，该领域的研究包括机器人、语言识别、图像识别、自然语言处理和专家系统等。① 2017 年国务院印发的《新一代人工智能发展规划》指出，人工智能发展进入新阶段，成为国际竞争的新焦点和经济发展的新引擎，并带来社会建设的新机遇。人工智能技术呈现三个特点：一是基于对人类处理各种事务的规则的算法化；二是基于大数据提供的深度学习资源；三是基于互联网络和云计算提供的互动环境和即时的数据收集能力、运算能力。新一代人工智能战略的实施，是我国科技创新的重大行动，它将直接推动我国信息化从数字化、网络化阶段发展到智能化阶段。截至 2018 年底，全球共成立人工智能企业 15916 家，我国人工智能企业数量为 3341 家，位居世界第二。② 人工智能技术在公益领域等的运用也开始普及。例如腾讯 AI 智能养老监护系统基于视觉 AI 技术，可通过人工智能技术对视频数据进行检测、分析，判断老人是否摔倒或是否有走失风险，并可第一时间预警，缩短救援时间。腾讯安全平台部 AI 团队对 AI 在养老场景的探索，推进了智慧养老模式的发展，相比于传统模式，该模式提供了更高质量、更便捷的服务，以满足老人和家庭的现代化、科学化和人性化的产业需求。

2. 大数据＋公益

大数据（Big Data），是 IT 行业术语，指无法在一定时间范围内用常规软件工具进行捕捉、管理和处理的数据集合，是需要新处理模式才能具有

---

① 参见百度百科"人工智能"词条，https：//baike.baidu.com/item/人工智能/9180？fr＝aladdin。
② 《〈中国新一代人工智能发展报告 2019〉发布》，中国政府网，http：//www.gov.cn/xinwen/2019－05/26/content_5394817.htm。

更强的决策力、洞察力和流程优化能力的海量、高增长率和多样化的信息资产。① IBM 提出了大数据的 5V 特点：Volume（大量）、Velocity（高速）、Variety（多样）、Value（低价值密度）、Veracity（真实性）。"大数据+公益"是运用数据库整合、数据分析和数据挖掘的方法手段，实现公益活动和公益事业等公益领域的数据信息共享化、透明化，包括基金会数据、社会组织数据及居民生活服务数据等。"大数据+公益"整合了信息数据，提高了公益信息领域的社会公信力，使得公益传播更加具有精准性，通过数据的挖掘和析出，公益组织可以精准掌握受众的人口学特征、媒介使用习惯与网络心理，为公益传播决策提供全方位、多层面的参考，使传播行为更具针对性，传播效果更具精确性，传播资源得到更进一步的整合和利用，传播的针对性及高效性让公益传播朝专业化方向发展。

阿里巴巴集团及全国 100 多家主流媒体共同打造的"天天正能量"平台，是中国公益领域首个大数据开放平台，由阿里云提供技术支持，每天从海量的网络信息中采集公益领域的活跃信息，对全国各地公益动态和热点事件进行实时监测，同时将公众的公益偏好、不同地区的公益需求和特点，以可视化的方式动态呈现出来。不仅如此，通过平台甚至可以实时点击某个具体省份，通过公益参与人数等数据，了解当地公众的公益热情、喜欢的公益方向等，从而更加有针对性地制定公益策略、采取公益行动（杨晨，2017）。"天天正能量"旨在通过发掘、传播和奖励社会上的正能量人物或事件，推崇人性真善美，弘扬社会正能量。项目充分利用互联网及传统媒体资源优势，发动全国网友参与互动，同时邀请了一批全国知名媒体单位及社会各界知名人士，对发生在全国各地的正能量事件，进行推送、传播和评选。每周评选出的获奖正能量故事，将根据所得票数多少，获得由"天天正能量"项目组颁发的正能量奖金。截至 2021 年 7 月 9 日，"天天正能量"已经累计支出正能量奖金 82025753 元。②

3. 区块链+公益

区块链（Blockchain）是一个信息技术领域的术语。从本质上讲，它是

---

① 参见百度百科"大数据"词条，https://baike.baidu.com/item/大数据/1356941?fr=aladdin。
② 数据来自天天正能量官网，https://a.m-now.cn/now/fp.htm。

一个共享数据库，存储于其中的数据或信息，具有不可伪造、全程留痕、可以追溯、公开透明、集体维护等特征。① 传统公益领域的监管问题一直是一个难题，在款项管理、信息记录等方面存在受助人、捐赠项目信息审核不够严格，真实性甄别难度大，钱款的募集和使用过程难以公开透明，多层级操作，流程烦琐，人力、时间成本高等问题。区块链技术具有去中心化、公开透明、信息可追溯、通过智能合约自动执行等优势，可以从根本上解决机构主体界定不清晰、财务不透明、管理效率低等一系列传统公益长期存在的问题，提升公益的透明度、可信度及效率。

2020年新冠肺炎疫情暴发后，全国掀起了一场场高涨的爱心捐助接力。据"互链脉搏"每周观察统计，2月3日至2月16日间，有近20个协助疫情防控工作的区块链应用上线。区块链技术正在用其独到的方式加入这场疫情防控阻击战。除了善款追踪外，区块链技术还在疫情信息管理、政务服务以及金融服务等领域展开行动（隋福毅，2020）。

面对疫情，中国雄安集团开通了慈善捐赠管理溯源平台，以区块链技术提高捐赠信息的透明度与公信力。登录慈善捐赠溯源平台可看到，在已经完成的爱心捐赠列表中，最早一批捐赠由杭州趣链科技有限公司捐赠，接收方为中部战区总医院（武昌院区），捐赠时间为2月6日19点39分33秒，并标识已在飞洛区块链存证。在待捐赠需求中，以南京江北人民医院为例，需求物资有医用N95口罩、医用外科口罩、防护面罩等物资及捐赠联系方式。在每项捐赠完成及待完成的项目中，平台上均显示了相应的区块信息、区块高度、存证唯一标识及上链时间，也标注了该项需求已在趣链区块链存证，对所有人提供公开的捐赠信息查询服务（邱越、袁勃，2020）。

区块链技术具有分布储存的特点，天然具有记账和信息追溯的功能，在慈善捐赠领域，通过使用分布式账本来跟踪捐赠信息，确保每笔捐赠款项都清晰透明。早在2017年，我国就针对利用区块链技术进行物资公益捐赠流程追溯进行过尝试，同年9月由美丽中国支教项目发起的"守梦天使寻找之旅"公益项目在京东公益物爱相连平台上线。通过区块链技术与物

---

① 参见百度百科"区块链"词条，https://baike.baidu.com/item/区块链/13465666?fr=aladdin。

联网相结合，不仅实现了捐赠物资的全程流转信息上链，保证了物资流转信息的透明可追溯，还大大改善了网上捐赠者的用户体验。互联网的互动性、便捷性和无地域限制，使其在团结和凝聚个体参与公益活动方面具备了天然的优势。因此，随着新媒体技术的不断发展和普及，以及网络用户和手机用户数量的飞速增长，中国的新媒体公益传播时代已经到来。

第四章

多元与冲突：新媒体公益传播中的价值表达

杜威认为价值表达不仅仅是一种个人情感的表达，从价值表达中还可以观察人作为价值主体，与他人（社会）之间的关系。那么公益传播中的价值观也不仅仅是个人对于公益的感受和想法，还应该视为对个人与他人（社会）之间的一种利益关系的认知。新媒体公益传播中的价值表达是指公益传播主体（包括组织、企业、个人）在互联网空间里通过各种言语或非言语方式表示对公益活动的意义、性质、功能的看法及参与公益的意愿和态度倾向等行为。具体的内容包括公益组织和个人在网络空间呈现的关于公益理念的文本、图片、视音频符号及相关辅助层面的呈现。

随着以互联网为代表的新媒体的迅猛发展，通过网络进行公益传播成为一种普遍的社会现象。"铅笔换校舍""免费午餐""多背一公斤""西部格桑花"这些网络公益活动和项目不仅传递着社会温暖，也表达着快乐公益、微公益、人人可公益等新型公益价值理念，见证着社会化公益时代的到来。

新媒体时代人人都可以成为信息源，也都可以成为媒介的终端，数字技术导致的速度与节奏的迅速加快也使人们的表达越来越趋于融合化、自我化、自由化、瞬时化与小微化，更易于表达个体情感与认知。同时，由于新媒体的开放性与多元性，不同的公益价值观也通过新媒体展现、交锋，这背后也折射出转型期中国价值观构建的现状及存在的问题。

一 新媒体公益传播中的多元价值观

1. "施恩/报恩"公益观

中国传统文化对公益组织的行为有重大影响。在项目的设计过程中，很多机构也非常注重体现"感恩"精神，比如，要求受益方给资助方定期汇报、写感谢信等。事实证明，这种体现感恩精神的项目设计，更能吸引资助方的捐款。受益方，包括广大公众在内，也大都认为，受益方应该对资助方充满感恩，否则就是忘恩负义，违背社会的基本认同。

中国报恩网（http://www.baoen.cn）由段非和许利娜创办于2006年，是国内第一家以报恩为主题的公益网站。创始人段非来自河北承德，自幼家贫，在自己勤工俭学以及好心人的帮助下完成学业。许利娜来自陕西偏远农村。在求学路上，她得到了社会好心人的帮助与支持，这才能够走出农村考上大学。拥有相似成长经历的二人因搭建报恩平台走到了一起，回报恩人是他们奋进的原动力。他们想用一种特殊的方式来报答父母以及帮助过自己的人们，同时，也为所有需要帮助的人和社会上广大的爱心人士搭建一座爱的桥梁。"我们两人都是从小家庭就不富裕，虽然成长过程中遇到很多困难，但是总有好心人愿意对我们伸出援手，因此我们在创办公益网站时，一致决定起名为报恩网，我们想表达报恩之心。""从报恩网创办至今，我们帮助过93岁的盲人老奶奶盖房子，帮助过残疾人安装义肢，帮助过贫病交加的人重获新生，也帮助过寒门学子完成学业……截至目前，报恩网已筹集善款500余万元，帮助弱势群体5000多人，拯救了17名先心病患儿的生命，带动4000多名志愿者参与其中。"（马南、郭云民，2019）中国报恩网于2016年10月10日在石家庄市民政局正式注册为石家庄报恩社会工作服务中心，发展成为专业的社工机构。2019年3月，段非、许利娜夫妇入选中央文明办主办的"中国好人榜"。

中国报恩网的理念为"感恩于心，报恩于行"，宗旨为"凝聚善缘，多行善事"。以下是中国报恩网的心语：

报恩，不仅仅是回报曾经帮助过我们的恩人。报恩是要将爱的种子播种到每个人的心里。让爱传承爱，用生命感动生命，为需要帮助的人贡献出自己的一份力量。感恩于心，报恩于行，让报恩成为一种习惯！我们坚信：报恩不仅是一种美德，更是一种责任；报恩不仅是一种责任，更是一种力量！一个懂得报恩的民族是伟大的民族；一个实践报恩的社会是和谐的社会！

中国社会是"家庭本位""社会本位"的社会，在这个社会中的个体生活在一系列相互依存的基本社会关系中。"此种种关系，即是种种伦理"，中国文化强调人与人之间适当关系的实现，强调在两两相对的社会角色中每个社会角色的义务，"每个人对于其四面八方的伦理关系，各负有其相当义务，同时，其四面八方与他有伦理关系之人，亦对他负有义务"，比如，为人父母者要慈，为人子女者要孝。通过此种伦理关系网络，"全社会之人，不期而辗转相互连锁起来，无形中成为一种组织"（梁漱溟，2005）。在中国人看来，社会固然是个体的集合，但社会内的个体之间却不是完全独立的。社会借助人伦关系把个体组合成一个紧密的有层次的结构。费孝通先生在《乡土中国》一书中，将这种结构描绘成具有"波纹宗亲网"和"差序格局"的"礼俗社会"。他说："我们的格局不是一捆一捆扎清楚的柴，而是好像把一块石头丢在水面上所发生的一圈圈推出去的波纹，每个人都是他社会影响所推出去的圈子的中心，被圈子的波纹所推挤的就发生联系，每个人在某一时间和某一地点所动用的圈子是不一定相同的。"（费孝通，2008）中国报恩网网站宣传栏上写有"很久没有给家中咱爸咱妈打电话了，他们想咱们呀！报恩不仅仅是打个电话，但是打个电话也是一份孝心"，以对日常生活中的"尽孝"行为的呼唤，将所表达的公益思想提升到其所宣扬的"报效父老乡亲，恩感华夏儿女"的社会层面，这也是中国这种人伦关系的延续。

2. 平等快乐公益观

传统公益多以捐款捐物为主，形式单一，捐助者与受捐者之间缺乏互动交流。而新媒体公益传播，除了捐款捐物外，还将公益与日常生活、娱乐、教育创意性地结合。行走捐、阅读捐、积分捐、消费捐、企业配捐、

第四章 多元与冲突：新媒体公益传播中的价值表达

虚拟游戏捐等创新方式受到大众欢迎，推动了"人人可参与，随手做公益"的社会风尚。这些项目有别于以扶危济困为主要目的、以捐赠为主要手段的传统公益项目，通过更创新、更有科技感的方式，给人们提供了更多参与公益的机会，赋予了人们更多的改变世界的能力。每个普通人都有道德渴望和利他冲动，通过创新，公益也可以成为普通人生活的一部分。

新媒体不仅为民间公益话语的表达提供了一个平台，为各方利益的博弈提供了公共空间，还创造了一些新的公益传播模式，体现了消费主义时代公益价值观念的特点。其特点在于以一种日常化、趣味化的方式来参与公益，相对于传统公益而言充满了创新性。这些网络公益传播活动宣扬"平等""快乐""轻松""愉悦"等现代公益价值理念，往往被年轻的社会人群所接受。

"多背一公斤"是民间发起的公益旅游活动。这个活动为喜欢旅游的驴友们和乡村学校搭建起一个交流沟通的网络平台。旅游者们有了旅游计划后，可以上"多背一公斤"网站（www.1kg.org）查询学校信息，确定计划拜访的学校，提前联系学校，确定拜访日期和学校的具体需求，带上网站提供的《活动记录表》，在旅程结束后将活动情况、照片等反馈到该网站的论坛上以便更多的人了解和参加。活动鼓励自发组织的旅游者在途中为乡村学校的孩子带去一些书籍与文具并进行面对面的交流，为他们传播知识、开阔视野，激发孩子们的信心和想象力。"多背一公斤"活动给旅游者的建议是"旅游为主，公益其次"，"交流为主，物品其次"，"快乐旅行，保持微笑"。这项公益活动认为"多背一公斤"是旅途中的举手之劳，能做固然有收获，不做亦无伤大雅，不必将公益作为旅游的目的。活动倡导一种平等的精神交流和乐观的人生态度，强调公益主体和客体在平等轻松的氛围中共同体会快乐与愉悦，这和传统公益传播中的注重财物的捐助和悲天悯人的公益情怀截然不同。因此现代的公益传播价值观更注重精神的平等交流，而非传统的物质赠予，这对于公益事业长效运行机制的建立来说应该是一个好的开端，让公益行为成为普通人生活中的一种共识，这对于提高公民意识，营造一个平等互助的社会氛围无疑是非常重要的。

传统的悲情公益和单一的慈善宣传已经让公众"审美疲劳"，体验式公益这种"寓公益于娱乐"的全新形式满足了人们"快乐公益"的需求。"小朋友画廊"公益项目,没有直接将对自闭症、脑瘫、唐氏综合征等的充满悲情色彩的描述为传播卖点,而是以"小朋友画廊"为标题,以充满童真和美好的画为载体,巧妙地将"美好绘画"与"精智障碍"这两个看似矛盾的词语结合起来。这种克制且恰到好处的表达,暖心而不悲惨,独特而直击人心,能够自然而然地激发公众的善意和善行(丁依霞,2017)。在公益活动中,患者和施助者之间是平等的,这是他们的智慧和劳动所得,而不是捐助者的施舍。近些年来,"为爱行走""为爱奔跑""善行者""一个鸡蛋的暴走"等公益活动,以创意、体验、快乐、分享等方式,吸引民众关注并参与其中,收到了很好的社会反响。这些活动的兴起及持续开展标志着一种新型公益理念的产生,平等、快乐、新意、体验这些不同于传统公益苦难、悲情、怜悯等的观念已经开始改变人们对公益的看法。

3. 市场互利公益观

腾讯公益慈善基金会于 2007 年 6 月 26 日成立,是第一家由互联网企业发起成立的公益基金会。截至 2021 年 4 月 14 日,历史善款总额为 11814907697 元,历史爱心总人数为 447473875 人次。[①]

以腾讯月捐计划为例。腾讯月捐计划是腾讯基金会牵手公益合作伙伴一起,向个人用户推出的一种新型网络公益方式,通过打造"开放、公开、便捷、透明"的平台,让合作伙伴募款,让网友自主选择自己支持的公益项目。腾讯通过"财付通"账户为网民提供每月自动捐款服务,爱心网民通过签署财付通委托扣款协议书,就可以每月定期定额向自己关注的公益项目自动捐款,简单快捷地实现自己的公益愿望。腾讯每月通过 QQ 邮件、QQ 消息等向网民反馈认捐项目的最新进展,监督善款使用。为了激励参与公益的网友,长期吸引这个捐赠群体,腾讯公益主要通过两种方式来实现"快乐公益"的文化认同。其一为给网友进行公益荣誉身份的设定;其二为赠送多种腾讯游戏产品,满足腾讯网友的游戏需求。

为了吸引网友的持续参与,腾讯开发了多种网络虚拟爱心产品赠送给广大参与公益的网友,让网友能在做公益之余享受到游戏的乐趣。2009 年 10 月,为推广"腾讯月捐计划",鼓励更多的人参与捐赠,腾讯公益推出

---

① 数据来自腾讯公益主页,http://gongyi.qq.com/。

"爱心果"、"爱心种子"和"爱心化肥"等游戏产品，用于流行的 QQ 农场游戏。网友可以在自己的农场种出独一无二的爱心果。凡是通过腾讯公益网参加月捐计划的网友，均能得到一个"爱心果"大礼包。该产品推出后，不仅让网友们在游戏社区里掌握更多的爱心概念和信息，同时对腾讯公益网的月捐公益项目产生了明显的推进作用。在腾讯月捐计划中，"QQ 游戏带你释放爱""慈善也可以很萌""爱心助力公益、快乐谱写寻仙"等让网友在游戏的快感中实现公益行为，公益在实现"利他"的同时，也满足了主体"利己"的个人需求。

2009 年 11 月，腾讯推出了"公益月捐徽章"。"公益月捐徽章"是针对参与腾讯月捐计划的爱心网友开发的公益产品，按属性分为"金质公益月捐徽章"和"银质公益月捐徽章"。成功参加腾讯月捐计划 3 个月及以上的网友就可以领取银质公益月捐徽章，成功月捐 6 个月及以上可以领取金质公益月捐徽章。网友领取后的徽章将展示在 QQ 对话框的头像上，其好友均可看到这个徽章。

2009 年 8 月，QQ 公益图标正式在 QQ2009beta3 版本中推出，这是腾讯基金会和腾讯即时通信产品共同设计的一款网络公益产品。它包括 QQ 公益善客成长体系和在 QQ 终端的图标展现两个部分。凡通过腾讯公益网平台给公益组织捐赠了资金的网友，均会获得一定的爱心积分，并在 QQ 客户端资料卡首位显示一个特殊的公益标识，这个图标被网友誉为"QQ 首席图标"。公益图标具有不同的等级，网友的捐赠会在腾讯公益网上记录下来，其好友可以看到他的爱心标识，点击进去之后也能看到他参加过的公益活动。随着网友捐赠金额和参与捐赠时间的增加，他的爱心积分也会不断地累积和增长，公益图标的等级也将发生变化。通过 QQ 平台，让广泛的人际关系链里增加了公益的因素，在关系链的广泛互动中培育了向善、献爱心的氛围。

就价值观的核心问题即个人与他人的价值关系而言，市场经济具有利己和利他的双重价值要求，表现了市场经济中价值取向的二重性。马克思曾说："使他们连在一起并发生关系的唯一力量，是他们的利己心，是他们的特殊利益，是他们的私人利益。正因为人人只顾自己，谁也不管别人，所以大家都是在事物的预定的和谐下，或者说，在全能的神的保佑下，完成着互惠互利、共同有益、全体有利的事业。"（马克思、恩格斯，1995）

市场经济中的经济主体首先考虑满足自己的需求，具有利己性。但同时，市场经济又要在满足他人要求的前提下，获得自身需要的满足。这种特定的规定性又决定了其服务性和为他性。

市场经济体制下的公益价值观也深刻地带有这样的特点，特别是一些企业把做公益与自身的发展结合起来，"主观为自己，客观为他人"，体现了一种互利的价值观念。腾讯基金会是我国第一家互联网行业成立的非公募基金会，为中国公益事业发展做出了很大贡献。但是我们也知道，腾讯作为中国的游戏业领军者，占据了中国游戏业的半壁江山。"经过10年的发展，中国的网络游戏行业已经进入到成熟期，超过300亿元人民币的市场规模以及近3亿的用户规模使其成为中国互联网的支柱产业之一。"CNNIC 2011年6月发布的《中国网络游戏用户调研报告（2010年度）》显示，2010年中国大型网络游戏活跃用户规模为1.1亿人，比2009年增长4069万人，增长率为58.7%。腾讯的网络游戏用户占到总体用户的50.4%，较2009年的44.2%提升6.2个百分点；网易与盛大的用户比例分别为35.7%和15.9%，分列第二、三位。①

2020年12月10日，斗鱼与中国儿童少年基金会达成战略合作，平台创始人兼CEO陈少杰代表斗鱼，向中国儿童少年基金会捐赠首笔善款300万元，设立了"斗鱼公益专项基金"。作为一家领先的网络直播平台，斗鱼拥有近3亿个年轻用户，如何利用平台和品牌影响力，引导青少年树立正确的价值观，让更多年轻人加入到公益事业中来，也是值得探索的。

4. 微善公益观

新媒体公益传播中，一个非常显著的公益价值观表达即"微公益"，无论是微博传播中的"免费午餐""随手拍照解救乞讨儿童"，还是"腾讯月捐计划""滴水公益"等的公益理念和口号，都强调了公益的低门槛和可参与性。这种公益形式强调的是全民参与并创造价值。它充分利用了互联网自上而下的大众性、草根性、快速传播等优点，真正实现了公益的常态化、平民化，不仅推动了中国公益事业的发展，还传递了一种人人可公益的理念。

在传统观念中，人们对慈善的认知往往本着"达则兼济天下"的心态，

---

① 用户身份有交叉。

认为慈善是政府、大机构和少数成功者的专利，慈善成了道德竞赛，谁捐的钱多，谁的境界就高。而以微公益为代表的新媒体公益传播则改变了这种局面，它的参与者多是社会普通民众，对于善举，它强调有无，而不强调多少，提倡以微小之力带来细微的变化。

免费午餐公益淘宝店宣传口号是：

您3元的支持，便是孩子见到的健康和幸福，把爱传出去。

腾讯公益网站宣传口号是：

我们相信，世界的改变不是少数人做了很多，而是每个人都做了一点点。每人每月1份爱，涓涓付出，汇成爱海，就能形成强大的公益合力，随时帮助需要帮助的人，让我们共同的未来更加美好！

滴水公益网站宣传口号是：

每个月的11号这一天：少点一个菜请贫困山区的孩子吃顿爱心午餐吧！今天不打车，省下的钱作为"衣心衣意"爱心物资发放的运费吧！一起加入滴水公益"我的公益日"活动吧，每月一捐，轻轻一点：1元、3元、10元、100元……爱心不论多少，点滴的爱心汇集，就是一片爱的汪洋。一起来为您爱的种子撒下一点泥土，在每个月的这一天，为它洒上几滴清泉，期待它盛开在您美丽的心房！

中国是世界上最早提倡与发展慈善事业的国家，慈善文化源远流长，儒家文化作为影响中国两千多年的主流文化，也深刻地影响着中国慈善事业的发展。儒学的思想内核为"仁"，讲求"由仁趋善"，由此，以"仁爱"为中心的儒家文化慈善观构筑了包括大同思想、民本思想在内的十分丰富的慈善思想体系。但在长期的慈善活动中，因为主要注重物质的捐助而非精神的交流，所以捐助数量的多少往往成为衡量公益慈善的道德标准。通过新媒体做公益，则颠覆了这种传统的公益价值观，重新建构了一种新型现代的公益价值观。互联网在提供一个公众平等参与的平台的同时,也让一种日常化的公益精神改变了公益传播的价值取向,从而营造了一种人人可公益的现实图景。

在"人人公益""随手公益"的情况下,人们对于这种上升至道德甚至政治层面的公益定义产生了某种疏离感。研究发现,那些积极参加网络公益的城市青年并不认为自己比他人高尚,"也不习惯被外界当作政治标杆或是道德典范,因为这种标签往往可能会给他们的日常生活带来一些不必要的干扰"。这反映了人们对于"公益"的理解正在发生变化,公益不再动辄牵涉道德与责任这类宏大主题,而是源于个体独立意识的主动承担和日常生活中的点滴作为(钟智锦,2015)。人们做慈善真的是出于无私吗?在QQ头像前方有一个慈善捐款的爱心 Logo,如果你加入了腾讯慈善平台,这个 Logo 就会被点亮,且永不熄灭。在点亮这盏"慈善之灯"后,有30%—40%的人会继续留下来,坚持他们的慈善行为。这意味着,点亮爱心 Logo 可能是促使部分人加入腾讯慈善平台的最初动因之一,但会有一部分人将他们的慈善行为坚持下去(赵艳秋,2014)。

在新媒体公益传播中,现代公益价值观中的"快乐""平等""人人可为"等公益价值理念,在许多公益活动的动员中都得到了体现,而这些公益价值理念也是推动公益传播网络动员的一个强大的黏合剂。新媒体公益传播提倡量力而行,行善的责任顺序应该由近及远。"多背一公斤"的负责人余志海说:"我认同一个普通人应该先对自己负责,最低程度能养活自己,再对家人尽责任,再对周围的人尽责任,再对偏远地区的一个小学校的学生尽责任。一个人的能力越大责任越大。因为这样做,成本是低的,一下去对偏远地区的孩子尽责任,成本是非常高的。你为什么不对自己身边的人尽责任,让当地人对他自己身边的尽责任呢?如果每个人真正地都对自己身边的人尽责任,把身边的人服务好,这个世界也就太平了。我一点都不认同丛飞①的做法,一下子捐300万元,自己的女儿上幼儿园都没有

---

① 丛飞(1969年10月29日—2006年4月20日)原名张崇,生于辽宁省盘锦市大洼区庄台镇的农村,自小努力向上,是深圳著名男歌手。在他37年的短暂人生中,先后参加了400多场义演,收入并不丰厚,但进行了长达11年的慈善资助。他资助了183名贫困儿童,累计捐款捐物300多万元,被评为2005年感动中国人物和100位新中国成立以来感动中国人物之一。

学费，把自己的身体也累垮了，家庭也破裂了，最后病死了。……如果每个人都很健康地活着，这个世界才是健康的……"（康晓光等，2011）传统公益价值观崇尚一种"毫不利己，专门利人"观念，提倡无偿付出，认为公益不需要回报，不需要成本。新媒体公益传播明确提出了公益成本观，做公益并非无偿付出，不求回报，公益也有成本。如麦田计划在网站首页中声明，向志愿者售卖的产品的收入用作麦田计划的行政开支；中国报恩网在网上晒成本单，明确成本需求是公益活动开展下去的前提。

二 新媒体公益传播中的价值观冲突

中国的公益慈善文化源远流长，儒家文化作为影响了中国两千多年的主流文化，也深刻地影响着中国公益事业的发展。中国正处于社会转型期，传统价值观与市场经济价值观、东方价值观与西方价值观的融合与冲突也不断体现在社会公益领域。西方价值观中的"快乐主义"、市场经济价值观中的"互利"等观念正对中国公益文化产生深刻的影响，互联网则为我们呈现了多元公益价值观的共同存在及其矛盾冲突。同时，随着中国社会进入转型时期，各种利益主体分化带来了纷繁复杂的利益冲突，新媒体的草根性让弱势群体和普通百姓也可以通过它来表达自己的利益诉求，为争取自己的利益发出声音、制造舆论，并推动事件的进程。由此可见，在公益领域，无论何种公益价值观，回归到其本质，则依然是利己与利他之间关系的问题。传统公益价值观，以儒家的重义轻利思想为标准来衡量公益行为，而现代公益价值观，强调在科学理性的基础上合理开展公益；传统公益价值观重国家和集体利益，忽略个人利益，而现代公益价值观强调个人利益与集体利益同样重要。在传统与现代之间、中西之间，观念冲突具有复杂的表现。

1. 道义与理性的冲突

中国传统公益价值观与重义轻利的原则相关联，导致了对工具理性的相对抑制，体现在往往用物质和金钱的多少来衡量公益参与的诚意，特别是在大灾难发生时，更希望一些富人能慷慨解囊，兼济天下。但是现代公益价值观更多地认为公益应该是一种理性的、循序渐进的行为，应该遵循一定的管理制度，唯有如此公益才能良性发展。

2008年5月12日汶川发生7.8级大地震，夺去了数万人的生命，并给灾区带来了巨大的财产损失。在这种情况下，全国上下形成了一股为灾区捐赠的热潮。在这场捐赠活动中，媒体表扬那些及时进行巨额捐款的企业，批评和指责捐款数额较低和未能及时捐款的企业。地震发生当天，万科宣布为四川地震灾区捐款200万元，并成立抗震救灾应急工作小组。之后，一些网民在万科集团创始人王石的博客和国内一些论坛上发帖，认为200万元捐款与年销售额1000亿元的万科形象太不相称，并列出了捐款超过1000万元的企业名单。面对网民的质疑，王石发微博回应：

> 对捐出的款项超过1000万的企业，我当然表示敬佩。但作为董事长，我认为万科捐出的200万是合适的。这不仅是董事会授权的最大单项捐款数额，即使授权大过这个金额，我仍认为200万是个适当的数额。中国是个灾害频发的国家，赈灾慈善活动是个常态，企业的捐赠活动应该可持续，而不成为负担。万科集团内部慈善的募捐活动中，有条提示：每次募捐，普通员工的捐款以10元为限，其意就是不要让慈善成为负担（徐华、白宝玉，2008）。

一时间，"万科捐款门"被舆论推向风口浪尖，引起各方争议，社会舆论也造成了万科公司股价连续下跌。5月15日，王石首次道歉之后，网上出现了一些力挺王石的声音，但不少网友仍不接受道歉。而实际上，万科在事后的情况说明中指出：2006年股东大会对万科每年的企业公民建设费用的授权额度为1000万元，在地震之前，2008年的这笔钱已经使用了近800万元，只剩下200多万元。

2008年5月21日万科同时发布公告称，董事会批准公司在未来3—5年内支出1亿元参与四川地震灾区的临时安置、灾后恢复与重建工作，并以绵竹市遵道镇为重点；该项工作为纯公益性质，不涉及任何商业性的开发。

公司参与四川地震灾区的临时安置、灾后恢复与重建工作，为完全无偿的纯公益性质。即便在这份说明中，万科仍然表达了一贯坚持的公司治理理念：万科所有财产属于股东，因此公司的公益捐款必须在股东大会授权下进行（王小乔、潘晓凌，2008）。

围绕"万科捐款门"引发的网民反应，不少媒体开展报道，形成一片评论热潮。在事件中，公众对王石及万科的公益行为期待远高于对普通人的期待，这也是长期以来社会对富人阶层应该更多地承担社会责任的要求。"十元捐"冲击了中国传统的公益理念，折射出了"现代公益是应该以道义还是应该以理性来规范发展"及"企业的社会公益责任与自身发展如何平衡"的问题。

在汶川大地震发生后，许多外资企业因为捐赠数额没有达到国人的期望值或者没有及时捐赠而遭到网民的攻击，品牌形象一落千丈。为了表示自己的愤慨，网民把热情转向了国产品牌，编出了顺口溜：以后喝王老吉（捐助1亿元），存钱到工商银行（捐助8726万元），还是用移动（捐助5820万元），买电器到苏宁（捐助5000万元），买保险买平安（捐助3500万元），喝白酒喝泸州老窖（捐助3000万元），买药修正牌（捐助2500万元），上网用QQ（捐助2000万元），运动穿李宁（捐助1249万元），电脑买联想（捐助1000万元），洗衣机买海尔（捐助1000万元），空调买美的（捐助1000万元），开车开吉利（捐助1000万元）……如果大家都买联想，联想将在5年内超越戴尔；如果大家都买吉利，吉利将在5年内超越大众、丰田。2008年5月22日，商务部部长陈德铭替外资企业澄清，指出多数上榜的跨国公司捐款都超过了1000万元，网民们称外资企业为"铁公鸡"的说法不符合事实。然而，网民们认为外资企业在中国发展，应该捐足1000万元才算对得起灾区人民。《南方周末》记者采访的数十家跨国公司都表示：捐款需要与总部的沟通，而且第一笔只能根据当时的灾情确定，后续的才能就严重程度继续申请（王小乔、潘晓凌，2008）。即便跨国企业总部考虑全球股东的利益而不愿意捐款，这也符合西方商业伦理的观念。美国经济学家弗里德曼说过，企业的主要社会责任，那就是为股东负责，遵守法律，赚取利润。只是，在大灾难来临之后，普通人难以理解或者难以认同这些价值观。在汶川地震这场巨大灾难发生之后，中国传统儒家文化中

"重义轻利""兼济天下"的价值观念得到体现和践行。但是从公司的规范化发展来说,中国许多上市公司捐了很多钱,但却没经过股东大会的同意,只是董事长个人的意愿,这显然是不对的(董娟、张一君,2008)。

传统价值观在公益领域主要表现在对待公益事业上"道德"的至高无上,在这种道德评价机制下,强调"舍生取义",谴责"为富不仁"。在中国,人们认为富人阶层更应该承担救助社会的责任,如果这时候没有满足人们的期望,反其道而行之,无疑会受到强烈的道德谴责。而如果一个并不富裕的人,能付出自己的所有来对社会进行捐赠,则会被整个中国社会视为道德神话。但是这种完全以道德来衡量公益价值观的做法,在一定程度上也存在弊端,不利于公益事业的现代化规范发展。如果只是凭着道德和良心做公益,并不利于公益事业的长期发展。公益应该强调在一种完善的体制下,规范和引导人们的行为,因此工具理性不能完全被道德理性代替。

2. 公与私的冲突

改革开放后,我国长期实行的计划经济体制逐步向市场经济体制转变。在这个过程中,原有的以国家利益为主体的利益结构被打破,社会利益关系被重新调整与组合。正处于社会转型期的中国社会,利益主体不断分化,各种利益冲突错综复杂,对到底何为"公益"这个问题,不同的利益主体则有着不同的认知。

"中国的道德体系向来重视'公'的理想,'公'的价值,也正因为对'公'的肯定,所以特别强调'私'的负面性。在道德语言上,公与私在中国是被视为对立的东西。公与私的用法往往是对举的。'公'通常是正面的,好的;'私'常常是负面的,坏的。"(金耀基,1995)"全心全意为人民服务","毫不利己,专门利人"等不仅仅作为标语和口号而存在,而且影响和塑造了一个时代中国人的利他主义行为。因此在国家、民族和个人的价值之间,个体从属于群体,其价值也就从属于群体价值。"在群体原则占主导地位的价值体系中,社会的认同极宜限制个体的独立,而自我的责任意识则倾向于淹没权利观念。"(吴向东,2009)所以,基于这样一种价值观,传统公益也被贴上了"无私""利他"等道德标签,在处理个人与集体、民间与政府之间的利益冲突时,都是以个人服从集体、民间听从政府为标准。随着市场经济体制在我国的建立和不断完善,代表着自主、互利、竞争、平等、公平的市场经济价值观也深刻影响着公益价值观的发展。

新媒体的出现,让每个人都有了表达个人诉求的途径和机会,也让我们有了一个可以展示不同利益冲突的平台,让人们在现代语境下重新思考公共利益这样一个古老却又现实的话题。以厦门 PX 事件为例。2007 年 5 月下旬,厦门市民的手机转着这样一条短信息:"翔鹭集团已在海沧区动工投资(苯)项目,这种剧毒化工品一旦生产,厦门全岛意味着放了一颗原子弹,厦门人民以后的生活将在白血病、畸形儿中度过。我们要生活、我们要健康!国际组织规定这类项目要在距离城市 100 公里以外开发,我们厦门距此项目只有 16 公里啊!为了我们的子孙后代,见短信群发给厦门所有朋友!"[1] 短信内容随即引起了互联网的巨大反响。新媒体迅速汇集舆情,对当地政府施加压力。在这次事件中,无论是在动员中起中坚作用的知识精英,还是普通市民,都有一个非常明确的目标,即停止 PX 项目的建设,把项目迁出厦门市。这些利益诉求和当地政府的利益诉求发生了实质性冲突。

由于在中国传统公益思想中,往往以"公"为大,个人的利益必须服从集体和政府及国家的利益,在各种利益发生冲突时,总是个人利益做出牺牲。个人在集体和政府面前处于弱势地位,又缺乏利益表达途径,因此难免产生一些极端的做法,加深了社会不同利益群体之间的矛盾。一些利益群体以"公共利益"为名,剥夺社会弱势群体的利益,为自己谋取更多的好处,这些做法不但破坏了机会均等原则,而且损害了社会弱势群体的利益,从而践踏了凝聚和整合社会的社会公正原则,破坏了社会信任,造成颇为严重的社会合法性危机。

3. 利他与利己的冲突

在伦理学中,主体与客体的关系的核心是利己与利他的关系,在公益传播活动中,利益追求的最终目的是社会价值最大化。公益服务于公共利益,商业服务于私人利益。公益与商业最本质的差别,不在于行动的结果,而在于行动的目的。商业企业基于利己动机,更加倾向于经济价值;纯粹

---

[1] 朱红军:《百亿化工项目引发剧毒传闻厦门果断叫停应对公共危机》,《南方周末》2007 年 12 月 18 日,https://www.infzm.com/content/3459。

的公益组织则基于公益动机，以创造社会价值为主要目标。在新媒体公益传播活动中，利他与利己价值观的冲突，也通过公益主体的公益和商业行为关系体现出来。

2014年，以"全国首家众筹互动平台，善款100%到达受助人"为口号的公益组织施乐会身陷"置顶费"旋涡，被指多次向求助者收取高额置顶费。据统计，从2013年10月起，收取费用合计高达7192756.1元。求助者交钱置顶后，求助信息会在该组织网站的突出位置显示，因此可以获得更多善款（张木兰，2014）。所谓的"置顶"，就是付费以后求助者发布在施乐会捐赠平台上的信息帖能够保持在网站的醒目位置。2007年至2013年9月，施乐会由爱心企业出资运行，完全无偿为困难群众提供帮助。2013年10月，企业停止为施乐会出资，全部开支由施乐会自行解决，运营经费出现了较大问题，施乐会难以为继。此前，方路会长在接受媒体采访时说，由于人工成本占了大头，最多的时候工作人员超过100人，后来只剩60多人。他们的平均工资为每月3500元左右，有些技术岗位工资比较高，平均工资是每月8000元左右。除了人工成本外，还有房租、水电、服务器、电脑等方面费用，压力很大。于是，2013年11月，推出"置顶费"的商业募捐模式，考虑模仿淘宝、百度的"竞价排名"模式来养活自己，对要求发帖靠前的求助者收取广告费，交的广告费越多，其求助帖在网站的位置就越靠前，广告费上不封顶，"既能够弥补施乐会运营经费的不足，同时也能够把最急需帮助的捐赠项目推荐至最佳位置"。[①]

虽然从募捐的善款中扣点的做法在国外很常见，比如美国有很多商业筹款公司接受公益组织的委托，帮助它们募捐，并从中获取收益。但我国的公益行业现在还处在起步阶段，社会对公益的认识还停留在比较传统的阶段，市场化、商业化运营还需慢慢被接受。轻松筹因收取2%的平台服务费引发公众广泛质疑，最终在舆论的压力下，轻松筹对个人大病求助实行0手续费。蚂蚁金服旗下"相互宝"成员破亿，也引发社会质疑该模式是公益性质还是商业性质。

---

① 《募捐网站收置顶费遭叫停施乐会商业化慈善受质疑》，央广网，2014年11月17日，http://gongyi.cnr.cn/gsgy/gsgy/201411/t20141117_516791677.shtml。

2019 年 11 月 30 日，有媒体曝光水滴筹线下服务人员在医院扫楼式寻找筹款者，随意填写金额，按单抽成。事件一出，立即引爆了社交舆论，关于"消费爱心""公益还是商业"的争论不绝于耳。当天，水滴筹立即停止了线下服务团队（罗克研，2020）。水滴公司的创业初衷很简单，就是要为每个家庭提供医疗费用。作为市场化公益的代表，众筹平台一手连着公益，一手连着生意，希望能用市场化的方法解决一定的社会问题。它的商业模式是对准医疗支付痛点，进行项目开发进而达到营利目的。审核的意义不言而喻，如果没有了审核的严把关，无论是之前的吴鹤臣还是现在的"地推"模式，都是在人为制造支付困难的假象，公益的性质荡然无存，这是全社会最嗤之以鼻的地方（陶凤，2019）。参照国内类似互联网筹款平台的运营模式，水滴筹的盈利和变现方式如下：一是利用捐款沉淀资金进行资本运作，二是从募捐款项中提取管理费用和佣金，三是将平台注册用户转化为商业服务对象，例如向他们推销保险，此外还有对用户数据的深入挖掘转化，等等。但无论是哪种方式，水滴筹都需要获得越来越多的用户，才能在此基础上实现商业转化。这样的话，落到筹款顾问头上的任务，只能是不断引入新的求助者，这样才能吸引更多的捐助者/用户。那么，求助者和捐助者的公益诉求与普通的商业需求，最终必然产生冲突和矛盾。为什么筹款顾问会"放水"，放低求助者门槛，因为不这样他们就无法完成平台的任务要求。也就是说，这一根本矛盾不解决，哪怕这次整改到位，过不了多久，一定又会发生新的问题和矛盾（魏英杰，2019）。

人类的固有本性常以利益追求为始终。这种追求，一方面是基于个体生存层面的私益满足，另一方面是基于集体共同生存层面的公益需要。人类具有两面的天性，始终在进行利己与利他的角力（佩顿、穆迪，2013）。休谟在《人性论》中认为，人是一个本性上自私的存在物，人爱自己甚于爱他人，人类的慷慨只能做到"有限的慷慨"，只限于自己的利益得到了确认和保障的时候，这种慷慨不同于完全的"毫不利己，专门利人"的博爱精神，它仍然基于私利之上。新媒体公益传播平台，为公益行为带来了极大便利，但是，公益诉求与商业需求之间无法平衡的矛盾，对应地体现为利己与利他的公益价值观的冲突。

第五章

新媒体公益传播中的公众参与

新媒体公益传播实现了中国公益慈善参与模式的转型,使中国公益事业从传统的动员模式、保守的资源聚合模式向全民自主参与模式和更开放的资源组织模式转变,搭建了一个人人平等参与、直接沟通的公益平台。中国公民主体意识的喷发为现代公益奠定了一个最为基本的心理基础,促进了公民广泛参与慈善。以"微博打拐"和"免费午餐"为代表的"微公益"行动让我们看到了民间参与公共治理、推动公共政策提升的巨大突破。但是在这些成功的背后,我们也会发现相关法律制度的不完善以及公众参与环境不够透明等,造成了这种自发参与的无序状态。

一 公众参与的现实基础——新媒体公共领域

哈贝马斯认为,所谓"公共领域",首先是指我们社会生活中的一个领域,某种接近于公众舆论的东西能在其中形成,向所有市民社会开放这一点得到保障。在每一次私人聚会、形成公共团体的谈话中都有一部分公共领域生成。然后,他们既不像商人和专业人士那样处理私人事务,也不像某个合法的社会阶层的成员那样服从国家官僚机构的法律限制。当公民们以不受限制的方式进行协商时,他们作为一个公共团体行事——也就是说,对于涉及公众利益的事务有聚会、结社和发表意见的自由。在一个大型公共团体中,这种交流需要特殊的手段来传递信息并影响信息接收者。今天,报纸、杂志、广播和电视就是公共领域的媒介。当公共讨论涉及与国务活动相关的对象时,我们称之为政治的公共领域,以区别于文学的公共领域(哈贝马斯,1999)。哈贝马斯指出了公共领域必备的三个要素为公众、公共空间、公众舆论。

1. 互联网中的公众

公共领域的第一个构成要素是"公众"。公共领域中的"公众"有三个特征:一是拥有共同关注的普遍利益,这种普遍利益在私人或集团利益之上;二是自愿性,即组成公众的每一个个体应是"自愿地"、"自由地集合和组合,可以自由地表达和公开他们的意见";三是拥有一定的规模。哈贝马斯(1999)说:"(公众)首先要求具备一种社会交往方式;这种社会交往的前提不是社会地位平等,或者说,它根本就不考虑社会地位问题。其中的趋势是一反等级礼仪,提倡举止得体。所谓平等,在当时人们的自我理解中即是指'单纯作为人'的平等,唯有在此基础上,论证权威才能要求和最终做到压倒社会等级制度的权威。私人构成公众,不仅意味着公共机构失去权力,变得威信扫地,同时也意味着经济依附关系在原则上不容许继续存在;市场规律和国家法律一道被悬搁了起来。虽说不是有了咖啡馆、沙龙和社交聚会,公众观念就一定会产生;但有了它们,公众观念才能称其为观念,进而成为客观要求。"显然,哈贝马斯所理解的"公众"是开放的。

在公共社会中,公众的参与主要分为单一性参与、介入性参与和决策性参与。单一性参与是旁观式的、较低层次的参与,介入性参与是一种局部参与,而决策性参与是决策层面的参与。在传统媒介环境下,普通民众作为受众更多的是被动地接受媒介传递的信息,尽管可能在大众媒介的动员下参与到一些社会政治生活和公共事务中,但这种参与是极其有限的,多是单一性参与和介入性参与。近年来,随着以互联网为代表的新媒介的发展和普及,以及新媒体舆论监督力量的强大,公众越来越多地参与到社会公共政策的决定中来,公众参与成为一种决策性参与,在决策性参与中公民的身份才真正得以实现。有意义的公民身份包含两个方面:第一方面是一种共同的认同,是与公民之间的共同性,是一种共同体感,是一种归属感,是对"公共善"的一种承诺;第二个方面是"表达",声音是一种表达,是对意愿的有效表达,或者说对公共问题的讨论作有效参与,是对自我的治理及参与的自觉(桑德尔,2009)。不管是对公共利益的关注,还是对自我治理及参与的自觉,这两个层面的转变实质上正与"媒介公民"的出现不谋而合,为我们研究新媒介时代的公民参与提供了理论基础。

2. 网络公共空间

公共领域的第二个构成要素是公众赖以表达、传播自己意见并使之对以国家权力为主体的公共权力形成影响、约束乃至监督、控制的媒介和场所,可以统称为"公众媒介"与"公众场所"。在现代社会中,它们主要表现为报纸、期刊和广播、电视等,而在历史上,它们曾经以沙龙、剧院、宴会、咖啡馆乃至街头集会、广场演讲等形式出现。关于新闻媒介在公共领域中的地位与作用,哈贝马斯在论述资产阶级公共领域的形成及政治功能的转型时都有充分的阐释。公众媒介与公众场所是公共领域的物化形式,也是公众舆论的表达手段,在很多时候,也很可能是公共领域的主体与标志。美国著名学者凯斯·桑斯坦(Cass Sunstein)认为,民主社会必须有表达观点、思想或意见的公共论坛,论坛可以是实体的,也可以是虚拟的。"原则上,公共论坛不只在街道、公园里,现在已有其他地方取代了传统公共论坛的角色。大众传播(社会公共媒体)包括网络,已经比街道、公园成为更重要的表达活动的竞技场。"(桑斯坦,2003)

3. 网络公众舆论

互联网的平等、去中心化,为社会公益精神的传播提供了一个最佳的天然平台。此外,网上蓬勃发展的社区媒体、对人群实现的精确细分和对网民参与互动的实现,使得网络传播体现出了更广泛的参与性,从而使公众舆论的形成成为可能。网络传播的自由与低门槛,吸引了公众对社会事件的积极参与,更有助于在一个平等、可利用的平台上,促进公共话语的产生。

"公众舆论作为批判力量或者作为展示和操作力量,其含义是不同的。前者使政治权力和社会权利的实施得以公开,而后者则公开了个人与机构、消费品与供货单。虽然这两种形式的公共性在公共领域中形成一种紧张关系,但是,公众舆论是二者共同的接受者。"(哈贝马斯,1999)哈贝马斯认为,公众舆论的主要功能是通过对国家权力的批评,监督并最终控制国家权力。当然,这种批判必须建立在公众理性的基础上。"公共意见,按其理想,只有在从事理性的讨论的公众存在的条件下才能形成。这种公共讨论被体制化地保护,并把公共权力的实践作为其批评主题。"显然,公众舆论也主要有三个基本特征。首先，它必须是经过公众充分讨论的。未经公众充分讨论的意见，即使得到公众的认可，也不是公众舆论。其次，它必须具有批判意识，这也是公众舆论的核心。最后，它必须是理性的，或者是建立在理性基础之上的。基于感性认知的情感宣泄，即便有着普遍的公众性，也不属于公众舆论。

20世纪90年代以来，网络的出现给人们的生活带来了巨大变化，传统的社会边界被打破，通过网络平台人们交往的范围急剧扩大，每个人都有平等的机会参加讨论，自由和民主精神得以充分宣泄，网络作为一个全新的传媒介质，促使私人生活走向公共化，它不依赖物理的实体空间就可以把人们聚集在一起进行实时的言语交流和对话，形成公众舆论，并且在最短的时间内传播出去。这就是网络这种媒介的兴起给公共领域带来的巨大变革。凯尔纳认为计算机和媒体技术对政治的影响最大，其中之一就是赛博空间（Cyberspace）作为新公共领域的出现。正如一些市场自由主义者早已指出的，这些技术对于公共服务模式复活具有深远意义，它们是革命性的核心技术，具有降低成本的作用，并且在整个社会和国家中不断扩大其应用性，使公民以从前不可想象的方式进行交流。它们可能是一种"民主"技术。中国社会目前正处于结构转型时期，不同的利益诉求造成了不同的社会阶层和群体之间的矛盾，传统媒体不一定能给他们提供充分、平等的表达渠道，但新媒体因为其更加开放和自由的特性，让更多的社会群体的利益诉求得到表达。随着网络论坛的兴起和网络的普及，网络公众舆论开始对政治生活产生广泛影响。孙志刚案、重庆钉子户事件、厦门PX项目事件、山西黑砖窑事件等的出现和解决都与网络舆论密切相关。事件发生后，知情者在网上发帖，引起社会广泛关注，公众舆论迅速形成，最终影响政府决策的形成。公民在网络公共领域发表意见，对公共权力的批评或监督，已经不再是单纯的个体利益或小团体利益的表达，而是公共意志的表现。

二 新媒体公益传播中公众参与机制的形成

互联网的普及拓展了传统社会概念，也拓展了公共领域空间。"网络社会"成为独立于现实社会之外,又与现实社会紧密相连的公共空间。2011年郭美美炫富事件使得红十字会等有官方背景的主要公益组织受到社会质疑。在信任危机频发的时候,一些由NGO组织和公民自发提倡的重在参与、自我管理的微公益模式,却在互联网上迅速走红。微公益充分利用了网络媒体的及时性、互动性、草根性等特点,真正实现了公益的常态化、平民化。当前,中国的公益事业从长期以来的政府公益向社会化公益转型,新媒体也成为公民参与公益、培养公民意识、构建市民社会的一个重要途径。

1. 传统行政动员式参与式微

在计划经济时代,公益事业完全由政府包办,"全心全意为人民服务""毫不利己,专门利人"是当时流行的公益理念。改革开放后,中国社会进入转型时期,市场经济体制带来竞争机制的同时,其商业化逻辑也部分消解了中国传统公益事业的核心理念。

中国传统公益范围狭小,主要集中在扶贫济困等慈善领域。国内大部分公益慈善组织直接由政府创办,与政府部门有着千丝万缕的关系,虽然经过调整,但不少公益慈善组织尤其是地方性慈善机构行政化色彩依然浓厚。近年来,政府通过行政管理体制改革,不断地放权给社会,国家不再实行全面干预。在公共物品的提供上,政府开始利用社会组织提供一些公共物品,但社会组织发挥的作用依然有限。在资源筹集方面,公益慈善组织通常依赖政府动员或者领导号召的方式向社会募捐善款,而非依靠公益慈善组织品牌、公信力和优秀项目设计执行能力来赢得捐赠者的青睐。与此相应,这些公益慈善组织在资源配置方面也缺乏独立性,往往需要把大部分筹集的善款投入政府部门指定的项目中,或者直接把善款纳入政府财政账户统筹使用。

公益事业的基本原则之一是自愿性,募捐应遵从这一基本原则。我国《公益事业捐赠法》第四条规定"捐赠应当是自愿和无偿的,禁止强行摊派或者变相摊派"。但实际并非如此。在我国,行政动员的募捐方式可以分为三种:一是强制性募捐,二是半强制募捐,三是非强制募捐。这种划分方式主要考虑募捐主体、实施主体以及募捐本身对募捐者而言是否自愿三个因素(康晓光、冯利,2012)。

政府创办模式在公益事业复兴之初有一定的正面作用,例如中国青少年发展基金会发起实施的"希望工程"20年间累计筹款56.7亿元，资助346万名学生（舒迪，2010）。在一些特大灾难救助方面，政府可以迅速组织力量调配资源，效果也是其他方式所不能比拟的。但是随着公益慈善事业的进一步发展，以及现代公益慈善理念日益为公众所接纳，公益组织行政化运作弊端逐渐显现，并成为公益事业由生长期向成熟期转型的障碍。

首先，在政府主导下公益机构的组织能力难以提升，自主发育受到抑制。在行政力推动下，"自愿性"公益捐助容易演化成"摊派式"的捐款活动，使企业与公众产生排斥和逆反心理，对公益事业的长期发展有很大的负面影响。这些强制性的捐款活动违背了公益"自愿性"的基本原则，并挫伤了公众参与公益慈善事业的热情。其次，由于严重依赖行政力筹措资源，部分公益组织在善款使用方面也容易受到政府部门的干预。例如，善款进入政府的财务结算中心，公益基金成为政府的钱袋子统筹调配。这种状况，一方面，造成公益救助与政府救济被混为一谈，角色错位；另一方面，可能使公益机构衍变为当地政府开拓财政资源的工具，其社会性和公信力大受影响。此外，随着现代慈善理念的普及以及对国外公益机构运作方式认识的不断深入，社会公众逐渐意识到具有"独立的公民人格"是公益组织的基本特征，依附于政府部门或者与政府边界不清会使公益组织的存在失去意义（北京师范大学中国慈善事业研究中心，2012）。

以行政动员为主导的模式，在中国公益劝募市场上的空间已经呈现越来越狭窄的趋势。地方上，以公权力为主体的劝募行为已经在一些地区表现出其效果有限。一个典型的例子是"东莞慈善月月捐"。2011年10月，东莞市民政局、东莞市精神文明建设委员会办公室联合东莞市慈善会以政府红头文件的形式发起"东莞慈善月月捐"活动倡议，号召社会各界进行爱心捐款。其中捐款的方式有集体办理、网银捐款和柜台签约三种方式。捐款人需绑定一张银行卡，通过银行进行每月10元以上的固定捐赠（谢颖，2011）。政府希望通过此举来形成人人慈善的长效机制，但这种强行捐赠的做法，使得一个本来就是自愿参与的活动，受到了社会的广泛抵制。

行政动员募捐模式是计划经济思维在公益慈善领域的体现，这种做法违背了民意，违背了法律法规。除了1999年实施的《公益事业捐赠法》的规定之外，2011年7月15日民政部发布《中国慈善事业发展指导纲要

(2011—2015年)》,明确规定了公益慈善事业要贯彻实施平等自愿原则,大力推进社会志愿服务。慈善捐助者自主实施捐赠行为,自行决定捐赠的规模、方式和用途。禁止强捐、索捐、变相摊派等行为。充分尊重受赠人的尊严和隐私。指导纲要的内容也再次证明了传统行政动员、摊派式的公益参与行为已经不合时宜。

2. 公众自发参与意识增强

一项成功的慈善活动,仅仅拥有好的慈善理念是不够的,还需要项目发起方在动员、筹资、资金分配等各个环节的设计上顺应公众参与慈善的需求。公众之所以参与,是因为新的慈善运作模式带给人们更多的控制感、参与感和认同感。淘宝公益网店、微博公益等综合性公共平台与专业性公益众筹平台相比之所以更受欢迎,是因为它们拥有更加多元的参与者,且特定的组织安排与运行机制为慈善参与者在协商、达成共识基础上长期的"关系运作"提供了可能。关系运作能够形成参与者的义务感,而义务感则会使人做出值得信任的行为。更具体地来讲,是综合类网站的互联网慈善活动中的信任中介、有效的动员渠道以及快速的信息反馈等,为各慈善参与主体之间维持稳定的重复博弈提供了基本前提,从而有助于各个利益相关者在长期互动过程中建立信任关系(王凯茜、王大洲,2015)。

随着中国公民意识的提高,越来越多的个人和组织希望能够参与社会的管理。我国公益领域取得的巨大发展证明了公众自发参与公益活动意识的增强。近几年来,公益事业中的社会捐赠数额大幅上升。中国民间志愿者组织稳步增长是公众自发参与公益活动意识增强的重要体现。中国的志愿服务在2003年"非典"、2008年汶川地震及北京奥运会、2010年玉树地震中,取得了巨大成就,展示了中国人"奉献、友爱、互助、进步"的高尚情操和道德风范。志愿者和志愿服务已经成为当代社会管理中不可缺少的一部分,在扶贫济困、维护社会稳定、促进社会和谐发展等方面发挥着不可替代的作用。到2010年底,全国社区志愿者组织已经达到28.9万个,社区志愿服务人数有2900多万人,参与社区志愿服务活动人数超过5000万人次,服务时长达1500万个小时(北京师范大学中国慈善事业研究中心,2012)。我国志愿者与志愿组织已经成为公益事业重要的组成部分,而这也标志着公众自发参与公益活动意识的增强。

2017年《中国公众的公益观调查报告》[①] 显示，在所有的受访者中，有31.6%的人在过去的一年里参加过公益组织或机构举行的活动，有31.2%的人有过志愿者经历。在未加入公益机构的群体中，公益组织成员的参与意愿高达84.7%。公众对公益组织活动和志愿者活动有着强烈的兴趣，在没有公益活动经历的受访者中，超过90%的个体希望参加公益组织举办的活动，或成为公益活动志愿者（人民智库，2017）。

三 新媒体公益传播中的公众参与类型

新媒体技术的发展为公众参与各类公益活动提供了多种平台和渠道，公众可以通过社交媒体、公益网站、电子商务平台、直播平台、网络游戏平台来发布和传播公益信息，参与公益项目，监督公益活动。

1. 通过社交媒体参与

随着Web 2.0的快速发展，论坛、博客、SNS、微博、微信等社交类网络应用快速成长，互联网的交互性、自媒体属性愈加凸显。网民更具自主性、互动性，网民不再是被动接收信息的媒体受众，而是积极地参与到网络中，成为信息的制作者、发布者、传播者和分享者。同时，网络对人们生活的渗透也更加广泛和深入，从获取信息、休闲娱乐到学习办公、交友聊天、购物消费，网络成为人类社会活动的重要场所。在各种社交网络应用中，社交网站从2008年开始在国内兴起并快速发展。

社交网站（Social Network Site），广义上是指基于帮助人们建立社会性网络的互联网应用服务，一般都为用户提供自我表现、人际沟通等服务。如交友网站、博客、播客、微博、微信等。狭义的社交网站，即国内的基于熟人关系、以兴趣爱好吸引用户的SNS网站。其需要具备以下三个因素：第一，基于用户注册的真实信息建立起的线上人际关系；第二，以熟人关

[①] 2017年1月7日至1月26日，人民论坛问卷调查中心在全国范围内发起了2017年度"中国公众公益观"调查。通过人民论坛网、人民论坛微信公众号、人民智库微信公众号及民智市场调查微信公众号等渠道进行电子问卷回收。调查共收回有效问卷11484份，有效回收率为95.7%。

系为基础，网站提供熟人关系推送服务，主动推动用户间关系网络的拓展；第三，网站围绕用户使用兴趣提供产品和服务。SNS 有别于传统的 BBS、博客、即时聊天软件等形式，它的独到之处是将网络传播中的各种手段进行整合，并新加入多种应用程序，是对传统网络传播形态的补充，SNS 是把现实人际关系移植到网络上，基于用户需求的综合化服务平台，势必比早期的网络传播技术更受到大众的欢迎。对于公益组织来说，传统单一的传播手段在当今已面临新媒介技术的挑战，公益组织甚至比传统的商业机构更需要具有很强互动性的社交网络，它不仅能帮助宣传公益理念和资讯，还能改变人们的一些行为，产生实际意义。

2009 年 8 月，新浪推出"新浪微博"内测版，成为第一家提供微博服务的门户网站。因为其快速、简单、互动性和社交性强的信息传播特点，微博发展十分迅猛。从 2009 年下半年起，新浪网、搜狐网、网易网、人民网等门户网站纷纷开启或测试微博功能。微博吸引了社会名人、娱乐明星、企业机构和众多网民加入，成为 2009 年热点互联网应用之一。2011 年 4 月 12 日，百度应用平台正式全面开放；6 月 15 日，腾讯宣布开放八大平台；7 月 28 日，新浪微博开放平台正式上线；2011 年，微博成为我国互联网用户使用年增长率最高的网络应用，该年底微博用户数达到 2.5 亿人，较上一年底增长了 296.0%，网民使用率为 48.7%。2012 年底，我国微博用户规模为 3.09 亿人，较 2011 年底增长了 5873 万人，网民中的微博用户比例较上年底提升了 6 个百分点，达到 54.7%。① 与传统公益慈善相比，微公益更好地利用和发挥了网络平台门槛低、传播快、互动性强、影响力大、透明度高等突出优势，更强调普通人的参与和微小的贡献，影响和带动普通人参与公益活动。

在新媒体公益传播中，一些公益组织开设了微信公众号、官方微博、论坛及 QQ 群，及时发布近期公益活动，并通过网络招募公益活动志愿者，组织线下的一系列活动。这种线上线下联动的方式，沟通极为便利有效，节约了大量人力物力。如 QQ 群按照地域分类，方便在现实中组织活动。参与者处于同一地域，可以很好地了解现实中的公益组织的现状，因而对组

---

① 以上数据分别来自 CNNIC 第 29 次和第 31 次《中国互联网络发展状况统计报告》。

织者有着较高的信任度，加上网络高效的信息沟通和传播方式，线下的活动也极容易取得成功。

2015年中社社会工作发展基金会儿童安全科技基金会联合腾讯微信和腾讯公益共同发起了中国儿童失踪预警平台科技公益项目，利用移动互联网和GIS地理信息技术，依托拥有6亿活跃用户的微信，构筑守护儿童免于失踪的"天网系统"（敬一山，2015）。"儿童失踪预警平台"依托微信平台，在发现儿童丢失后的黄金时间内，迅速向周围区域发布信息，动员更多的志愿者加入打拐队伍。与美国、加拿大等所沿用的"安珀警戒"有类似之处。

2. 通过公益网站参与

公益网站是公益组织依托互联网平台搭建的，专门用于传播公益理念和公益信息、运行公益项目、组织公益活动、接受公益监督的网络公益平台。访问者可以在网站上查询最新的公益新闻和公益项目；可以直接在网站上发布求助、捐赠信息，进行在线求助和在线捐助；可以了解到最新、实用的公益法规和公益百科知识；可以发表自己对公益现象或具体事件的评论。

公益网站根据其不同的机构性质可以分为：有官方背景的公益组织的网站，如中国妇女网、中国红十字基金会网；基金会网站，如壹基金网、中国扶贫基金会网；网络媒体开办的公益频道，如百度公益、腾讯公益、新浪公益、人民网公益；草根NGO网站，如中国报恩网；慈善商店网站，如善淘网。

2018年，民政部依据《慈善法》指定的20家互联网募捐平台共为全国1400余家公募慈善组织发布募捐信息2.1万条，点击、关注和参与网民超过84.6亿人次，募集善款总额超过31.7亿元，比2017年增长26.8%。慈善组织通过腾讯公益募款17.25亿元，通过蚂蚁金服公益募款6.7亿元，通过淘宝公益募款4.4亿元，通过新浪公益、京东公益、公益宝、新华公益、轻松公益、联劝网、广益联募、美团公益、水滴公益等平台的募款金额均达千万元（钟伟，2019）。

3. 通过电子商务平台参与

在社会大众、商业机构、公益机构和互联网平台之间，形成开放化的机制设计及相应的保障体系，一方面有助于吸引更多的主体参与进来，另一方面可以全面扩大公益覆盖的领域和人群，同时能让捐赠者和受益者的匹配更加精准化。公益淘宝店是公益组织通过淘宝电子商务平台所开设的店铺。从2010年起，陆续有300多家公益机构在淘宝开店。它们销售的产品主要有两类：一种是实物，比如面包、手工艺品、机构文化产品；另一种是虚拟产品，最常见的是关于特定公益项目的捐赠券，比如一顿午餐、一个爱心包裹、一份小额捐款。电子商务平台的开放、透明、资金有迹可循和全民参与的特点，让公益形成一个良性循环，这也是最具影响的网络零售平台与社会公益间的无缝对接，开创了互联网时代的公益新模式，如免费午餐淘宝店、麦田义卖淘宝店、扶贫基金会淘宝店等。

2012年8月17日，中国扶贫基金会联合淘宝网通过C2B平台"有求必应"（http://www.ying.taobao.com）发起了一场别开生面的"大山里的运动会"活动。活动通过公开募捐、公开招投标的方式为四川省凉山彝族自治州美姑县的35所小学捐助体育用品包裹，有35家淘宝卖家成功应标，中标与否由捐款的卖家投票决定。在82小时内，有33万名网友参加，最终61691人成功捐款30万元，同时引起了网友对网上公益招标的热议。[①] 这次活动中，只要有注册的淘宝账号，并拥有资质和保证金就可以参与招投标。"大山里的运动会"向我们展示了一个崭新的、易操作的公益模式，通过网上招标，让公益更加阳光透明；同时运用网民强大的聚合效应，以公益的心态、商业的手法去协助需要帮助的人获得摆脱困境的机会，也让我们看到了网络时代创新公益模式的力量。因此，对于依托新媒体而进行的公益传播来说，公益信息的双向传播与交流是其发展的基础，在此基础上组织各类公益活动，运行公益项目，将线上与线下的活动有机结合起来，是其不同于传统公益传播的最大之处。

在线捐赠的方便快捷和公开透明让越来越多的人乐意通过淘宝平台来进行公益捐赠。以"免费午餐"淘宝店为例，自2011年免费午餐入驻淘宝以来，截至2013年3月22日，免费午餐淘宝店的个人公益捐助"3元爱心义捐"已经销售1143714件，企业捐助"3元爱心义捐"已售595340件，

[①] 《公募基金会试水网上公益招标82小时捐款30万元》，公益时报网，2012年12月22日，http://igongyi.cntv.cn/20120817/108489.shtml。

实现销售收入5217162元。活动惠及贵州、安徽、云南、西藏、新疆、河南、江西等省的一些贫困地区中小学校。① 自2013年至2020年，七年多时间里免费午餐的淘宝店捐赠项目越来越多元化。免费午餐也由淘宝店升级为天猫店。"明星助力"项目中，近400位影视明星的粉丝团以影视明星的名义发起单价为1元的免费午餐爱心捐赠活动，如"与朱一龙一起送爱"免费午餐，据免费午餐官方天猫公益店宝贝销量排行榜显示，截至2022年2月16日已售出12352422笔。单价4元的免费午餐公益捐助按地区进行，有贵州、四川、云南、江西、新疆、湖北、甘肃等地区。

2018年1月8日，阿里研究院发布阿里巴巴平台商家公益报告。2017年，阿里巴巴平台上参与捐赠的商家多达178万家，是2012年的16.4倍。2017年，阿里巴巴平台上参与公益的商家善款总额达2.46亿元，是2012年的31倍。2017年，阿里巴巴平台上捐款超过店铺总营收金额千分之三的商家，也已达6.5万家（王会贤，2018）。公益组织运用信息网络等现代技术和电子商务平台运营，推动设计、生产、管理和营销模式变革，重塑产业链、供应链、价值链，改造提升传统品牌，使之焕发生机与活力。"妈妈制造"是中国妇女发展基金会新设的公益品牌，通过以自然村为单位，对贫困妇女进行手工艺技能培训，使其通过自己的双手改善贫困生活。该品牌先后开展了"妈妈制造·独一无二"农产品扶持计划、"山村妈妈的逆袭"彝绣和盘绣等扶持计划、"妈妈有福·袋袋相传"剪纸文化扶持计划等一系列文化创新公益项目。

4. 通过直播平台参与

网络媒体有别于传统媒体的主要特征就是互动性，而网络直播则极大程度体现了网络媒体的实时交互。与传统电视购物和传统电商相比，直播带货创造了新的消费场景，在直播过程中，观众可以评论，可以发弹幕，可以给主播送礼物，甚至可以和主播一起做游戏，通过实时的互动交流，建立了信任感并形成社群，这种参与感是一般的网络视频节目所不具有的。截至2020年3月，我国网络直播用户规模达5.60亿人，较2018年底增长

---

① 数据来源于免费午餐淘宝公益店主页，http://mianfeiwucan.tmall.com/view_page-655242561.htm?spm=a1z10.1.w18040632392.1.di6。

1.63亿人，占网民整体的62.0%。其中，游戏直播的用户规模为2.60亿人，较2018年底增长2204万人，占网民整体的28.7%。①

随着直播平台的快速兴起，直播已成为一个非常成熟的产业。依托流量优势，"直播+电商"在打通农副产品销路及助力脱贫攻坚等方面发挥了巨大作用，直播也成为公众了解并参与公益的一种便利渠道和有效方式。2018年，阿里巴巴创新推出"县长+主播"公益直播脱贫模式，帮助贫困县农产品打开销路。2019年，淘宝正式推出"村播"项目，这一创新方式在带动农民脱贫方面发挥了巨大作用，孵化出5万多名农民主播。2019年，淘宝直播农产品成交额突破60亿元，农民主播通过淘宝直播间推广家乡农产品120万场次，300多名县长进入淘宝直播间为家乡农产品代言（皮磊，2020）。

2020年初，疫情肆虐。湖北不少企业遭遇困难，背后关系着千万人的生计。关键时刻，诸多爱心力量出手相助。其中，主播们的身影引人注目。4月，斗鱼直播发动旗下旭旭宝宝、一条小团团、大司马等头部知名主播，组织了一场"我为湖北买买买"的公益直播带货。明星主播们轮流上阵，帮助湖北30多个品牌50余种商品带货，助力疫情后的湖北复工复产。连续4天的公益直播带货，帮助湖北售出了80.9万件商品，达成3034.4万元销售额，累计观看人数达到3431万人次，影响力惊人。

以直播的形式设置公益议题，特别是环保一类的议题，专业性强，参与门槛高，直播的形式能更好地吸引网民的关注，唤起网民的共鸣，从而将其关注转换为行动力。2020年3月阿拉善SEE基金会、红树林基金会（MCF）、爱德基金会、爱它动物保护公益基金会以及一个地球自然基金会等公益组织，在淘宝联合开展了"一起云认养"公益直播，吸引上百万人次观看。网友通过直播近距离看到了日常难得一见的珍稀动植物，除了"看热闹"，网友还可以进行"云认养"，持续关注全球珍稀动植物保护情况。2020年4月25日上午，自然之友在淘宝开展了首场公益直播，讨论绿孔雀保护话题。在一个小时的直播中，有近21万名淘宝用户观看，超200人次通过直播进行捐款（皮磊，2020）。

腾讯"99公益日"活动有众多线上线下互动模式，形式丰富。2020年

---

① 数据来自CNNIC第45次《中国互联网络发展状况统计报告》。

99公益日期间，700多家公益机构，通过腾讯新闻、看点直播、微视举办了近千场"为明天"主题公益直播，联动科学家、明星、学者、艺术家、公益行业领袖等进行一系列公益倡导，累计观看人次近2000万。公众号公益则充分释放了互动能量，激发了公益热情。从9月7日到9日，500多家公益机构，联动1000多个微信公众号为99公益日助力。其中，由100多个头部大号参与的"自媒体合伙人计划"创作公益图文并推送，累计触达用户3亿多人。在这些大号的带动下，粉丝"入队"效应明显。此外，还有50多家公益机构，联动200多个头部视频号，一起为公益接力，累计观看人次超过1000万。年轻一代成为公益"星力量"。[①]

5. 通过网络游戏平台参与

随着移动互联网的快速发展，互联网游戏也呈现繁荣发展之势。CNNIC第47次《中国互联网络发展状况统计报告》显示，截至2020年3月，我国网络游戏用户规模达5.32亿人，较2018年底增长4798万人，占网民整体的58.9%，2020年12月网络游戏使用率有所下降，游戏用户人数为5.18亿人（见图5.1）

图5.1　2016年12月—2020年12月网络游戏用户规模及使用率

资料来源：CNNIC第47次《中国互联网络发展状况统计报告》。

互联网游戏已经成为与公益结合的良性载体，游戏企业在公益事业中

---

① 《18.99亿人次参与公益活动，2020年99公益日让善意持续"破圈"》，新华网，2020年9月11日，http://www.xinhuanet.com/gongyi/2020-09/11/c_1210795943.htm。

扮演的角色也愈发活跃，公益项目和活动依托网络游戏，吸引了众多人参与。倡导野生动物保护的《明日方舟》、救助流浪动物的《阴阳师》、呼吁关注儿童保护的《第五人格》等案例层出不穷。互联网公益游戏采用逼真的场景，故事化叙事方式，VR、AR等视觉效果，让游戏用户在精彩的游戏环节中体验情感，激发他们的公益愿望。

网易旗下手游《第五人格》与中国儿童少年基金会合作推出"525公益慈善活动"。在单一游戏作为传播渠道的情况下，活动虚拟物品"牛奶盒""恸哭"受到玩家热烈欢迎，筹集善款用于儿童安全及防灾减灾知识科普。除此之外，每逢世界癌症日、世界湿地日等公益节日，《第五人格》都会邀请知名画师创作同人画，呼吁玩家关注公益，体现了游戏天然的流量优势和受众基础的优越性。《梦幻西游》手游与长沙市委网信办、长沙市垃圾分类工作领导小组办公室等部门合作，推出垃圾分类公益项目，向大众普及垃圾分类知识。《阴阳师》在2019年定制了"流浪动物救助车"，通过与宠物医生、救助团体合作，为流浪动物提供检查、诊疗、领养等一系列服务，向更多人传播科学养宠知识。

游戏与公益结合具备较好的场景融合特点，能够让玩家更加深入理解某个公益项目成型的原因、迫切性以及意义，通过真正触动玩家的形式，调动人们参与公益的积极性，推动公益事业进步，实现可持续发展。打开一款名为《登山行动》的小游戏，就走上了一条长长的漆黑山路，翻山越岭跨过种种障碍，最终走到学校。这款游戏上线不到3个月，收到了10多万名用户的218万元捐款，20789个山区孩子上学有了路灯（陈静，2019）。微信小游戏《登山行动》模拟还原了江西省遂川县山娃娃的上学路，游戏玩家化身山娃娃体验不断变黑的路。在不断变黑的路上还要注意躲避河流空隙、石头、野兽等，玩家需要在路上捡手电筒来继续游戏。游戏最后玩家可以选择助力点亮山灯奉献自己的爱心。"一起加入登山行动，每筹建20盏路灯，就能点亮一条登山之路，照亮山娃娃的美好前程。"游戏场景的传达，以及它在社交上的连接，能够让公益在一种轻松的氛围当中变得更有趣，而且变得更日常、更触手可及。

为了致敬老兵精神，《和平精英》上线了"和平记忆"系列公益活动。游戏在出生岛设置了纪念碑，玩家可以在对局内采集白菊，集成花束献给老兵。游戏里的这些内容，可能比以往那些渠道更直接、精准，也更可及。在这个集纳了文字、画面、声音的高度互动媒介里，年轻玩家们对公益、老兵、纪念抗战这样深刻的主题同样能产生强烈共情（卡尔，2020）。中央电视台国防军事频道官方新媒体"央视军事"联合《和平精英》推出"敬不朽"——英雄记忆永不褪色互动 H5 活动。玩家在 H5 上修复老兵照片即可阅读老兵故事，重回峥嵘岁月，而活动也获得了大量年轻人的响应，上线几个小时访问人数已破千万。在这片虚拟土壤里，正在形成一种玩家圈层正向文化。这种文化不仅存在于虚拟世界，也对现实产生观照，通过官方活动的触点，玩家们跨过次元，也真正在现实里去为老兵们做些事情。无论从公益事业还是游戏行业的发展角度来看，《和平精英》游戏都具有一定的开创意义，其终极的目标是玩家的价值认同和自发参与，最终能让玩家形成"我们都是和平精英"的一种强归属感，让用户感受到产品带来的不仅仅是游戏的愉悦，还有发自内心的精神认同。

四 参与领域：以扶贫、教育、救助为主

当前我国新媒体公益传播无论从线上活动，还是从运行项目来看，以传统公益领域的扶贫、教育、救助为主。从早期的免费午餐、麦田计划、滴水公益、西部格桑花等组织到现在的互联网捐助平台，都重点关注扶贫、助学等公益领域，社会救助类如"微博打拐""宝贝回家""大爱清尘"等则关注对社会弱势群体的集体救助。

截至 2020 年 3 月，我国农村地区互联网普及率为 46.2%，较 2018 年底提升 7.8 个百分点，城乡之间的互联网普及率差距缩小 5.9 个百分点。一是网络覆盖为网络扶贫夯实基础。截至 2019 年 10 月，我国行政村通光纤和通 4G 比例均超过 98%，贫困村通宽带比例达到 99%，实现了全球领先的农村网络覆盖。二是切实提升广大网民对脱贫攻坚的认知水平。超过 70% 的网民对网络扶贫相关活动有所了解。其中，网民在互联网上看到"扶贫捐款"相关内容的比例最高，为 57.7%。三是积极带动广大网民参与脱贫攻坚行动。在了解网络扶贫活动的网民中，近 70% 的网民参加过各类网络扶贫活

动。其中，网民参与"网上扶贫捐款"的比例最高，为43.9%。四是不断巩固脱贫攻坚工作成果，近90%的网民认同互联网在脱贫攻坚中的重要作用，70%以上的网民认为互联网能在"汇集广大网民的力量为贫困群众提供帮助""通过电商帮助贫困群众扩大农产品销售""让贫困群众更方便地获取工作、社保、医疗等信息"等方面发挥重要作用。①

1. 公益网站服务领域分析

公益网站服务领域主要集中在扶贫助学、关注弱势群体、环境保护、动物保护等领域。扶贫助学类网站是公益组织通过网络平台，为贫困地区学生与社会公益人士和机构之间搭建信息沟通平台，实施帮扶活动的网站。比较有代表性的网站有格桑花西部助学网、中国助学网、雏菊花助学网等。这类网站主要的运作模式是提供一对一的帮扶助学活动。如格桑花西部助学网是青海格桑花教育救助会开办的一家助学网站，是在青海省民政厅登记的非营利性民间社会团体。协会原名格桑花西部助学，成立于2005年2月19日。开展的项目有：一对一资助、奖学金项目、夏令营项目、学校硬件设施改善项目、物资捐助等。

助力脱贫攻坚一直是互联网募捐信息平台资源的主要流向。2018年，20家互联网募捐平台围绕中心、服务大局，坚持向扶贫和基层倾斜，服务精准，扶贫项目数、基层慈善组织数占比均超过80%。腾讯公益平台上涌现出的明星项目中，很多都是精准扶贫。爱德基金会发起"贫困孤儿助养"项目，截至2018年底累计资助孤儿3.2万余名；中国社会福利基金会免费午餐基金联手腾讯基金会发起"免费午餐，小善大爱"项目，截至2019年7月底，累计开餐学校1223所，316243人从中受益；中国儿童少年基金会发起"春蕾计划·她们想上学"项目，截至2019年8月中旬，已资助约5000名女童实现读书梦。②

助残类网站主要通过互联网为残疾人提供服务，服务内容主要包括：宣传残障法律知识，提供残障人的教育、就业、交友、旅游服务，以及销售残障用品。有代表性的网站有中国残疾人就业创业网络服务平台、残疾

---

① 数据来自CNNIC第45次《中国互联网络发展状况统计报告》。
② 《4800万人次捐款+上万场线下活动99公益日2019年全线绽放》，腾讯公益，2019年9月19日，https://gongyi.qq.com/a/20190919/004593.htm。

人网等。

关爱弱势群体类网站涉及的人群主要有儿童、老人、妇女。与儿童相关的网站有中国收养中心、救助儿童会、孤儿网、壹基金、宝贝回家等。这些网站主要内容包括儿童的救助、收养、医疗等问题。与老人相关的有快乐老人网、心连心老人网、养老网等网站。枫网（www.laoren.com）是国内的中老年人网络媒体和互动平台，也是《快乐老人报》的官方网站，它由国内著名的上市传媒集团——中南传媒集团创办，隶属于其旗下快乐老人产业有限公司。枫网关注中老年退休生活，提供健康养生、兴趣爱好、老年旅游、历史专题等方面的中老年网友喜闻乐见的信息；夕阳红论坛丰富多彩的活动为中老年网友提供量身打造的互动交友平台；枫网专业团队为中老年网友在线提供情感咨询、法律援助、老年理财等实用性特殊服务；枫网和其合作伙伴还为中老年人量身定制方便易用、真实可靠的电子商务平台。维护妇女权益的网站有中国妇女网等。这些网站主要的传播内容包括资讯、政策、母婴社会公益、妇女生存状态调研、女性交友等。

医疗卫生类网站主要是传播医疗信息，设置捐献者和患者区域，提供信息查询服务，如中国红十字会网、中华骨髓库、中华红丝带网（艾滋病）、乙肝自由联盟等。以中华骨髓库网站为例，网民可以通过网站按照分型报告单填写分型数据和相关详细信息，提交网站后等待网站初检消息，若初检相合，网站会将"造血干细胞初次检索配型报告单"发送给患者的主管医生，并通知申请人。若初检不相合，中华骨髓库将在一年内继续为患者检索。如果患者需要，还可以帮助患者联系国（境）外骨髓库。此外，新浪网、网易网、搜狐网、腾讯网四大门户网站设立的公益项目也主要集中在教育、救助和环保领域。

2. 淘宝公益店服务领域分析

随着电子商务平台对公益组织的开放，越来越多的公益组织也开始在电商平台上进行项目运营。从2010年到2012年，陆续有200多家公益网店在淘宝网上开设店铺，涉及环保、残障人士关爱、动物福利等各领域，它们和普通网店一样，向网友"出售"自己的公益产品。[1] 这些在淘宝店上销

---

[1] 百度百科：公益网店，https://baike.baidu.com/item/公益网店/255187? fr = aladdin。

售虚拟产品的公益组织的思路是把电子商务平台转化成筹款平台，通过小额、便捷的特点来吸引买家也就是捐赠者。当然，并非所有的NGO店铺都被允许进行类似的操作。那些没有公募资格的基金会、民办非企业单位、社团以及草根组织就只能采用销售实物而后捐出利润的模式。从2010年11月起，阿里巴巴集团会不定期举办NGO在淘宝开店的培训班，每开一次班就会增加一批NGO店铺进驻，到2012年，进入淘宝的200多家公益网店中有143家网店存活下来，其中基金会28家，民办非企业单位、社团80家，其余的是尚没有身份的草根组织。这些数字背后，折射出NGO与电子商务联姻的酸甜苦辣（张木兰，2012）。

我国《公益事业捐赠法》对"公益事业"做出的界定是：救助灾害、救济贫困、扶助残疾人等困难的社会群体和个人的活动；教育、科学、文化、卫生、体育事业；环境保护、社会公共设施；促进社会发展和进步的其他社会公共和福利事业。笔者以"公益"为关键词，于2013年3月对淘宝店铺进行检索，检索到有106家淘宝公益网店。[1] 106家淘宝公益店中，救助类包括灾害救助、贫困救助、残疾人救助等，一共有22家，其他综合类扶助弱势群体的有24家，共46家，占到总数的43.4%；教育类20家，占到总数的18.9%；环境保护和动物保护类共有21家，占总数的19.8%；文化卫生类17家，占总数的16.0%；农业类2家，占总数的1.9%（见图5.2）。

从这些淘宝公益店的服务领域可以看出其仍然集中在传统的救助、扶贫和教育领域，但是与传统公益"授之以鱼"的做法不同的是，新媒体公益传播开始了"授之以渔"的尝试。例如，羌绣、宜农贷、上海欣耕工坊、北京晟世锦绣注重对农村妇女生存技能的培训。而残疾人救助活动，也通过网络积极为残疾人提供工作岗位，帮他们实现就业的愿望。

这106家淘宝公益店所处地分布为：北京26家，广东20家，四川14家，上海11家，浙江6家，江苏5家，福建4家，重庆3家，湖南3家，山东2家，云南2家，贵州2家，山西、广西、天津、陕西、甘肃、吉林、

---

[1] 2013年3月笔者在淘宝网以"公益"为关键词进行检索，结果共有淘宝店铺106家，具体信息见附录1。

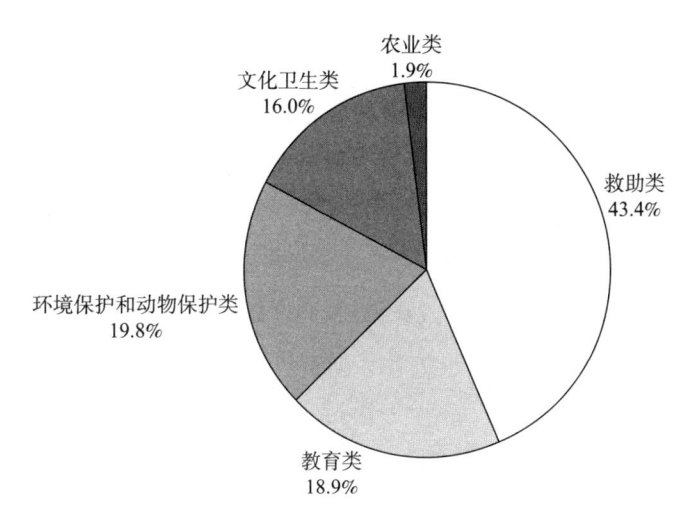

图 5.2　106 家淘宝公益店铺类别（2013 年 3 月）

青海、新疆各 1 家（见图 5.3）。东部地区共 76 家，中部地区共 4 家，西部地区共 26 家。从数据可以看出，我国东部地区经济相对发达，互联网技术发展较早，淘宝公益的发展速度较快；西部地区在经历了 2008 年四川汶川地震、2010 年青海玉树地震等灾难后，网络公益事业有了较大发展；中部地区则相对滞后。

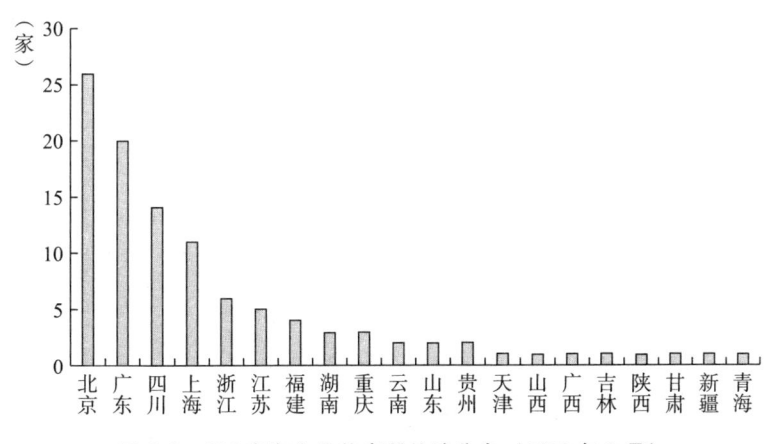

图 5.3　106 家淘宝公益店所处地分布（2013 年 3 月）

2020 年 9 月再次进行检索时，最早一批淘宝公益店只剩下 30 家还可以查找到店铺网站。

淘宝公益宝贝始于 2006 年，卖家可随时在后台增加或撤销公益宝贝，并可自主设置捐赠金额或比例，指定受益的公益项目。当宝贝交易成功时，卖家选择的公益项目就会收到相应的捐赠。

2016年起，中国残联与阿里巴巴联合推出了"淘宝创业公益通道""淘宝云客服"等残疾人创业就业公益项目，帮助弱势群体及残障人士实现网上就业创业，并在全国范围落地。阿里巴巴联合中国残联发布《阿里巴巴公益助残报告》。报告显示，2016年8月至2019年5月，共有17.41万名残疾人在淘宝、天猫注册网店，这些网店创下了298.4亿元销售额。为了帮助残疾群体更好地通过电商平台创业，阿里巴巴推出了残疾人网络创业绿色通道与扶持政策，为残疾人提供旺铺专业版优惠等服务，截至2017年3月，已有累计超过7000名残疾人卖家享受此优惠服务，每年为残疾人创业群体节约上千万元推广费。"魔豆妈妈"公益项目帮助李娟、黄银华、赵梅等残疾人通过电商创业致富，并带动了更多的残疾群体就业。据统计，十多年间，"魔豆妈妈"公益项目已在全国帮扶2万多名身处困境却自强不息的女性。中国残联、阿里巴巴大数据显示，2018年6月至2019年5月，淘宝网上有17.41万家残疾人网店，销售额共116.63亿元，2019年5月销售额在3万元以上的网店约2.18万家。①

表5.1是淘宝公益网店中按默认排序展示的前十位公益网店的基本信息，在这10家网店中，主营领域依然是扶贫、教育占主导地位。

表5.1 淘宝公益网店默认排序前十位

默认排序	店铺名	性质	主营领域	代表性公益项目	创店年份	动态评分*
1	中国扶贫基金会官方公益店	公募基金会	扶贫、教育	阳光跑道 微笑儿童 爱加餐 同伴计划	2012	天猫 4.9分
2	中国社会福利基金会公益店	公募基金会	儿童福利、老龄和社区福利、行业支持、救灾救援、疾病救助	暖心工程 授渔计划 蓝豹救援队 梧桐成长计划	2011	淘宝 三皇冠 4.9分

① 中国残疾人联合会、阿里巴巴集团：《阿里巴巴公益助残报告》，2019年6月。

续表

默认排序	店铺名	性质	主营领域	代表性公益项目	创店年份	动态评分
3	免费午餐公益店	中国社会福利基金会免费午餐专项基金授权	弱势群体帮扶、教育助学	明星助力 地区捐赠 爱心纪念 益同饭开跑	2011	天猫 4.9分
4	上海仁德基金会公益店铺	公募基金会	老人关怀、儿童关怀、教育助学、扶贫救济、动物保护	春柳计划 亲亲禾苗 爱相髓	2014	淘宝 二皇冠 4.9分
5	壹基金官方公益店	公募基金会	灾害救助、儿童关怀、公益人才培养	海洋天堂项目 壹乐园项目 温暖包项目	2011	天猫 4.9分
6	关爱老兵基金公益店	公募基金会	弱势群体帮扶	抗战老兵紧急医疗计划 守护困难烈士父母 边民儿童救助计划	2014	天猫 4.9
7	联合儿童基金会官方公益店	公募基金会	儿童救援	爱心礼物	2013	淘宝 四皇冠 4.9分
8	北京市企业家环保基金会	公募基金会	环保公益	任鸟飞民间守护行动 诺亚方舟守护亚洲象 动力协巡守护江豚	2014	淘宝 五皇冠 4.9分
9	爱德基金会公益店铺	公募基金会	教育、社会福利、医疗卫生、社区发展与环境保护、灾害管理	公益宝贝2.0大地新芽 助力脱贫乡村医疗 帮助流浪动物找到回家的路	2007	淘宝 金皇冠 4.9分
10	中国妇女发展基金会	公募基金会	扶贫、创业、健康	母亲小额循环 母亲健康快车 母亲水窖 贫困英模母亲资助计划 母亲邮包	2007	淘宝 三皇冠 4.9分

* 淘宝会员在淘宝网每使用支付宝成功交易一次，就可以对交易对象作一次信用评价。评价分为"好评""中评""差评"三类，每种评价对应一个信用积分，具体为："好评"加一分，"中评"不加分，"差评"扣一分。

资料来源：淘宝网，http://www.taobao.com，2020年9月8日。

第六章
新媒体公益传播存在的问题及其原因

在新媒体公益传播过程中,公众参与情况受到很多因素的影响,如公益活动本身的性质、公益活动传播主体的主导力、公益组织的可信任度、传播平台的影响力、网络舆论环境等。一般而言,信息传播主体的号召力越强、信息传播平台的影响力及渗透性越强,公众对公益传播的感知及参与度亦越强。如果不能很好地处理这些因素,则会造成公众在参与公益活动中的无序状况。"无序"一词的英文单词为"disorder",它原本是一个科技名词。全国科学技术名词审定委员会的定义为"系统结构和过程的不规律性,亦表明其混沌程度"[1]。本书中的"无序"指的是公众参与公益活动时存在的盲目性、随意性、非理性以及低效性等情况。

一 存在的问题

相比传统慈善募捐,网络募捐覆盖面广、成本低、方便快捷、互动性强,为公益慈善事业增添了巨大活力,涌现出"免费午餐"等经典案例。但与此同时,"义工李白"事件、"深圳罗尔"事件、"德云社吴鹤臣水滴筹"事件等,都在冲击着网友和社会公众对网络募捐的信任。而这些乱象的产生很大程度上与缺乏规范和有效监管有关,如何规范、促进和引导网络募捐的发展,成为慈善领域研究的重要议题。

---

[1] 百度百科:http://baike.baidu.com/view/1301793.htm。

1. 公益诈捐

随着互联网的普及和迅猛发展，利用网络进行公益募捐的组织和个人不断增多，相比传统的募捐方式，"互联网＋慈善"的众筹方式更便捷、更快速、覆盖面更广。但从运行来看，信息不对称、难以辨别真伪等问题导致大量虚假失真信息甚至诈骗信息混杂其中，此类"骗捐""诈捐"事件使网络募捐诚信度遭到质疑。

"欺诈"的权威解释可参考我国最高人民法院在《关于贯彻执行〈中华人民共和国民法通则〉若干问题的意见（试行）》第68条中的司法解释，即"一方当事人故意告知对方虚假情况，或者故意隐瞒真实情况，诱使对方当事人作出错误意思表示的，可以认定为欺诈行为"。基于欺诈的法律含义，公益欺诈则可以理解为借公益之名，欺诈方主观故意地实施欺诈行为，被欺诈方因欺诈而陷入错误的认识，并基于这种错误认识作出了意思表示。欺诈者（及其所扮演的"角色"）可以分为"捐赠者""伪慈善组织""正规慈善组织""慈善组织员工""'做善事'的企业/个人""求助者"等；被欺诈者包括公众、消费者、求助者、政府部门、公益组织、企业等；欺诈手段则五花八门，包括"诈捐""传销""集资""寻租""炒作"等（康晓光、冯利，2018）。

从21世纪初开始，特别是2008年汶川地震后，进入到公益2.0阶段，典型特征是以企业为代表的非慈善组织加入慈善事业中。快速发展的企业以企业社会责任的名义投身于慈善事业，"企业—慈善组织联盟"成为主要慈善运作模式，其市场性和开放性提高，但出现慈善组织对企业大额捐赠的恶性竞争，如恶意隐藏对自身不利的信息以获得捐赠，造成慈善项目运作效率低下，资源浪费；同时，企业为了获得税收优惠，选择与政府有关联的慈善组织为合作伙伴，其中也滋生了腐败、诈捐等行为（王凯茜、王大洲，2015）。部分电商平台存在制作虚假材料的产业链。为骗取医保、社保和捐款，一批制作虚假病历、票据材料的黑色产业滋生。门诊全套病例、住院全套病例甚至病情严重程度都可定制，还配有专业写手撰写筹款文案，商家负责推广，以便获得更多网友的关注和捐款。这些都是互联网募捐行业健康发展的阻碍（何欣禹，2019）。

一些伪慈善组织求助者隐瞒、虚构事实骗捐。2007年7月17日，国内各大门户网站、知名论坛流传一篇名为《史上最毒后妈把女儿打得狂吐鲜血》的帖子，帖子援引江西某电视台的报道，讲述女孩被后妈毒打吐血的事。真相揭开前，热心网友自发去医院探访小慧，捐款数万元，孩子被送往上海救治，"最毒后妈"受到舆论谴责，甚至有网友登门辱骂。然而事实真相是，"最毒后妈"并没有对女孩进行虐待，孩子吐血及身上的伤痕都是病因引起的表现，发帖的网友后来称这只是一个善意的谎言，其目的是引起社会的关注，并对孩子进行捐助，让她得到救治。事情真相大白后，不少网友大呼上当。2016年，深圳媒体人罗尔为了给自己患有白血病的女儿筹款，发了一篇名为《罗一笑，你给我站住》的文章，刷爆朋友圈，最后却被曝出罗尔本人名下有3套房产。2018年5月7日，德云社相声演员吴帅（艺名吴鹤臣）突发脑出血住院救治，其家人为其在众筹平台"水滴筹"上发起筹款，金额为100万元。网友发现，吴家经济状况较好，在北京有两套房产、一辆车，却在众筹时还勾选了"贫困户"标签。

2016年，民政部等四部委联合印发了《公开募捐平台服务管理办法》，其中第十条明确规定，个人为了解决自己或者家庭的困难，通过广播、电视、报刊以及网络服务提供者、电信运营商发布求助信息时，广播、电视、报刊以及网络服务提供者、电信运营商应当在显著位置向公众进行风险防范提示，告知其信息不属于慈善公开募捐信息，真实性由信息发布个人负责。

2. 网络暴力逼捐

网络暴力逼捐现象是网民们借助舆论力量造成压力，从而促成慈善行为。"潘石屹被捐校车"事件就是其中之一。2011年11月16日，甘肃幼儿园校车车祸事件后，新浪的"微博小秘书"发出了"给孩子更安全的校车"的呼吁，得到了众多网友的支持、转发。16日晚，在众多转发中出现"@潘石屹 这条微博每转发一万次，我就捐一辆校车"的字样（刘晓旭，2011）。短短两天时间内，共有近十万人参与了这条微博的转发。自微博出现后，经常会出现捐赠人根据发帖被转发的数量来捐钱的情况，加上潘石屹祖籍甘肃，"捐车"的消息在网友看来并不太"出格"，还得到了不少赞赏和支持。不过，有谨慎的网友发现，这条"捐车"内容并没有出现在潘石屹的个人微博主页上。这么重要的消息，自己不转发，仅发表在评论中，引起了网友的猜疑。11月17日，潘石屹在其微博上辟谣，称被人冒名发帖。

刚刚发现有人冒充我的名义发帖,"转发一万次,捐一辆校车"。这是谣言,我没有发过这样的微博。感谢大家对我的家乡甘肃孩子们的关心和爱心。我会尽力为我的家乡和全社会做贡献,为他人服务。但绝不会采用这种靠转发赚眼球的方式去做慈善和服务。①

在潘石屹发表澄清声明后,新浪微博相关负责人立即对信息内容真假进行了核实,证实此转发为用户"爱三俗的草民"恶意冒充。在这起网络谣言事件中,谣言的发布者无论是本着行善的目的来借助舆论力量造成压力从而促成慈善行为,还是背后有个人商业动力,此手段都是不当的,公益应该本着自愿、平等的原则,而不应该强行摊派或逼捐。

2015年在天津港爆炸事故发生后,明星纷纷捐款,舆论也掀起了逼捐潮,其中马云首当其冲。马云微博评论被清一色的"逼捐款"留言所覆盖。不少网友指责马云"为什么不给天津捐款","首富就应该捐1个亿","你不捐款,我再也不淘宝了",等等(蒋萌,2015)。2017年8月,四川九寨沟发生地震后,社会各界纷纷向灾区伸出援助之手,演员吴某也在第一时间低调地进行捐资。然而,由于正值其电影上映期间,部分网民采用暴力语言,以"逼捐"的方式要求其多捐款。

近些年来,网络逼捐现象几乎在每一次灾难发生后都有出现,从积极的层面来讲,它反映出社会对公众人物的角色焦虑,以及参与灾害救援的迫切心情,但是,公益事业的长期健康有序发展需要公众自愿有序地参与,需要一个和谐的公益氛围,公众仅靠热情去参与公益是远远不够的,还应该在理性判断后,促使公益行为规范化。如果暴力逼捐,则不符合公益的自愿原则。中国公益事业才起步,它的蓬勃发展有赖于公民更强的公益意识、更开放的心态、更多元的公益组织类型,以及更专业的公益人才。

3. 借公益之名的违法行为

自2004年以来,政府已经开始对传统的社团组织管理模式在新的形势下和条件下能否继续发挥作用进行反思,也试图利用各种可行的形式和途

---

① 《微博"劫富济贫"潘石屹被捐校车》,腾讯新闻,2011年11月18日,https://news.qq.com/a/20111118/000291.htm。

径来探索和尝试新的管理模式,例如放松对慈善团体组织登记注册的限制、减少现有社团组织的政府主管部门的设置、以更大力度推动社团组织的去行政化改革等。中国社会组织的发展需要一个宽松的政策环境,但同时社团组织在去行政化改革的同时,也应该加强监管力度,特别是在新媒体的这样一个传播环境下,一些社会团体的公益活动往往会因为缺乏组织监管,从而给非法分子以可乘之机。

2013年,北京、江苏警方在工作中发现"圆梦收养送养之家""中国孤儿网"等4个网站涉嫌买卖婴幼儿,涉案人员众多。由于案情重大,此案上报后被公安部列为挂牌督办案件,各涉案地公安机关立即着手对涉案网站会员等线索进行逐一核查。经查,这4个特大贩卖婴儿网络团伙由人贩子、网站管理员、买卖中介等分工明确的犯罪分子组成,他们通过设立网站、即时通信群组、网店等方式搭建非法交易平台,组织贩卖婴幼儿。2014年2月19日,在公安部统一指挥下,各涉案地警方同步开展集中抓捕解救行动,抓获犯罪嫌疑人1094名。警方介绍,近年来,在公安机关的严厉打击下,传统拐卖妇女儿童犯罪的势头得到有效遏制,人贩子转而以"民间收养""送养"等名义转战网络,十分隐蔽且极具欺骗性,侦办难度较大(邢世伟,2014)。

4. 公益参与环境不透明

在中国的社会转型中,旧的价值体系和道德伦理观念受到巨大冲击,社会中原有的公益观念也变得模糊,这使得中国公益事业发展所必不可少的志愿精神、公益精神和社会公信力不足。公众对公益组织的期待高于政府与企业,当公益组织被认为不负责任或在道德上有问题的时候,公众的反应会非常迅速,他们会立刻产生背叛感进而产生集体非理性行为,后果当然是公益组织的公信力严重受损。而这种情况发生的原因也非常复杂,其中公众在参与公益活动时,信息不对称、环境不透明所造成的无序参与时常发生。

天使妈妈基金是中华少年儿童慈善救助基金会下的专项基金,自成立以来共计救助了近2000名各类困境儿童,筹措并支付医疗资金1000多万元。2008年和2012年,曾先后两度获得了中国慈善公益领域最高奖项"中华慈善奖"。但这家有着六七年公益活动经历的基金会2011年7月第一次在微博上进行大规模的网络募集动员时却遭遇了信任危机。

2011年6月30日,13岁少年小传旺被充气泵塞入肛门导致肠穿孔等多处损伤。以"天使妈妈"为代表的NGO为救助小传旺做出了巨大努力。但是在救助过程中,从对北京接收医院资质的怀疑到善款最后的使用分配等均导致天使妈妈受到此起彼伏的质疑。小传旺的有关信息最早在微博上引起强烈反响,网友纷纷转发,共同呼吁救助这个可怜的孩子。信息引起了中华少年儿童慈善救助基金会天使妈妈基金的关注。7月11日下午4时许,天使妈妈基金得知此事,并与山东夏津人民医院取得了联系。随后,该基金帮忙联系到北京八一儿童医院,并展开募捐。7月12日,小传旺从夏津人民医院转入北京八一儿童医院治疗。北京120紧急救护车组4人经过860千米不间断行驶,将小传旺安全送达目的地。募捐收到的爱心捐款的数额也不断增长。截至7月12日下午3时,天使妈妈捐款平台共收到"杜传旺"指定捐款396337元。随后,天使妈妈基金官方微博及时呼吁停止捐款。善款井喷,天使妈妈基金的负责人也做出了呼吁:"医院预计初步的治疗费用是十万元。一期所需费用已经募集完成,后续所需费用待医生确认后会再积极跟进,并建议大家耐心等待,不要盲目捐款。杜传旺转院至北京手术费用确认后公益平台会马上为大家开启募款渠道。"虽然已经叫停捐款,但大家仍然源源不断地把钱打进了天使妈妈基金公布的账户,希望能为小传旺的病情及他今后的生活提供多一点的帮助。

可是,接踵而来的是令天使妈妈基金措手不及的信任危机。从7月12日开始,很多网友提出"为什么舍近求远选择北京救治""社会各界捐助的善款会不会被挪用""天使妈妈基金募款前没有到孩子医院现场了解实际情况,就急于发起募款,是不是显得草率、不专业"这样的一系列问题。[①] 这些质疑最早来自一篇网帖,认为天使妈妈基金账户不透明,克扣爱心款,虽然之后这篇帖子被证实是虚假的,但仍旧没能彻底消除外界对天使妈妈基金的怀疑。天使妈妈基金发起的"救助小传旺"事件,通过新媒体微博上大规模的动员,取得了更大的社会关注和支持,但因为组织者没有及时进行信息公开,网民在这次事件的参与中产生非理性情绪。因此,只有全程披露,每一步都公开、透明,才能做到让公民理性参与。

---

① 引用内容转自中央电视台2012年8月12日播出的《新闻调查》栏目之《慈善之惑》。

2017年1月7日至1月26日，人民论坛问卷调查中心在全国范围内发起了2017年度"中国公众公益观"调查。调查共收回有效问卷11484份，有效回收率为95.7%。调查结果显示，信息透明度、机构合法性、品牌知名度是影响公众参与公益活动的三个决定性因素。其中，高达70.5%的受访公众认为"财务公开透明"是影响公益组织公信力的最重要原因（见图6.1）。

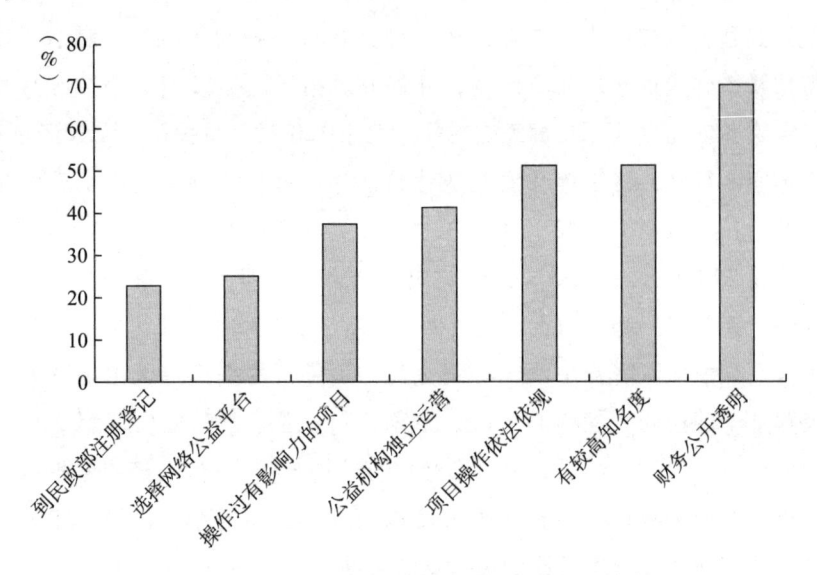

图6.1 受访公众对公益机构信任度的影响因素

5. 公益与商业的冲突

公益与商业的利他与利己之间的天然差别，导致了二者之间存在的矛盾和冲突不可避免。公益与商业的互动经历了两个阶段，从"分离—合作模式"演进到"融合模式"。工业时代，公益归公益，商业归商业，在此基础上，双方取长补短，良性合作，携手回应社会的需求。后工业社会、信息社会的到来，打破了原有的"分离—合作模式"，"融合模式"成为公益发展的趋势。公益要素融入了个人生活和社会生活的方方面面（包括商业）；公益也广泛地吸纳其他领域的要素（包括商业要素），并使自己更加丰富，更加有效，更加强盛。无论是"分离—合作模式"，还是"融合模式"，公益与商业都是既有合作，又有冲突，因此"公益与商业关系问题"始终存在。当下中国，公益与商业关系问题日益深化，亦日益激化，已经发展成为一个真正的"时代问题"（康晓光，2018）。

互联网筹款平台水滴筹员工在医院招募求助者，模板化撰写求助故事，每单最高提成150元……一则关于水滴筹的视频登上热搜，引发广泛关注。视频指出，水滴筹为抢占市场，在超过40个城市的医院派驻地推人员，他们常自称"志愿者"，逐个病房引导患者发起筹款。地推员们对募捐金额填写随意，对求助者财产状况不加审核甚至有所隐瞒，对捐款用途缺乏监督。[①] 梨视频上的一段水滴筹扫楼事件引发了社会舆论的强烈反应。公众之所以会对水滴筹扫楼式筹款产生反感，是因为其有"用公益做生意"的嫌疑。有志愿者指出，刷单、地推是为了"占市场"，并指出每单最高提成可以拿到150元；还有志愿者一边推水滴筹，一边卖保险。这些行为，都模糊了公益与生意之间的界限。

互联网平台帮扶大病患者获得网友救助，帮了很多家庭，很多人为此解囊相助，社会各界也多有肯定。然而，公益事业的生命在于公信力，这种"扫楼式"寻找求助者、按单提成的做法，突破公众想象，也引发舆论质疑：以拿提成为目的，引导患者筹款，是不是把慈善当成生意？2019年12月1日，人民日报官方微博发文对水滴筹这种"扫楼式"筹款进行了批评。水滴筹本来是一个基于现实需求的平台，它面向因大病缺乏支付能力的人，为其提供向互联网寻求帮助的渠道。可是，刷单、扫楼等方式，正产生着虚幻的慈善泡沫，掩盖了用户的真实需求。同时，在水滴筹页面中，也会频繁弹出水滴互助和水滴保等营利项目的界面。许多人明明是为献爱心而来，却意外成为商业机构"捕捉"的对象。可以说，这种野蛮、粗暴的导流方式，是以损耗公众信任为代价的（任冠青，2019）。

目前，"轻松筹""水滴筹""爱心筹"等主要互联网募捐信息平台在信息审核上并不能保证100%真实或准确。三大平台在《个人求助信息发布条款》、《用户协议》和《隐私政策》等相关条款中均有声明——平台并不能保证发起人信息的完全真实或完全准确，捐款人应理性分析、判断后决定是否捐赠、资助。这一局限既来源于筹款平台审核机制的不足，也来源

---

① 《水滴筹成"故事会"？别让捐款人寒了心》，网易新闻，2019年12月2日，https://www.163.com/dy/article/EVE9EG980514R9KD.html。

于实际操作中的困难。

6. 公益"造假""作秀"频现

互联网交易平台中有不少商家涉嫌伪造、贩卖公益证书。证书还被分为官方版、精装版、普通版等多种类型。有的商品链接中还有"高级防伪,唯一证书编号"等字样。2021年3月25日,《中国青年报》记者在某二手交易平台上联系到了一位卖家,对方在网上发布了一条卖家链接,并配文"志愿者证!保真!如图!大学生,你懂的来"。这名卖家询问记者购买证书的需求,并抛过来一连串问题:"加学分?综测?申请奖学金?考研升学?出国留学?"经过沟通,卖家建议记者购买一份去年某国际半程马拉松赛志愿者服务证书。还特意提醒,证书制作日期是2020年12月6日之前。"不少学生是冲着可以拿证书加学分,才来制作证书的。大学生、留学生人数最多。"商家表示。在记者质疑其可信度后,该卖家一连发送了8张微信聊天转账截图,并声称"全国各大高校都有学生买过"(李超、左智越,2021)。

2016年8月至9月,"快手杰哥"杨某、"快手黑叔"刘某某为了吸引更多粉丝,多收礼物,获得金钱收益,带领网友先后多次到布拖县境内的山区,借公益之名召集贫困老人和小孩,以给他们发放物资(毛巾、香皂、大米、肉、水果等)和少量钱为诱惑,给老人和小孩发送200—2000元不等的人民币,并全程进行摄像和照相,拍摄完后将钱收回,只给部分老人和孩子20—200元不等的钱物。随后将所拍摄的发放钱物的视频上传到"快手"平台进行直播,并在直播时告诉粉丝给他刷礼物,换成钱了就拿去买东西送给那些需要的人。杨某通过网络直播获得收益250545.05元,提现216773.15元;刘某某通过网络直播获得收益230368.15元,提现194506.34元。最终,因犯诈骗罪,"快手杰哥"杨某获刑三年八个月,"快手黑叔"刘某某获刑三年六个月(江龙,2017)。

二 新媒体公益传播中问题产生的原因

1. 公益事业快速发展与法律滞后之间的矛盾

我国现行有关公益事业、慈善事业发展的法律法规主要有《公益事业捐赠法》《民办教育促进法》《红十字会法》等法律，《社会团体登记管理条例》《民办非企业单位登记管理暂行条例》《基金会管理条例》《彩票管理条例》等行政法规，还有一些财政部、民政部、国家税务总局制定的政府规章。这些法律法规在一定程度上明确了包括基金会在内的公益慈善组织的设立、变更和终止的相关程序，提供了鼓励公益事业捐赠的有关措施，规范了捐赠、受赠行为和对公益慈善组织的培育发展和监督管理，促进了近年来中国公益慈善事业的发展。但从整体上看，我国有关公益慈善事业的法律法规仍然滞后于公益慈善事业发展。1999年9月1日开始施行的《公益事业捐赠法》，首次以立法的形式对我国社会公益事业做出了明确的界定，反映了法律对扶贫济困优良道德传统的认可和保护，保护了捐赠人、受赠人和受益人的合法权益。它的颁布实施促成了政府、企业和社会力量合力发展社会公益事业的格局，改变了计划经济体制下国家包揽一切社会公益事业的传统思想和实践，促进了公益事业的规范有序发展。但这部法律只是重点涉及捐赠人与受赠人之间的法律关系，对公益组织、公益募捐、公益信托、公益志愿者、公益文化等内容都没有做出具体规定。

中国公益事业的发展十分迅速，但制度层面的变革却相对缓慢，一些公益事业由于法律的空白而步履艰难。如福耀玻璃创始人曹德旺从2009年春，提出的数十亿元的股权捐赠，因为国内没有股捐先例，一直到2011年4月才实现了股捐落地。

在募捐相关法律出台前，现实中非法的募捐行为随处可见。李连杰的壹基金在落户深圳正式转为公募基金会之前，一直是挂靠在中国红十字会总会下以非公募的身份存在的，但是在这期间，以私募基金会的形式注册成立的上海李连杰壹基金公益基金会却也在面向公众进行公募，虽然公募资金都进了中国红十字基金会的账户，但作为非公募主体，它是没有公募资格的。

滴水公益，作为挂靠在浙江教育基金会下的一个民间公益组织，通过淘宝平台进行免费午餐的销售活动，2013年笔者通过对其工作人员"命运"的在线采访得知，滴水公益在积极争取成立公募基金会，但因为资金不足，达不到500万元的资金要求，计划一再搁浅。但为了筹集资金，又不得不利用各种平台包括淘宝向社会公募。虽然会给捐款人员开具浙江教育基金会的发票,但是滴水公益作为一个挂靠组织是没有资格进行公募的。法律上的空白,让许多公益行为合理但不合法,公众在参与公益的时候因为缺乏知情权和相关法律常识而盲目参与,一旦有外界诱因,对公益事业则会产生强烈的质疑。

《慈善法》规定个人不能公开募捐,但不禁止个人求助。个人求助是为本人、为自己的家庭成员或者近亲属,向他人或社会求助。两者区别在于,个人求助最根本的特征是"利己",而《慈善法》所规范的慈善活动则必须是"利他",慈善组织开展的慈善活动的受益人是"不特定的大多数人"。

我国的募捐,长期以来一般都是由依法设立的公益性组织发起,通过电视、报纸等传统媒体向社会公众筹集款物。但随着互联网和微信、微博等自媒体的兴起,募捐的主体也从慈善机构开始向多元化发展,募捐的发起也具有了更大的随意性,即需要接受救助的个人、愿意救助他人的爱心人士、民间组织等均可利用网络发起募捐,并公布个人账户接受捐款。就我国针对募捐的法律、法规而言,2016年《慈善法》实施之前,法律层面只有一部《公益事业捐赠法》,且该法的第二条明确提出:"自然人、法人或者其他组织自愿无偿向依法成立的公益性社会团体和公益性非营利的事业单位捐赠财产,用于公益事业的,适用本法。"可见,对于个人网络募捐而言,该法律并不适用。在规范性文件层面,国务院在2014年发布了《关于促进慈善事业健康发展的指导意见》,其中虽然明确了"积极探索培育网络慈善等新的慈善形态,引导和规范其健康发展",但缺乏更具可操作性的实施细则。①

2012年,施乐会因承诺"每个社工可以从每笔捐款中最高提成15%作为报酬",而陷入"提成门"。该举措随即被有关主管部门叫停。2013年的"置顶费"事件,又一次让这个商业化的慈善机构陷入舆论的旋涡。2014年11月10日,施乐会在其官网上发布的"施乐会运行情况说明"显示,2014年1月—2014年11月1日,施乐会总受助人数为24145人,总捐助金额为38028561.35元,总运营经费收入为6416464.98元,其中置顶推广项目收

---

① 《网络募捐背后的法律缺位》,人民网,2015年8月26日,http://gongyi.people.com.cn/n/2015/0826/c151132-27518100.html。

入为 5875266.98 元。参加置顶推广项目人数为 605 人，占总人数的 2.5%，截至 2014 年 11 月 1 日，运行经费支出占总捐助额的 12.28%。不难算出，仅 11 个月时间，施乐会就收到"置顶费"587 万多元，参与置顶的求助者平均支出 9711 元。据报道，2014 年 3 月 25 日，网友公布的施乐会一天之内的置顶收入就为 42560 元（张木兰，2014）。

北京师范大学公益研究院院长王振耀和公益人士"才让多吉"就施乐会"置顶费"问题接受了记者采访：

王振耀：它（施乐会）这种募款，现在很难说合法还是不合法，因为现在我们的法律在这一块还是需要尽快规范的方面。

才让多吉：因为慈善会的注册是按照社团管理条例注册的，但是根据民政部 2007 年给河北省民政厅关于慈善会工作的意见请示函的批复呢，它又拥有了公募基金会的募款资格，所以慈善会本身注册为社团，又有基金会的资格，它本身就是个怪胎。

既然有规定，又何来不健全一说呢？才让多吉认为，这是互联网时代给原有法规体系带来的冲击。

才让多吉：没有互联网的时候，慈善会不管有没有公募权，比如说金华慈善会，它的募款活动范围只能在本市，它的善款总量、社会影响都很小，监管也很方便。互联网从另外一个层面上已经突破了这个界限，就是说，我有公募权就可以上网，一上网实际上就是在对全世界进行募集了。这样呢，它的监管按原来的放在地方民政部门，显然在管理和实际操作层面，已经存在严重的不匹配。施乐会出这个事儿也有这个原因。如果说法律有缺陷，那实际上就是我国对于地方性公募和全国性公募、公募和非公募、慈善会和基金会这一系列的管理关系，在互联网时代面临着严重的法律空白（肖源，2014）。

慈善机构在中国缺少运作经验，需要摸索前行，一些"创新"举措存在问题要及时纠正。要推动慈善立法，对慈善机构的认定、管理机构，注册流程加以明确，对其内部管理和各个利益环节进行严格监管，以提高其公信力和专业性。

2. 公益组织缺乏规范管理

当前，我国公益组织的发展极不平衡，很多组织的管理规范性不足，主要体现在身份不合法、信息透明度不高、公益行为不规范等方面。

公开透明是对社会组织尤其是公益组织的基本要求，而更多的民间公益组织在这方面情况更加复杂，有的并不是作为慈善组织而是作为工商企业注册，也有的因为注册困难而干脆放弃注册。对于这些组织来说，监管执行更加困难，只能依靠其自律。2011年公益领域丑闻频出，官办慈善组织公信力下降，表明中国公益事业的政策法律环境存在种种问题，并导致公益事业和公益组织在一定程度上的畸形发展。《社会团体登记管理条例》限制了地方公益组织的发展，即使在现有的政策法律正在进行改革的环境下，登记注册也不是一件容易的事情，在公益政策执行得比较好的深圳市，登记的各类社会组织有4110个，但实际上有3万多个，登记管理的只占现有的10%，90%的组织仍然无法注册登记（马维辉，2013）。由于公益组织的正常运行主要依靠社会捐款和志愿者的志愿参与行为，在没有合法的身份资格的情况下，这些公益组织往往无法获得募捐资格，因此大量中国公益组织的财政危机正在逐步吞噬其本性，即其非营利性。

公益事业涉及多个部门，其中部门利益的存在对公益立法、公益组织发展和公益行动的空间，都设置了一定的障碍。同时导致中央政府虽然在政策上支持地方政府创新，但既有的部门法规却对这种创新进行了限制。公益组织间的发展不平衡，造成大量的民间草根公益组织的生存环境十分恶劣，缺少身份的合法性和有效资源的配置，公众无法对其产生信任感，因此有限的公益参与都会锁定在一些具有官方背景的、发展历史比较悠久的公益组织身上。这种强者越强、弱者越弱的发展态势，造成了公益组织的两极分化。一旦出现信任危机，整个公益生态链则会全部断掉，对公益事业的良性发展带来恶劣的后果。"郭美美事件"后中国红十字会在全国接受捐款时到处碰壁，多处出现零捐赠，就是一个典型的例子。

施乐会的置顶费事件也体现了互联网公益组织缺乏专业规范的管理。与传统的公益机构相比，施乐会的团队构成更像是一家互联网公司。在其网站上公布的28位团队成员中，负责施乐会网站的就有11名，并且分工明晰：负责网站功能开发与维护的技术支持人员5名、负责网页设计的人员4

名、负责网站维护的人员 1 名、负责代码管理的人员 1 名。而负责客服、活动策划、信息审核与资金兑现和网络推广的施乐会专员共 9 名。在接受媒体采访时，方路表示施乐会之所以收取"置顶费"，是因为施乐会从成立到现在都是一个"输血型"机构，一直靠外界支持才能维持运转。自从资助了施乐会 6 年半的企业停止资助后，机构只能自己想办法筹钱维持网站运营和推广，而包括人员工资、场地租金、水电气费等在内的开销总量很大。方路的说法得到了一位公益界同行的确认，该同行介绍，方路在做施乐会之前曾在张秉新的公司工作，施乐会之所以能保证将 100% 善款捐给求助人，就是因为张秉新一直向施乐会提供行政经费支持。而自从张秉新的母亲去世后，张秉新停止了资助，方路只能自己解决经费问题。该同行还分析，施乐会的团队从创建开始就带着互联网思维做事情，六七年前，很多公益机构还没有网站的时候，施乐会的信息资料就全部在网络上公开，对捐赠人很有吸引力。缺少传统公益项目的执行经验，加上金华人会做生意的特质，施乐会出现"提成门"和"置顶费"事件，就容易理解了（张木兰，2014）。

3. 公益志愿精神认同不足

公益组织的发育程度通常反映一个社会的道德文明水平，取决于人们的志愿精神和互助意愿。明确的公益目的和价值取向容易吸引有认同感的人参与其中。然而中国目前许多的公益组织却大多不注重核心公益价值观的培养与宣传，即使具有明确价值取向的组织在对公众宣传的方面也有忽视。这样难以有强大的核心凝聚力来让公众在参与过程中产生集体认同。不仅如此，在经济全球化趋势日益发展的形势下，各种思想文化相互影响、互相碰撞，市场经济发展所带来的拜金主义、利己主义，是对公益事业所具有的志愿精神、奉献意识的一种挑战。

这种现象在网络虚拟公益组织中体现得尤为明显。虚拟组织是一种组织形态，区别于目前各种正式的实体组织，是一种通过网络建立起来的组织形式，这种组织的成员之间没有直接的行政关系和利益冲突，是一种自发的组织形式。虚拟社区由网民在网络空间进行交往而形成，是具有某种身份认同和互动功能的共同体。Howard Rheingold 在《虚拟社区》中认为，虚拟社区乃是网络衍生出来的社会群聚现象，通常是指围绕共享的公开讨论在网络空间中形成的个人关系网络将人群聚集在线上的一种社会群聚现象（卡斯特，2001）。

　　虚拟的公益组织与实体的公益组织相比，组织边界模糊，无法律身份和主管单位，可以随时发起。和实体公益组织不同的是，它的运作不是建立在制度基础上，而是建立在文化、信任基础上，没有维系参与人员的刚性制度。虚拟的公益组织的管理架构十分薄弱，参与组织的人由来自不同的领域、地域、专业的人员自发组合而成。活动靠对组织及组织所从事的公益的理解、兴趣以非实名方式加入，与组织没有劳动合同关系。由于以上原因，虚拟社区成员对组织的归属性不强，形式自由，交流不稳定，可以随意出入，这也造成了虚拟公益组织会随时解体，无持续性发展规划。

　　新媒体公益传播中，参与者除了以捐助者的身份参与外，还可以以活动志愿者的身份参加。由于许多公益项目是由民间自发主导形成的，公众依靠网络参与的公益活动有的由一些虚拟公益组织发起和主导，这些公益组织在现实生活中没有法律地位，没有主管部门和组织机构，即使挂靠到某一公益组织，也由于工作人员的缺乏，难以展开工作；也没有固定的工作人员，完全由义工临时参与。虚拟公益组织缺乏凝聚力，公众参与时志愿精神不足。2013年，笔者通过阿里旺旺对免费午餐、西部格桑花和滴水公益等机构的工作人员进行了在线访谈。据免费午餐淘宝店的工作人员"小盆"介绍，免费午餐淘宝店的工作人员基本都是志愿者，因为不是专职人员，所以也存在在线时间不固定等问题。通过对西部格桑花"聆聆"、滴水公益"命运上上签"等公益组织工作人员的访谈了解到，当前公益组织在网络管理方面，多以志愿者自发参与为主。这些志愿者都有过一到两年的线下志愿活动参与经历，都是在对这一组织有着比较强的身份认同后才自愿参与的，参与时间比较固定。但志愿者没有明确的责任与义务关系，因此这种志愿参与人员也存在很大的流动性。

第七章

新媒体公益传播的良性发展策略

一 完善公益事业法律体系，加强监管

随着中国经济的快速发展、民间公益力量的不断壮大，人们的公益意识也日益提高。特别是在经过了汶川地震、玉树地震这样的灾难以及奥运会等大型活动后，民众的公益参与热情高涨，充分体现了在时代发展潮流中，人们参与公益的愿望与需求。由于我国现有的公益慈善法规已经滞后于公益发展的实践，进一步改革和完善现有公益慈善法规十分紧迫。

1. 完善公益法律法规及各项政策

中国社会结构转型速度加快，政府职能逐渐发生转移，民间组织迅猛发展，公民意识的觉醒使得公众参与公益的意识日益提高。同时，随着互联网在中国的迅速发展，公益参与的途径日益多元化，中国公益领域的社会现实发生了很大变化，滞后的法律法规已经不能适应中国公益事业的快速发展的要求。近几年来不断出现的慈善纠纷和募捐市场的监督缺位等，使得慈善公益组织的公信力不断受到公众的质疑，社会各界参与公益事业的积极性也受到影响。

现行的《基金会管理条例》自2004年6月1日实施以来，对于规范基金会的活动，维护基金会、捐赠人和受益人的合法收益，促进公益事业的发展起到了重要的推动作用。《基金会管理条例》的颁布为加强基金会管理，促进我国公益事业的发展提供了法律保障，丰富了我国民间组织的法

律法规体系。但我国基金会的发展和监督管理过程遇到了很多新的情况和问题，亟待完善相关法律制度。目前，基金会实行的是双重管理体制，但是在实际情况中，民政部门以外的其他部门都不愿意担任基金会尤其是涉外基金会的业务主管单位，大量的基金会找不到业务主管单位，难以登记，以致没有登记就开展活动，游离于政府监督管理之外。因此，应该对双重管理体制进行修改，简化申请登记手续，对基金会的活动准则、监督管理以及法律责任等方面做调整。

公益法律法规对公益领域有强大的约束力，它是由国家制定或认可并依靠国家强制力推行的行为规范体系，是调节国家与公益组织之间、公益组织与其他组织之间以及公益组织与公益人士在公益活动中所产生的各种关系的法律规范（唐昊，2012）。2016年《慈善法》实施前，公益组织的具体管理主要依据国务院颁布的《社会团体登记管理条例》《民办非企业单位登记管理暂行条例》《基金会管理条例》，以及各地自行制定的地方性法规、规章和规范性文件。尽管我国公益事业的管理体制框架基本形成，但是具体到法律体系上，缺乏总体规划，且立法层次不高，从制度层面限制了公益组织的发展，也不利于政府监督。

与管理体制比较健全的西方国家相比，我国公益组织的依法管理还存在一些明显的问题，如法律体系不健全、可操作性不强。公益组织的管理虽然有综合性法律法规，但缺乏纲领性的基本法律，造成实际管理当中法律援引的困难。同时，法律法规之间的衔接程度低，因此具体管理活动缺少必要的法律依据，难以实施。如公益组织的注册难问题使得很多从事公益事业的组织不得不放弃民政注册，转为需要缴纳大量税费的工商注册，或者根本就不注册，其作为公益组织的权利和责任都无从谈起。立法缺失、执行不力以及政策限制等，已经形成了制度性的障碍，极大地限制了中国公益事业的发展。在很长一段时间里，中国大量草根组织并不具有合法性，但从功能而言是社会所需的，所以也一度非常活跃；目前强调了法律规范，但"入口"的规则还没有改，登记管理制度的政府准入门槛很高，"入口"进不来，法外生存空间不再，"草根组织"的数量在减少。《慈善法》具体实施过程中，相关组织的规定还是回到国务院发布的《基金会管理条例》《民办非企业单位登记管理暂行条例》《社会团体登记管理条例》。"基金会的规范、保障相对完善,其他两种形式的组织则比较缺乏,更多是组织'入口'门槛的规定,如何登记、年检等。"(陈慧娟,2020)

在一些公益事业发达的国家,尽管没有专门的公益组织管理法,但国家的根本大法和相关的经济管理法律就构成了公益组织管理的主要依据。例如在美国,公益领域没有统一的法典,但主要根据可执行的宪法和可操作性很强的税法,就基本实现了对非政府组织管理的完整制度框架和执行制度。美国《国内税收法典》中的第501(c)(3)条规定:"专门为以下目的成立和运行的组织可以免税,而且捐赠人可以获得减税待遇:慈善、宗教、科学、公共安全测试、文学、教育、培养业余爱好者进行体育竞技、预防虐待儿童或动物。其净收益不是为了使私人股东或个人受益,其行为实质目的不是进行大规模宣传或者影响立法,不代表任何公职候选人(或反对者)参与或干涉人和政治竞选活动。"(朱卫国,2011)在美国,公民参与的意识非常普遍。80%以上的人承认自己是某种组织的成员,其中包括教会、联合会、专业或商业联合会等。美国与慈善机构相关的法律中最引人注目的一个特点是,税收法规大力鼓励个人和组织向慈善组织赠予资金。无论是个人还是公司,都会因其对慈善机构的捐赠而获得巨大的税收收益,也就是税收减免。国外网络募捐起步较早,相关的立法也较为完善。美国网络募捐始于20世纪90年代,并成为非营利活动的重要资源支持途径;早在1995年,在线募捐就已存在于美国宾夕法尼亚州、康涅狄格州和马萨诸塞州政府的救助法律法规中。

而我国对公益组织管理的制度体系呈现出立法层次不高和主要依靠大量政府规章、规范性文件、政策,甚至领导人讲话来进行管理的局面,近几年才有所改善。通过税收制度引导、加强对非营利组织的立法,是近几年才逐渐实现意识觉醒,并付诸立法实践的。中国的公益组织方面的立法,一直秉承大陆法系的侧重组织法的传统。

2008年《企业所得税法》及其实施条例颁布实施后,对于公益组织的税收制度有了相对专门的规范,可以说中国的公益组织立法已经进入组织法和税收法齐头并进的阶段。然而,与公益组织法治比较成熟的社会相比,尤其是与公益税收体系比较发达的英美等国相比,中国的公益税收制度还不健全、不系统、不深入。对公益组织没有专门的税收制度,公益组织作为法人实体，与其他法人实体一样，统一适用国家各项税收制度，尤其是在遗产税以及慈善组织和慈善捐赠的减免税等方面，仍然存在较大的差距。因此应该尽快出台针对公益组织的税收法规，为公益组织开展公益事业创造良好的法律制度环境。

民政部2011年7月出台了2011—2015年慈善组织发展十二五规划，旨在积极推动出台慈善事业法、社会募捐管理条例、志愿服务条例等法律法规，推进《社会团体管理条例》《民办非企业单位登记管理暂行条例》《基金会管理条例》等法规的修订与实施。完善和落实社会募捐和捐赠的税收优惠政策，解决公益慈善组织登记难、募捐资格不明确、募捐行为不规范、信息披露与公开透明机制不健全、税收优惠政策落实不到位等问题。

2008年之后，社会组织自身做出很多努力，在基金会等领域也有越来越细致的法律规范。行业内出现孵化器、行业自律组织等各种支持性组织，一些专业性企业也参与到公益行业的能力建设中来，比如会计师事务所、审计师事务所等帮助社会组织规范财务，改进管理；律师事务所提供法律支持；有专门评估慈善组织的公开透明性、公信力的平台……效果是显见的，有一批发展得好的组织可以与国际接轨，但整体上的改善是参差不齐的。2016年实施的《慈善法》、2017年实施的《境外非政府组织境内活动管理法》，分别规范了国内、境外社会组织，与之前十余年的地方探索、社会创新的方向相比，更加强调由政府统筹，并加以法律规范，合法性的要求变得更突出了（陈慧娟，2020）。

2. 探索地方公益立法实践

随着中央政府社会建设思路的推广，近年来地方政府开始在公益领域主动寻求变革，并为此尝试破除一系列原有的法律障碍。中国部分地区根据自身情况，先后出现了不同角度、不同程度的慈善立法活动，从某种意义上讲，地方性立法的实践，对于全国立法具有非常积极的意义。2010年1月21日，《江苏省慈善事业促进条例》出台，这是我国第一部真正意义上全面规范慈善事业的地方性慈善法规，开了慈善事业地方立法的先河。该条例规定了慈善募捐的主体、原则、形式、程序，以及信息的公开与监督等内容。例如，开展慈善募捐应当遵循自愿、无偿的原则，不得摊派或者变相摊派；具有募捐主体资格的组织接受捐赠后，应当向捐赠人出具合法、有效的凭证；募捐结束后 15 日内，具有募捐主体资格的组织应当将募捐情况向社会公告等。

2011 年，在《广东省慈善条例》立法的过程中，政府积极引入民间力量，在该条例的起草和制定中，大学研究机构、律师事务所、草根 NGO 及公益人士广泛参与，最后形成的文本吸收了广东民间公益慈善力量的核心价值与诉求，具有很强的可操作性。深圳凭借市民社会的推动，在公益法律体系变革方面进行了实践，先后帮助壹基金、恩派（NPI）等著名公益慈善组织在当地注册成功。在此过程中，民政部、广东省政府、深圳市政府分别与其签订了合作协议，允许其进行社会管理和社会建设层面的探索。这些举措令相关法律体系的完整性大大提高，并为公益组织合法注册及快速发展奠定了基础。

全国首个生态环境公益诉讼地方性法规《深圳经济特区生态环境公益诉讼规定》经深圳市人大常委会会议表决通过，于 2020 年 10 月 1 日起正式实施。该规定一方面将社会组织正式纳入公益诉讼主体范围，明确社会组织与政府、检察机关职责分工，凝聚起更大合力；另一方面又特别针对社会组织在环保维权时遇到的调查取证难、诉讼成本高等问题，提出设立生态环境公益基金，适当减免诉讼费用等政策，让权利不再停在纸面，真正实现赋能于民（王森，2020）。该规定实施后，人民法院可以对拒不执行行政机关指令或逃避监管的破坏生态环境行为人实施环境保护禁令，并责令其采取污染防治措施，缩短了环保司法救济的周期，能够避免"司法干预跑不赢环境破坏"的悲剧。

中国现阶段应该根据各地公益事业发展的不同程度和现实情况，积极出台促进慈善事业发展的地方法规政策，形成有利于慈善事业发展的多层次的法规政策体系。

二 构建核心公益价值观

新媒体的开放为我们呈现了多元公益价值观，这些价值观既有中国传统儒家和佛道二教思想的特点，也有现代社会消费主义、个人主义、功利主义的明显色彩，因此构建了一个多元化、多层次的公益价值观体系。多元化及其带来的冲突一方面可以为我们传播开放、自由的公益文化，促进中国公益事业的不断发展；另一方面也会由多元造成对公益核心价值观的消解，而让整个社会缺乏明确的、主导的公益价值观念。人的行为都是在一定的价值观念的指导下形成的，价值观念是人的行为变革的前导。美国未来学家、社会学家丹尼尔·贝尔（1984）说："思想和文化风格并不改变历史——至少不会在一夜之间改变历史。但是它们是变革的必然序幕，因为意识上的变革——价值观和道德伦理上的变革——会推动人们去改变他们的社会安排和体制。"因此，一方面，我们要正确认知这样一种开放的公益价值体系，既批判又超越；另一方面，应该在社会上大力宣扬公益领域的社会主义核心价值观，从而让中国的公益事业能够产生一种价值主导的力量，来引领公众的公益参与行为，促进中国现代公益事业健康、有序的发展。

1. 确立核心公益价值观

当代社会主义价值体系的逐渐生成，是建立在对传统价值观、资本主义价值观、市场经济价值观的批判和超越之上的。中国传统公益价值观中，佛教慈善思想的核心是行善的功德论，"福报"的思想对乐善好施社会心理的形成起了重要作用。但人们脑海中的祸福观也滋生了迷信的思想，使得人们把公益慈善当作对祸福的迷信，这些都会影响人与人之间的信任与互助。市场经济价值观虽然崇尚平等互利，但是市场经济的趋利性却总是按照自身存在和发展的要求选择价值规范和价值取向，而不是按照完美人性、完善社会、完善人类生活的要求去选择，因此，从市场经济运行机制中生发出的价值规范的扩展将使人类精神世界平面化，最终缺乏持久性价值验证而走向没落。资本主义中个人主义、功利主义虽然重视个体的利益，但是这种把个人利益置于国家和集体利益之上的价值观，则会导致无序与混乱。

中国公益事业的健康有序发展，需要与之相符合的公益价值观来主导。我们既需要传承中国传统的公益价值观，也要合理地借鉴市场经济价值观和资本主义价值观中的有利因素，进而构建社会主义核心公益价值观。根据价值观的基本结构，当代中国社会主义价值观由人的全面发展、集体主义、人民功利主义与可持续发展观、社会主义民主与正义以及实践理性主义构成一个整体（吴向东，2009）。因此，我们应该在尊重个人合法利益的基础上，以集体主义公益观为指导，以推进社会主义民主与正义为目的，以基于理性而非道德的行为原则去建构社会主义核心公益价值观。

2. 开展社会公益教育

社会公益事业发展的真正动力源泉，就是最广泛的社会大众本身。要真正激发处于不同阶层的社会公众对公益事业的积极参与和支持，首先必须让公众在观念上接受现代公益理念，并认同现代公益事业发展的重要性。因此开展社会公益教育十分必要，其中包括公民教育、发展教育、公益伦理教育等方面的内容。

开展公民教育。国家与社会的分离是现代社会的重要标志，现代国家与公民是相互依存和相互制约的伴生物。市民社会是市场经济和民主政治的产物，是建设现代政治文明的根基和社会基础。市民社会的基本单位是具有权利意识、自主意识、程序规则意识的现代公民，它强调的是公民的参与和公民对国家权力的制约。公民至少必须具备以下的基本意识或素质：权利意识、责任意识、法治意识、纳税人意识、科学理性精神、道德意识、生态意识或可持续发展意识等。与西方国家不同，在中国几千年的历史发展中，皇权制度、等级特权、道德纽带一直是主旋律，社会成员历来扮演"草民""臣民""贱民"角色，根本没有"公民"身份和意识。

改革开放后中国的市民社会不断发展，公民的独立自主意识也明显提高，但是由于多种因素的影响和制约，公民还缺少应有的对国家政治生活和社会生活的有效参与和独立表达。而且由于市场经济所带来的一些负面影响，社会也普遍存在着公益价值观淡薄甚至错误的现象，这些都是公民意识缺乏的表现。因此加强公民教育对于逐渐培养公民理性参与公益事业的精神十分重要。"免费午餐"的发起人邓飞，在发起"免费午餐"活动的过程中，就一直坚持参与公民教育课程的学习，天使妈妈基金澄清事实后，网民仍然表现出一种非理性的参与，这些都是公民意识不健全的表现。因此，发展中国公益事业，公民教育必不可少。

开展发展教育。"发展教育"（Development Education）是 20 世纪 60 年代开始在西方发达国家兴起的一种全新的教育理念，其基本内涵是通过以参与者/学习者为中心的体验式教育方法，推动已发展地区青年人群关注社会公平和公正问题，并通过行动推动一个更加可持续发展、公平的社会的实现（罗玉兰、孙国媛，2009）。发展教育在认知层面强调推动学习者了解并批判性思考贫困人士所面临的问题，对不公平的、不公正的社会现象形成谴责氛围；在行动层面强调通过志愿参与、捐助、政策倡导等实际行动推动一个更加公平和可持续发展社会的建立。

开展公益伦理教育。公益伦理是指公民参与公益活动的权利与义务的关系。当前的中国公益，由于受传统公益价值观的影响，道德色彩明显，公民参与公益是基于道义感而非义务观。正是在这样一种道德而非义务的价值观念指导下，人们认为公益是个人利益满足之后的一种溢出。当公益与自己私人利益发生冲突的时候，或者有可能对私人利益造成威胁时，则会抛弃公益的道德感。"佛山小悦悦"事件中，十多个路人面对被碾2岁女童漠然无视，有人认为事不关己，有人害怕做了公益惹一身麻烦，正是这样的心态导致了小悦悦悲剧的发生。小悦悦事件在考问我们社会道德底线的同时，也让我们思考这样一个问题：我们每一个公民应该如何认知公益权利与公益义务之间、公益与道德之间的关系呢？开展公益伦理教育，让公民明确公民享有的公益权利、承担的公益义务，对于我们正确地认知公益事业与每一个人的关系意义重大。对于新媒体公益传播来说，还要对公民进行网络道德教育，提高其网络道德责任感，理性使用网络工具，避免网络暴力和网络侵权，营造良好的网络文化氛围。

3. 营造社会公益氛围，培育公益文化

博鳌亚洲论坛2013年年会传出消息称，2012年我国慈善捐赠总额为700亿元左右——在2010年的1032亿元下降到2011年的845亿元后，这是连续第二年大幅下降（陈恒，2013）。经过了2011年的一系列官方公益组织的公益危机事件后，中国的公益氛围一度受到很大影响。2020年《中国网络慈善发展报告》显示，2019年网络平台募捐额只占社会捐赠总量的4.1%，仍不占优势。因此，互联网捐赠看起来已蔚然成风，但实际上仍是一个小比例的构成。

民间自发的公益活动虽然利用新媒体积极展开，但是毕竟影响力有限。一个国家的公益舆论氛围是公益事业发展的重要因素。因此社会应该营造公益舆论氛围，提高全民参与意识，支持公益事业。通过塑造并不断完善全社会的公益精神，从整体上提高全民族的思想道德文化素质，促进中国公益事业的快速发展。《慈善法》第八十八条规定："国家采取措施弘扬慈善文化，培育公民慈善意识。学校等教育机构应当将慈善文化纳入教育教学内容。国家鼓励高等学校培养慈善专业人才，支持高等学校和科研机构开展慈善理论研究。广播、电视、报刊、互联网等媒体应当积极开展慈善公益宣传活动，普及慈善知识，传播慈善文化。"

广义的"文化"涵盖了人类生活的全部，而狭义的"文化"仅仅涵盖人类生活的精神层面，尤其是价值观和行为规范。马克斯·韦伯将文化视为关于某个社会的意义、价值、规范、观念与符号的总体。魏思纳（2005）认为："文化其实容涵了共有的价值和信仰、一些日常生活习惯所组成的活动以及那些带有情感交流意义的互动经验。"亨廷顿（2005）则提出了一个更加纯粹的主观的文化定义："文化，指的是价值观、态度、信仰、倾向以及整个社会普遍的观念。"

在新媒体公益传播中，无论是公益行为、公益组织，还是公益政策，其出发点和最终的归宿点都落到公益文化的层面。公益文化即有关公益的意义价值体系，它形成人们的心智和性情。在现代社会中，对这种意义价值体系的建构，主要来自各种类型的公益教育、公益知识的生产以及媒体传播这三个方面。正是通过教育、研究和传播这三类文化生产机制，公益文化得以不断生产和再生产。在公民公益的逻辑框架下，首先是许许多多普通人参与到公益行动当中，无论是以个体公益行为还是以集体公益志愿者团队的形式，形成公益的"社区层面"。公益行动的组织化和制度化逐渐产生公益组织，包括直接提供公益服务的民间公益组织及其外围支持性机构，支持性机构包括基金会、企业社会责任（CSR）以及国际组织等，各种类型的公益组织形成了公益的"社会层面"。由相关部门行为、法律法规、公共政策构成的制度环境提供"政府层面"的规范与鼓励。公民公益的最上层是由公益教育、公益研究及公益传媒构成的开放性的公益文化，它与公益行动、公益组织、公益政策相互支持和影响。在此框架中，公民公益的社区层面、社会层面、文化层面之间形成循环贯通的动态性联系。

三 探索良性合作模式，加强行业自律

公益事业的健康发展，与公益组织的严格自律紧密相关。中国因为公

益组织发展的历史较短，相关法律体系不够完善，具有官方背景的公益组织行政化色彩浓厚，监管的不力更容易造成各类公益腐败现象，因此在公益行为上常常会出现各种问题。国外的公益慈善组织由于运作时间长，在信息公开方面已有一套成熟的运作模式。它们的一些具体实施办法或许可供我们借鉴。

1. 加强政府、企业、公益组织之间的良性合作

市场经济是一个高度分化的多元化的社会体系，每一个社会成员和社会组织都应该具有各不相同的社会分工和职能定位，具有不同的责权利关系，这种分工及其责权利关系构成了特定的社会组织体系，在多元化的社会体系中，政府、企业、公益组织各司其职，它们之间是互补、竞争、合作的关系，不能互相替代。国际透明组织（Transparency Internatinal）工作人员彼得·艾根（Peter Eigen）说："政府、国际机构和私营企业都可以扮演重要的角色，但却无法独自将这个角色演好。他们缺乏公信力。他们需要强大的市民社会组织的援助。"美国前总统比尔·克林顿认为："非政府组织的发展是近20年来最大的进步之一，但人们对它的认识还远远不够。不管是发达国家还是不发达国家，都应当把非政府组织引入政府的决策体系。"（范李等，2010）

当前，我国的公益事业面临着公益资源严重不足、资源配置不合理、政府定位不准、多数企业被动参与等问题，这些问题使中国公益呈现官办公益机构垄断、民间公益机构弱小、个人公益碎片化等发展态势。由于长期由政府包揽，中国公益组织的独立性严重不足，有官方背景的公益组织享有优厚的资源分配，得到政府的大力扶持。公益组织如果失去了身份的独立性，则会失去其公信力，因此，正确处理好政府及公益组织之间的关系对于公益组织的健康发展尤为重要。公益事业的发展离不开政府的培育与规范，政府必须准确定位，既不能错位，也不能越位，更不能缺位。法规制定、激励支持、监督评估是政府的主要职责。随着我国行政改革的推进和政府职能的转变，政府权力应该从一些社会领域撤出，由"全能政府"向"有限政府"转变。民间组织不仅可以承担部分社会服务功能，也可以解决那些仅靠政府难以解决的问题。从西方国家改革经验和相关理论来看，政府和民间组织在公共服务领域的关系应该是平等的合作与竞争并存的关系。

"免费午餐"项目的实施可以说是民间、政府与企业之间良性互动的一个典型例子。免费午餐活动在开展的过程中,得到了企业的大力支持,一些企业家在活动中表现出极大的捐赠热情。

> 连续报道贵州山区孩子没午饭吃,浙江读者的热情出乎意料,下午2点到5点,3个小时接了77个电话,已是极限,有企业家、银行行长都说将单独捐助一所学校,很多打不进电话的读者还想方设法找到我手机号……感谢你们!一起发力吧![①]

企业和社会的大力支持及政府最终的接棒扶持,是免费午餐公益项目成功的重要原因。公益活动如果只靠民间自发进行,其影响力和发展的前景极为有限。以下微博内容为邓飞在免费午餐活动中反映活动得到政府支持的部分内容(@为提醒接收消息,//@为转发)。

> 2011-5-24 22:16
> //@华声在线杨博智 今晚最大好消息!千万网友推动的#免费午餐#实现第一阶段胜利,政府民间开始合力帮助乡村小朋友。另,同学们请收看今晚12点湖南卫视岳麓实践论,我们详尽讲述#免费午餐#。欢迎指正建议。
> //@华声在线杨博智 好消息!新晃县张霞县长,田竑副县长下午电话我表示全力支持@免费午餐 在新晃实施,拟财政拨款给全县41所小学搭建厨房,并责成县教育局、民政局全力支持我们在当地开展工作,政府携手民间,免费午餐希望在前。向积极行动的政府致敬,向两位美女县长致敬!@邓飞 @深圳小斯 @中国福基会肖隆君 @善养浩然
> 2011-5-30 21:40
> 好消息!!在贵阳大街上为湖南,为新晃鼓掌。在这次免费午餐行动中,地方政府,社会和家庭第一次真正联手,合力帮助乡村小朋友。这个国家2600万乡村小朋友的免费午餐不再是梦。@新京报 @京华时

---

① 2011年4月5日邓飞新浪微博。

报@摘星手010@南方都市报@郑杰@九月鹰飞@刘炳路@中国发展研究基金会@张丹丹

//@华声在线杨博智 #免费午餐# 六一节最给力消息：新晃县委县政府正式承诺，除为该县41所村小建立厨房外，县财政将为享受@免费午餐的每位孩子每天承担一元钱餐费。孩子不仅是家庭的孩子，社会的孩子，更是国家的孩子。免费午餐1+1+1的爱心模式已渐成形，让我们一起转发，共同为政府、民间，所有的爱心人士鼓掌。@邓飞

2011-5-11 12：07

人民日报【人民日报励#免费午餐#对接政府】3元，是一瓶饮料的价格；3元，也是贫困山区小学生一顿午饭的花费，"免费午餐"已募集了近两百万善款，让7所学校的孩子们受益。如能促成政府、社会组织和民间力量更大范围的良性互动，这一计划可能成为政府与民间协同共治范例。http：//t.cn/hge5LV

雷金纳德·范李等在《群：凝聚政府、企业和非营利组织力量的新模式》一书中提出了群的概念，群是指一种公共群体。来自三个阵营（商界、政府和市民社会）的组织为了处理一些涉及共同利益的事件而慎重地团结起来，以实现各自目标为前提，通过遵循一系列习惯做法和行为准则来更顺利地解决问题。他们认为，群是一种由政府、企业、非政府组织等力量构成的庞大利益群体。每个阵营都通过意识中的影响力杠杆与另一个阵营相连，而影响力杠杆又是双向的。商界政府和市民社会在同一地点同时运转时，群的协议和原则在三者之间创造并保持了一种动态张力。根据这一理论，在新媒体公益传播中，应该平衡处理政府、企业及民间公益组织三者之间的关系，政府不能越位包办，用行政职能指导；企业不能用商业化逻辑主导；而公益组织则应该加强自身的规范管理，从一种自发自觉的状态逐步走上一条规范化管理的道路。只有政府政策支持，企业扶持，公益组织才能大胆尝试，走出一条良性发展的道路。民间公益组织因为在进行公益活动时有着得天独厚的民间资源，而且活动形式丰富多样，可以在公益事业的发展中走出先行的步子，如免费午餐、微博打拐这些活动一样，当活动取得一定效果，形成一定模式后，政府再在全国范围内普遍推广，

这样也可以减少政府行政决策的风险。而企业，作为市场经济的主体，在公益传播中，应该大力发挥企业的社会责任感，为公益组织提供经济援助。

2. 借鉴成功做法，加强行业监管与自律

美国公益行业的自律系统十分成熟，公益机构自主项目申请、款项拨付及运营费用的预算等，都有一套严格的程序。此外，美国公益机构还建立了独立权威的评估机构。该国的公益慈善评估机构先后为超过5300家公益慈善机构评级，人们会根据评估机构的评级结果来选择捐赠对象，评级低的公益慈善机构则会因其公信力缺乏而被公众抛弃。在美国，较有影响的独立评估机构有成立于1912年的"更好事务局委员会"所属的公益咨询服务部、"福音教会财务责任委员会"及成立于1918年的"美国慈善信息局"（National Charities Information Bureau，NCIB）。2001年，更好事务局委员会与美国慈善信息局进行了合并，合并后的评估机构名为"BBB智慧捐赠联盟"（BBB Wise Giving Alliance）。

美国慈善信息局与美国慈善协会（American Institute of Philanthropy）、加拿大基督教慈善协会（Cannadian Councol of Christian Charities）共同建立了一套慈善组织评估指标，为捐赠者提供组织相关信息。这套评估指标包括董事会管理职能、目标、项目、信息、财政资助、资金使用、年度报告、职责、预算等。它每年分四次公布对全国免税非营利组织的测评结果，测评结果通过期刊及网站公布，所公布的"完全符合规范"和"未完全符合规范"组织的名单能够引导企业和社会捐赠，规范慈善组织的社会行为，提升慈善组织的公信力。

德国设有社会福利问题中央研究所（DZI）和天主教联盟两家独立机构来负责公益慈善机构的规范运作。独立机构的监督虽然不具有法律强制性，但是因为其享有极高的公信力，所以受到公众的信赖。社会福利问题中央研究所和天主教联盟向通过其审查的社会福利组织和慈善组织颁发"捐助徽章"来认证这些组织具备募捐资质。由于公众认可这两家机构的权威性，获得其"捐助徽章"的组织比未获得的组织更受公众信赖，自然也更容易得到捐款。

在非营利组织信息披露方面，英国采用的是"行政监管模式"。英国是欧洲慈善业最为发达的国家,早在 1860 年,英国政府就专门成立了"慈善委员会",以监督管理和规范慈善组织的行为,增强公众参与慈善事业的信心。1992 年英国新《慈善法》明确规定,公众中的任何成员只要交付一定的费用,就有权获得慈善组织的年度账目和财务报告。对于那些公益性非营利组织来说,公众对其信息披露的要求不亚于上市公司。

当前中国的公益传播明显缺乏行业自律,尤其缺乏公益组织信用等级认证体系。要加大公益组织的信息公开制度建设力度,完善捐赠款物使用的查询、追踪、反馈和公示制度,逐步形成对慈善资金从募集、运作到使用效果的全过程监管机制。加强对公益慈善组织的年检和评估工作,重点加强对信息披露、财务报表和重大活动的监管,推动形成法律监督、行政监管、财务和审计监督、舆论监督、公众监督、行业自律相结合的公益慈善组织监督管理机制。

在公益事业极其发达的美国,是通过互联网来了解公益行业的信用等级,强化行业监管,提高行业自律水平的现象是非常普遍的。在美国如果想了解一下慈善组织的信用情况或者项目开展情况,公众只需要上慈善导航网(Chairty Navigator)或者通过美国 BBB 智慧捐赠联盟等机构就可以清楚地知道一个组织的评级状况。如果想了解一个基金会的信息只需要上基金会中心网(Foundation Center)即可。这些第三方机构为公众提供了一个独立、公正和公开的评级体系,有效监督和促进了美国公益事业的发展。(北京师范大学中国慈善事业研究中心,2012)

而在中国,还缺乏权威、公开的渠道去了解和监督公益组织的信用等级及相关业务范围。民政部官方网站上虽有部分民间组织的评级展示,但其主要评估对象都是一些科学文化协会,主体对象并不是可以募集社会捐赠款物的民间公益组织,而且信息也极为简略,缺乏对评价标准的详细描述。基金会网站虽然对当前基金会的相关收支情况进行了披露,但却没有一套全方位考核和评价基金会的网络系统。官方权威的机构尚未建立这样一套完善的网络评估和监督机制,更何况一些没有资质的组织。一些民间组织试图通过建立网络导航的方式来汇集各类公益网站,导航系统建立的初衷是汇聚中国互联网公益行业资源,但是由于缺乏辨别能力,往往链接一些伪公益网站。公益组织遭遇到的诚信质疑,近几年在慈善公益事业领域频频出现。2012年7月公布的《中国慈善发展报告（2012）》显示，在中国2000多家慈善基金会中，只有9%的非公募基金会能够客观完整地披露信息，有12%的基金会从来没有披露过信息，80%的公众对公益组织透明度不满意。2011年中国公益领域出现的"郭美美事件"等一系列丑闻更是促成了公益组织信息公开相关政策的出台。

随着互联网募捐信息平台快速发展，进一步规范互联网公开募捐信息平台势在必行。此前，民政部公布了《慈善组织互联网公开募捐信息平台基本技术规范》《慈善组织互联网公开募捐信息平台基本管理规范》两项推荐性行业标准，对募捐主体、平台责任作了规定。2018年10月，"爱心筹""轻松筹""水滴筹"三家平台联合签署发布《个人大病求助互联网服务平台自律倡议书及自律公约》，健全事前审查、提款公示、在线举报等功能，建立求助人"黑名单"，旨在强化信用约束，提升公开度、透明度，欢迎社会监督。

民政部结合群众举报，对前期取缔的非法社会组织进行排查，发现部分非法网站仍在运营。针对死灰复燃的非法社会组织，民政部会同网信、电信部门，依据《网络安全法》《互联网信息服务管理办法》有关规定，对一批非法社会组织网站及其新媒体账号予以关停。其中包括中国大大爱心联盟、中国动物保护公益联盟、中华爱心联盟等（李明远，2019）。

2018年9月1日，《慈善组织信息公开办法》施行。慈善组织信息公开制度建设取得进展。信用中国网站、慈善中国网站、国家企业信用信息公示系统、民政部门户网站等，向社会公布守信联合激励与失信联合惩戒信息。

为促进互联网公益慈善的发展，民政部会同有关部门出台了一系列法规、政策、文件和标准，逐步建立健全规范、引导互联网公益慈善特别是网络募捐发展的制度、机制，为互联网公益慈善的健康发展创造良好的政策环境。目前，已经实现了慈善募捐方案备案全国"一网通办、一网可查"，还先后公开遴选了两批共20家慈善组织互联网募捐平台，为全国慈善组织发布募捐信息提供服务。为加强对平台的事中、事后监管，民政部出台了行业标准，并持续做好舆情监测、日常巡检和投诉举报受理，督促平台履行主体责任。民政部将会同有关部门进一步完善互联网公益慈善政策制度，推动公益慈善事业与现代互联网技术更紧密地结合；探索建立互联网公益慈善全口径统计指标体系，准确反映发展趋势；加大对互联网公益慈善的宣传表彰力度；支持引导互联网公开募捐信息平台创新发展和发挥作用；切实做好行业监管和风险防范工作，确保互联网公益慈善健康可持续发展（李波，2019）。

公益属于公共事业，因此公益组织有责任接受公众的监督，并需要对公众透明。但是，传统公益事业一直缺乏广泛的社会监督和关注，公益组织无论是内部治理还是组织文化，都缺乏建设公信力的动力。而新媒体从一开始，就因为其双向互动、公开透明、去中心化、去权威化等特点，便具有了强大的舆论监督功能。通过新媒体对公益事业进行监督，不仅可以使得公益组织透明化，而且能促使中国公益组织走上一条专业化的道路。

格桑花西部助学网（http://www.gesanghua.org/）于2005年2月19日正式上线。2009年8月，由青海省教育厅主管的、在青海省民政厅注册的非营利性民间公益组织——青海格桑花教育救助会正式成立。青海格桑花教育基金会于2017年6月正式成立，是以青海省社会组织管理局为登记管理机关、青海省教育厅为业务主管单位的公募基金会。自2005年成立以来至2020年底，总共为西部少年儿童教育募集资金和各类物资2亿多元，有60多万名青少年得到帮助，数千名志愿者为格桑花教育教助会提供了各项志愿服务，格桑花教育教助会的捐助人也已经超过50万人。

中国的民间公益组织，一开始很多都是以纯志愿者组织的形式参与，没有固定的经费和专业人员。"一个社会团体，依靠互联网开展募捐活动——开会、决策、募款、管理，虽然它并不具备公募资格……秘书长、决策人都由网友业余时间兼任，彼此熟知的是大家的网名……它的管理团队用网络公开账目，同样是网友的会计并不了解非营利组织的会计制度……他们一度相信有爱心就能做好公益，不在乎向民政部门提交与实际情况不符的会员名单和年度报告……在互联网技术飞速普及的当下，人们可以通过透视这个依托网络而生的社团的成长与发展，来了解虚拟环境下社会组织的发育与规范。"（陈江宏，2011）2011年8月，一些捐助人开始在格桑花西部助学网上发帖向管理层质疑，提出格桑花教育教助会财务"两本账"、会员名单造假、涉嫌签订秘密协议等问题，随后相关行业媒体进行了跟进报道，一时间中国最大的草根公益组织格桑花教育教助会也陷入诚信旋涡。面对公益组织的公信力质疑，南都公益基金出资10万元聘请专业第三方机构瑞森德公司对格桑花教育教助会进行组织评估，希望评估结果展示给公众一个真实的格桑花教育教助会。经过三个月的调查，2011年12月18日，瑞德森公布了评估报告，结果证明：格桑花教育教助会身份合法、财务管理能力优秀、信息披露充分、无违法关联交易。第三方评估报告认为格桑花教育教助会此次危机是组织在谋求专业化转型过程中，由核心管理层与其他志愿者之间产生的理念分歧所引发，建议指出格桑花教育教助会应当继续有序推进专业化转型。2012年，格桑花教育教助会开始专业化转型。2012年3月，格桑花西部助学网发布了《关于启动标准化工作的公告》，首批公示了四个方面的标准化方法，标志着格桑花教育教助会从一个纯粹志愿者组织开始向规范化、专业化方向转型（黄英男，2011）。

3. 提高公益组织的互联网应用能力

在数字经济时代，数字技术正在从电商、搜索、社交，向制造、教育、医疗、金融、公共治理等渗透。我国公益领域的数字化和智能化程度较低，在数据沉淀、计算能力、算法智能、平台组织以及数字化监管等方面可以进行引导，进行公益领域的数字化转型。在公益事业相当成熟的美国，互联网技术已经被公益组织广泛运用。

中国人民大学非营利组织研究所、公域合力管理咨询有限责任公司、基金会中心网在2011年发布的《中国基金会发展独立研究报告》中对90家公募基金会和73家非公募基金会的调查结果显示，有官网的基金会占28.2%，没有官网的基金会占71.8%，官网经常更新的占有官网的总数的43.5%，能够在网上检索到基金会有效信息的占有官网的总数的69.3%（康晓光、冯利、程刚，2011）。开通了网站的公益组织有很多也只是停留在Web 1.0时代的简单互联网技术应用，网站内容以资料汇编和政策宣传为主，缺乏即时互动系统的设置。这些情况在一些有官方背景的公益组织的网站上体现得尤为明显。

从2008年开始至2020年，深圳市图鸥公益事业发展中心与美国麻省理工学院、中国科学技术大学知识管理研究所、中国科学技术大学、NGO发展交流网、自然之友、腾讯基金会及中山大学等进行了七次关于"公益组织互联网使用情况"的调研。从调研结果可以看出，11年时间里，公益组织使用互联网的平台渠道从博客、论坛、BBS发展到QQ、微信公众号、微信、微信群、在线文档工具、短视频、云存储，新媒体的应用平台不断发展丰富；中国公益组织在计算机和互联网的硬件配套设施上基本达到了普及的程度；在互联网的一些基本功能应用上，公益组织之间的差异并不显著，如在电子邮件、QQ、MSN等即时聊天工具的使用上，但是在一些新兴的互联网应用上，则可以发现比较明显的差距，虽然许多公益组织都在网上开通了网站、微博等，却缺乏新媒体的应用意识，这些都制约了新媒体公益传播水平的提高；互联网使用受到限制的主要原因是专业人员较少，大部分组织从不接受或很少有组织成员接受互联网技术培训，但是专业技术人员身份从志愿者转为兼职的较多，专职人员也有所增加（见表7.1）。

表7.1 公益组织互联网使用情况

单位：份

调研发起执行单位	调研时间	有效调查问卷数量	公益组织互联网使用情况
第一次调研 美国麻省理工学院、中国科学技术大学、NGO发展交流网、自然之友、中山大学共同发起执行	2008年12月至2009年2月	327	拥有博客的公益组织占46%，拥有论坛、社区或通告版（BBS）的占58%
第二次调研 美国麻省理工学院、中国科学技术大学、NGO发展交流网、自然之友、中山大学共同发起执行	2009年10月至2009年11月	401	拥有网上博客的占56.11%；拥有网上论坛的占49.13%。超过一半在互联网使用方面基本无限制；20.45%缺乏上网的技能；3.49%没有合适接入方式；其余组织在硬件、上网经费等方面受限
第三次调研 NGO 2.0与腾讯基金会共同发起执行	2012年10月至2012年11月	308	官方微博和官方网站的普及率都在50%以上；SNS公共主页和组织论坛的普及率都较低，只达到20%，组织内部QQ群的使用较为普及，达到了80%。虽然有少数公益组织的微博拥有20000多名粉丝，但绝大多数微博粉丝数量较少。58.36%的公益组织互联网使用受到限制。总体来看比较严重的问题是"缺少互联网专业人员"

续表

调研发起执行单位	调研时间	有效调查问卷数量	公益组织互联网使用情况
第四次调研 NGO 2.0 发起，中国科学技术大学知识管理研究所执行	2014 年 12 月至 2015 年 1 月	547	公益组织使用互联网的限制因素中，"缺少互联网专业人员"占 73.49%。公益组织使用移动互联网的限制因素主要是"缺乏移动终端使用技能"，占 44.79%；其次是"缺乏移动上网经费"，占 41.50%。微信与腾讯公益平台是公益组织最常使用的资源获取渠道。传播渠道与工具的选项中，48.08% 的公益组织选择将"微信公众号"纳入 2015 年的传播战略。其次为即时通信工具（37.84%）与官方网站（31.26%）。手机短信、电子邮件等传统渠道的重要性降低。公益组织获取资源能力总体不强
第五次调研 NGO 2.0 发起，中国科学技术大学知识管理研究所与 NGO 2.0 执行	2016 年 9 月至 2016 年 11 月	531	2016 年组织传播渠道的选择中，微信公众号占比最高（59.13%），其次为微信和微信群（53.30%），微博占比从第四次调研的 25.96% 大幅下降至 9.98%。提供技术支持的主要人员从志愿者（35.51%）变成了兼职人员（34.65%），专职人员也有所增加。2015 年有 64.53% 的公益组织发起过众筹，其中发起过 3—5 次的组织有 18.87%
第六次调研 NGO 2.0 发起，中国科学技术大学知识管理研究所与 NGO 2.0 执行	2018 年 2 月至 2018 年 4 月	489	69.53% 的公益组织选择将"微信公众号"纳入 2018 年的传播战略，其次为微信和微信群。2017 年度有 51.94% 的公益组织发起过众筹，其中发起过 1 次和 3—5 次的组织最多，各占 31.34%，与第五次调研的数据比较，通过微博/微信公众号进行互动的频率有所下降。有时和经常使用在线文档工具共同编辑文档的组织数量有明显提升
第七次调研 NGO 2.0 发起，中国科学技术大学知识管理研究所与 NGO 2.0 执行	2020 年 4 月至 2020 年 8 月	545	2019 年最重要传播渠道选择中，75.41% 的公益组织选择了微信公众号，其次为微信和微信群（60.73%）。微博占比为 10.83%，短视频占比为 5.14%。有 58.72% 的公益组织发起过众筹，互联网筹款平台中，腾讯公益覆盖了 93.44% 的组织，是最重要的筹款平台。有 12.11% 的组织成员经常接受互联网技术培训，大部分组织从不接受或很少有组织成员接受互联网技术培训。与第六次调研相比，频率有所上升。 使用过项目管理工具的组织占 37.06%，组织在服务对象、志愿者管理上投注了更多精力。使用云存储能力大大提升。49.73% 的组织通过各类舆情工具收集公众对组织的评价

资料来源：深圳市图欧公益事业发展中心官网，https://www.ngo20.cn。

从 7 次调研中可以发现，参加调研的公益组织对于互联网应用的最大需求是提供互联网传播策略培训，如微信公众号、微博运营；打造品牌形象，提升行业影响力，维护组织现有服务对象为最重要传播目标；同时，它们注重提高本组织与其他公益组织相互交流、协作等自组织能力。因此，提高公益组织的互联网应用能力应该充分考虑这些因素，采取相应对策。

四 "公益+商业"实现可持续发展

1. 公益事业与商业相互渗透

在现实生活中，公益模式似乎一旦与商业盈利挂钩，就会引发争议。传统观念认为，公益就只能是无私奉献不求回报，但是公益也需要成本，对于合理赢利的公益企业，我们也应转变观念，以更开放的心态和理性的思考去审视公益与商业的合作，社会各方聚合力，营建良好的公益生态环境。南都公益基金会理事长徐永光在其《公益向右 商业向左》一书中表示，公益与商业的边界渐趋模糊，你中有我，我中有你，也会殊途同归。当两者交集于社会企业时，公益和商业已经浑然一体，成为一边赚钱一边为社会谋福利的新模式。

当前，随着电子商务的飞速发展，公益组织也面临着如何在电商时代有效配置资源、优化传播模式的问题。淘宝网在这方面做出有效的尝试。2011 年 1 月，淘宝网社会责任部在上海举办了一场关于公益组织如何开网店的培训班，吸引了全市 36 家非政府组织的参与，越来越多的民间公益组织选择在电子商务平台上开网店，把热衷于网络购物的买家发展为公益捐助者，这些都激发了公益界与其他行业的跨界合作，带来公益界创新发展的新举措。

2011 年至 2017 年，淘宝公益网店的数量从 101 家增长到 643 家，淘宝商家参与公益的数量从 21 万家（渗透率约 4%）增长到了 180 万家（渗透率约 18%），两者的年均复合增长率分别为 36% 和 43%。同一时期，淘宝网整体的卖家数年均复合增长率为 9%，意味着公益机构以及商业机构参与公益电商的数量和比例在高速增长。而且，2011 年至 2017 年，淘宝公益网店的筹款额由 1500 万元增长到 4776 万元，2011 年至 2016 年普通商家参与淘宝公益宝贝项目的捐赠额也由 814 万元增长到了 18227 万元，年均复合增长率分别达到 21% 和 86%，这与同时期淘宝电商交易额 36% 的年复合增长率相比，也体现出传统的公益机构和电商企业通过公益电商的形式，给公益行业带来了更多的资金支持。但与此同时，从作为公益行业的关键部分之一的公益基金会的互联网渗透率来看，2020 年全国注册的公益基金会超过 6200 家，然而相关统计显示只有约 20% 的公益基金会开设了网站、官方微博或微店等，进一步看只有不到 100 家的公益机构直接开通了网上捐赠平台或者网店。因此，从这个角度来看，互联网、电商在公益行业的渗透率整体还较低（ABC 公益研究院[①]，2020）。

2. 数字商业驱动公益

为了实现公益项目运营的可持续发展，通过数字商业的力量来注入活力，是公益事业可持续发展的动力之一，互联网公益政策应当积极鼓励和倡导这种具有跨界张力的商业向善机制。要充分地利用商业社会里面成熟的环节、成熟的手段，反哺公益。

支付宝发起的"蚂蚁森林"获联合国最高级别环境荣誉"地球卫士奖"，在两年的时间里，在中国西北的荒漠种下 1 亿棵树，肯德基推出了可循环餐篮，并在"世界地球日"启动了"这个餐篮很种草"的公益项目。依托线上线下渠道，带动全国 10 多万名消费者通过扫码，助力内蒙古 100 多万平方米的草原修复。凯迪拉克携手公益大使刘雯助力"小胡杨计划"，为最美 G7 公路抵御风沙；Stuart Weitzan 在全国 46 家门店开展宣传活动，支持阿拉善 SEE 基金会的"守护栖息地任鸟飞"公益项目；温德姆酒店集团大中华地区动员旗下 172 家酒店启动"温德姆净水计划全国筹款活动"；快手网友可以通过拍摄魔法表情参与"音符挑战"，成功后快手官方将在山区小学捐建音乐教室（艾渝，2019）。

2020 年 5 月 22 日，国务院总理李克强在《2020 年国务院政府工作报告》中提出，2020 年要优先稳就业保民生，坚决打赢脱贫攻坚战，努力实

[①] ABC 公益研究院：成立于 2015 年，是美好社会咨询社的所属研究机构。美好社会咨询社（A Better Community，ABC）成立于 2008 年，是中国首家支持专业志愿者为社会组织提供管理咨询服务的社会企业。参见 https://theabconline.org/about-abc/。

现全面建成小康社会目标任务。开展消费扶贫行动，支持扶贫产业恢复发展。"妈妈制造"作为一个互联网扶贫项目，通过商业与公益的结合，实现了项目的良性运行与发展。消费扶贫是社会各界通过消费来自贫困地区和贫困人口的产品与服务，帮助贫困人口增收脱贫的一种扶贫方式，是社会力量参与脱贫攻坚的重要途径。"妈妈制造"在帮助妈妈们提升生活质量的同时，又能带动非遗传统手工艺真正传承与发展。"外婆的礼物"从最开始的鸡蛋项目到衍生出几十种农产品、从单一的公益捐赠到实现多平台运营、从产品到商品、从公益扶贫到产业扶贫再到品牌化去运作一个地区的农产品，"以买代捐"的理念已经从一个民间组织的公益创新，成为被民政部收录的全国扶贫案例。

第八章
新媒体公益传播典型案例研究

一 免费午餐项目

免费午餐是2011年由邓飞联合500名记者、国内数十家主流媒体和中国社会福利基金会发起的免费午餐基金公募计划。该项目旨在以每天3元钱的平均标准，支持乡村学校师生吃上热腾腾、有营养的免费午餐，使得儿童免于饥饿，健康成长。截至2021年3月底，免费午餐总募捐额达79444万元，累计开餐学校1520所，现开餐学校1093所，全国26个省、自治区受惠人数超过38万人。[①] 免费午餐制定规范审核流程，由贫困学校提交申请，经志愿者实地核实后，免费午餐对学校提交的预算进行评估，评估通过后，校方与免费午餐签订开餐协议，免费午餐向学校拨付开餐款项。2020年10月12日夜间，知名公益人邓飞在其个人公众号上发表《把十岁的免费午餐交还给社会》一文，正式对外宣布：所有发起人退出免费午餐基金管委会和监委会的选举，将其运营管理工作全部交还给社会。免费午餐由此开始去"发起人化"。免费午餐发起人全部退出第四届管委会、监委会选举，将两个最重要机构的9个委员全部交由全国志愿者、捐款人来参选，彻底实现免费午餐的社会化管理。[②]

[①] 数据来自免费午餐官网，http://www.mianfeiwucan.org。
[②] 文梅、陈柯宇：《发起人全部退出运营管理，免费午餐尝试进一步社会化管理》，华夏时报网，2020年10月30日，https://www.chinatimes.net.cn/article/101366.html。

1. 项目简介

（1）项目发起背景及经过

2011年2月，邓飞以"2010年度记者"的身份参加了天涯社区的颁奖晚会，他的邻座、一个叫小玉的支教女教师告诉他，她所在学校（贵州省黔西县花溪乡沙坝小学）的学生没有午餐，生活环境十分艰苦。最初，邓飞是想帮助她所在学校的孩子们，于是，贵州省黔西县花溪乡沙坝小学成为他们资助的第一所学校。

2011年4月2日，邓飞联合500名记者、国内数十家主流媒体和中国社会福利基金会发起免费午餐基金公募计划，倡议每天捐赠3元（由于物价上涨，自2016年3月起餐费标准提升为4元/天），帮助孩子们免于饥饿，享有热腾腾的免费午餐。活动发起机构和媒体为：中国社会福利基金会、新浪微博、华声在线、浙江卫视、辽宁卫视、湖南卫视、四川广播电视台、《凤凰周刊》、《黔中早报》、《都市快报》、《三湘都市报》、《大河报》、《江淮晨报》、《长江商报》、《云南信息报》、《春城晚报》、《东方早报》、《南方都市报》、《新快报》、《京华时报》、《新京报》、《天府早报》、《瓷都晚报》、《九江晨报》。

免费午餐活动中公众的参与不仅为贫困地区学校直接进行了捐助，还通过公众广泛有效的参与直接推动了国家相关政策的出台。2011年10月26日，国务院决定启动实施农村义务教育学生营养改善计划，该计划从2011年秋季起在集中连片特殊困难地区开展试点，中央财政按照每生每天3元的标准为试点地区农村义务教育阶段学生提供营养膳食补助。试点范围包括680个县市约2600万名在校学生，初步估计每年需160亿元投入。正是基于免费午餐成功的操作模式和良好的社会效应，免费午餐项目终于完成了从民间活动到政府行为的转变。2012年11月免费午餐基金管委会获得民政部的批准正式成为中国社会福利基金会法定的分支机构。

2011年7月中旬，中国社会福利基金会支持的公益项目免费午餐，正式在淘宝商城开通了"免费午餐淘宝公益店"，免费午餐与淘宝合作，首次在电子商务平台开始了虚拟产品的拍卖活动，网友可以在线拍下并支付一个标价为3元的虚拟产品，为孩子们提供一顿免费的午餐。电子商务平台的公开透明和参与便捷性让免费午餐很快就在全国产生了巨大影响。

（2）免费午餐基金服务群体及目标

免费午餐基金 2011 年成立，主要服务于部分脱贫或仍未脱贫的国贫县和省贫县、集中连片特困地区、革命老区县、进城务工人员聚集区域、留守儿童人数超半数的中小学及其附属学前班；特教学校等；学生在校没有午餐且半数以上学生回家用餐往返时间超过 90 分钟的学校；半数以上不吃午餐或午餐质量较差的学校；已有午餐但存在巨大资金缺口，严重影响餐食质量且自身无力改变现状的学校。

免费午餐基金的目标为：帮助困境未成年学童改善基本生存权及发展权，实现身心健康成长。通过若干年努力，使享受免费的午餐成为中国儿童的基本权利。其战略为执行安全、高效、可复制的免费午餐开展模式，恪守公开透明的准则，以平台之形态，为捐赠人、志愿者、被捐助对象、公益机构、全职工作人员、政府单位等提供专业、系统服务，持续推动公共政策发展。

2018 年 5 月，免费午餐基金首次提出"质食计划"的概念，即追求有质量的餐食，免费午餐项目团队邀请专家为食堂师傅提供专业后厨操作培训；组织老师们接受专业食育培训，老师变成食育专家，带领孩子们了解食物与营养均衡的关系；孩子们也参与了更多样化的"食育小课堂"，在教室里听老师们讲如何正确选择零食，跟着厨师们准备食材包饺子等，体验如何制作一顿午餐；更有学校为孩子们开辟了专门的"食育小菜园"，让孩子们亲近土地，找寻食物源头，丰富孩子们的食育知识，改变挑食偏食、浪费食物的不良习惯。项目从启动时的"吃饱"，到后来的"吃好"，着力从"精准定位帮扶群体""追求更有质量的餐食""人人品牌理念""创新管理机制"等方面进行全方位升级，在项目运营方面注重落地质食计划、标准厨房配套、深度区域合作。

（3）免费午餐的资金募集与管理

免费午餐通过在免费午餐淘宝公益店销售虚拟午餐、爱心纪念品、各界名人和明星捐赠物品进行筹款；与爱心企业合作募款，作为一个开放的公益平台，联合各行各业的爱心企业策划各类免费午餐主题活动，募得善款。2011 年至 2019 年，免费午餐项目的收入从 1833 万元增长至 12358 万元，支出从 347 万元增长至 10932 万元（见图 8.1）。2020 年，项目为 115

所免费午餐项目学校筹集一年的开餐费用，帮助孩子们免于饥饿，健康成长。项目同时通过公益区块链计划进行善款全链路追溯，通过支付宝搜索查看善款动向、受益人反馈。

（4）免费午餐的退出

免费午餐对开餐学校实行信用评分制度，开餐学校必须按照免费午餐的要求进行开餐，并每天在微博发布当日账目情况，对于各监督渠道提出的质疑，校方必须在规定时限内给出解答，如校方给出的解答不能得到志愿者及广大网友的认可，免费午餐将对学校的信用等级进行下调，要求学校限期整改，对于整改后仍存在问题的学校，将取消其开餐资格。对在免费午餐官方网站可查询到的连续数据资料的统计显示，从2018年7月开始至2020年7月，一共有135所学校退出，其中学校主动退出的31所，占22.96%；执行不合格的54所，占40%；营养改善全面覆盖的19所，占14.07%；学校撤并的31所，占22.96%（见图8.2）。

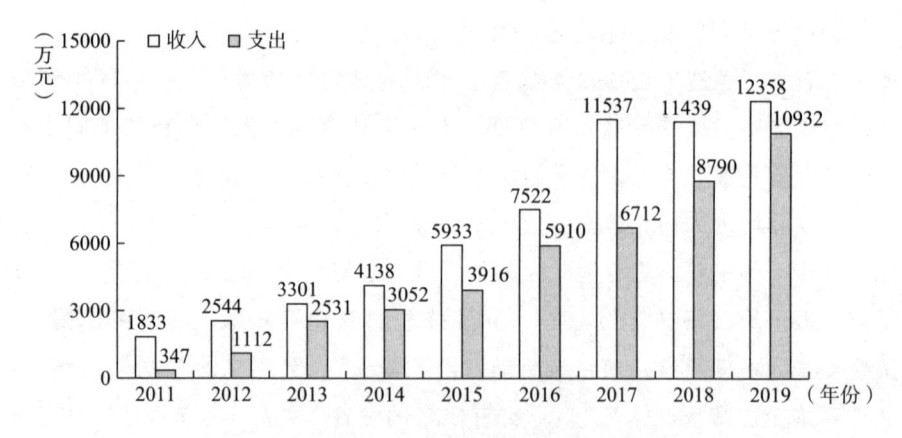

图8.1　2011—2019年免费午餐收支状况

资料来源：免费午餐官网，http://www.mianfeiwucan.org/infor/detail3/post/2430/。

2. 免费午餐项目的成功因素分析

（1）舆论领袖的影响力

邓飞，《凤凰周刊》前编委、记者部主任，关注妇女儿童等弱势群体权益，从业十年写下近百篇调查报道。10年调查记者的身份让邓飞获得了广泛的民间支持。2008年、2009年、2010年连续三年获得腾讯网华语传媒盛典年度记者提名，2010年获得了新浪微博年度记者、天涯社区年度记者称

营养改善全面覆盖
19所，14.07%

学校主动退出
31所，22.96%

学校撤并
31所，22.96%

执行不合格
54所，40%

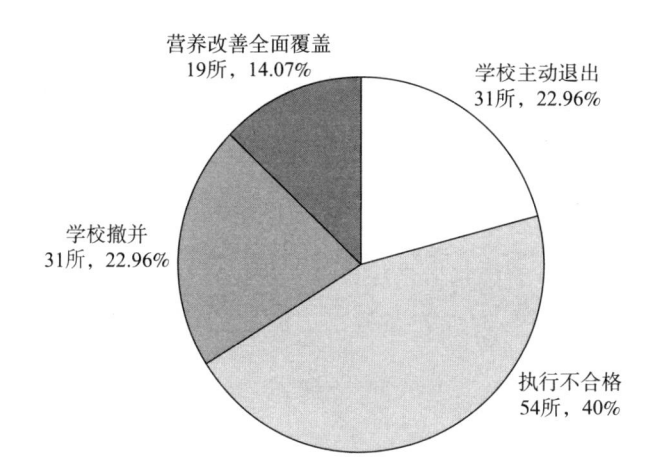

图8.2　2018年7月—2020年7月各类退出免费午餐的学校数量及占比
资料来源：据免费午餐官网数据绘制。

号，入选《时代周报》"影响中国时代进程100人"、《南方人物周刊》"中国魅力50人"。2011年2月，发起"微博打拐"社会运动；2011年4月，发起"中国贫困山区小学生免费午餐运动"。2011年6月，被选为《东方早报》"文化中国·十年人物文化大奖"之"十年新闻人"。

（2）公益议题的固态化设置

微博出现前，国内公共事件发展的主要模式是：网络提出议题→传统媒体关注→网络与传统媒体互动→全社会参与→政府采取行动→事件平息。微博出现后，公共事件发展的模式则主要表现为：微博提出议题→微友广泛关注与讨论→政府有关部门重视→传统媒体关注→全社会参与→促成更有效的政府行动。一开始免费午餐几乎复制了"随手拍照解救乞讨儿童"的路径，即由具有公信力和影响力的人发起→公众关注→名人推动→资助人支持→更多人关注和投入（师曾志，2012）。微博传播的特点虽然迅速及时，却有着碎片化的特点，在实时更新的众多话题中，很快就会被淹没。为了让免费午餐的议题在信息快速流动的网络世界里持久地引起公众的关注与参与，就需要有一个固定的平台，在不断重复的同时不断更新。免费午餐与淘宝网合作，淘宝网上建立了一个网店，网友可以捐出自己的闲置物品，集中放置在淘宝店里对外标价销售或者竞拍销售。这一做法吸引了越来越多的人参与其中，包括一些明星和各界名人，也拿出自己的物品参与拍卖，吸引了更多粉丝团的参与。免费午餐还设置了电子商务平台，使得免费午餐由一个临时即兴的活动转变为一个长期正式的项目，实现了议题的固态化，从而保证了公益参与活动的长期性和规划性。

（3）成功运用媒体传播策略进行社会动员

在免费午餐公益活动中，邓飞与其他发起者一起充分整合新媒体与传统媒体资源，形成高效优化的整体传播策略，广泛进行社会动员，得到了政府、企业和社会各界的大力支持，这也是免费午餐成功最重要的原因之一。

2005年，邓飞就建立了一个名为"小刀"的QQ群，希望整合媒体记者的力量，让调查记者抱团形成合力，像一把小手术刀那样，割除社会中的一些问题。这个记者群包括500名记者，记者群里全国媒体记者互相协调，整合资源，形成一股巨大的媒体力量。随着免费午餐计划在贵州、河南、湖南、广东等多个省份的铺开，每到一个省份，邓飞都会凭借其媒体资源与当地一家媒体结成合作关系，这些媒体不仅负责详尽报道免费午餐在当地的执行情况，还要负责寻找有午餐需求的学校，并履行部分监督责任。

> 2011-3-30 23:26 @朱长振大河报特稿记者：
> 在我们形成稳定、标准化的午餐模式后，河南也可以依据大河报展开。周六，云南信息报和华西都市报等媒体将在黔西县花溪乡沙坝小学记录免费午餐执行，推广到云南和四川山区。

2011年5月6日，邓飞在微博上募集十名顶尖摄影师来为免费午餐项目拍照，动员摄影界用镜头来铭记中国贫困山区儿童求学生活之困境。很快，《新京报》《中国青年报》《都市快报》《春城晚报》《潇湘晨报》等十家媒体派出各自最优秀的摄影记者参与拍摄。用富含情感的图片唤起人们的公益意识，动员更多人参与。

> 2011-5-6 09:42 @新京报@都市快报@三湘都市报@潇湘晨报：
> 【十大顶尖摄影师联手记录免费午餐】我们在做一件很酷的事情：

@新京报@都市快报@三湘都市报@潇湘晨报 派出各报最顶尖摄影师,在未来半年跟随我们,拍摄#免费午餐#中的人、学校和故事,用镜头记录这段历史,明年初合力推出一本超酷画册全球网络义卖。我们还需5名摄影大师、一家优秀出版社,请荐。

免费午餐始发于作为新媒体的微博,但邓飞也一直将传统媒体的运用作为他的重要媒体策略。从免费午餐活动一开始,邓飞就积极寻求传统媒体的关注。2011年3月26日活动从贵州开始,邓飞在微博中请求了贵州当地《黔中早报》的关注。活动进入四川和广西时,他在微博中请求关注的媒体对象由当地的都市类报纸增加到跨省市并在全国有一定舆论影响力的媒体(如《河南大河报》《南国早报》《新京报》《凤凰周刊》)及可以覆盖全国的电视媒体(如四川卫视、湖南卫视)等。而传统媒体也给予了免费午餐积极的舆论支持,并收到了极好的传播效果。如邓飞在2011年5月28日的微博中提到《南方都市报》:"我拍的照片,南都一共推出7个版的报道,今天给报料中心电话吵醒,很多读者咨询如何帮助孩子。"[1] 因此,免费午餐活动虽然是基于微博平台发起的公益活动,但如果没有传统媒体的合力,是很难如此成功的。除了与传统媒体成功互动外,免费午餐活动还通过其他新媒体形式积极扩大社会影响。如免费午餐活动在天涯论坛和人人网中得到了有效的传播,进一步加大了活动的传播力度。

(4)有效的监督与参与机制

免费午餐活动除了搭建一个公开透明的捐款平台便于网民参与外,还在项目的组织实施方面便于网民监督,使得网民能放心参与。免费午餐的背后,显现的是一些新慈善理念的确立、一种新运作模式的探索。从公布善款数量、组成监督团队、多人校验支出等措施中,我们看到,媒体的手段、制度的保证、透明的程序,正在给慈善注入强大的正面力量,激活那些蕴含于普通人之中的慈善之力。慈善不只是有钱人的事,也不只是单向度的捐款捐物。[2]

---

[1] 具体内容参见附录2。
[2] 《人民时评:免费午餐期待政府接棒》,中国文明网,2011年5月11日,http://www.wenming.cn/wmpl_pd/shzt/201105/t20110511_172435.shtml。

4月2日中午，黔西县沙坝小学免费午餐启动，169名学生吃到午餐，孩子家长老师们都很开心。看到国旗在国歌中升起，孩子们立正，整齐致敬。感动，国家请更多照顾好他们。在操场上，我们和校长老师仔细核对免费午餐的成本控制和执行流程。以后，鸡蛋大米油盐由镇供货商供应，蔬菜校边采购，所聘两厨师接受老师家长监督，食堂办好卫生许可证，确保食品安全。一人一午餐价3元，按照人头每年得到网友定额捐款，接受网友和媒体监督。[①]

参与"免费午餐"活动的学校须开通官方微博，通过微博公示除学生名单外的所有资料，尤其是午餐相关收支，包括但不限于生活补助、营养改善计划等，回复所有质疑。学校的公示可采用博客网页链接、"长微博"及图片等形式完整展示预算、申请原因等内容。提交申请后，学校可以先测试免费开水项目，继而到免费鸡蛋、免费馒头、免费面条的测试。经过一个月测试后，"免费午餐"活动再根据学校透明度和筹款进度调整，进而实施免费午餐。但首次免费午餐拨款额度不超过一个月，后续拨款再根据学校的透明度、饭菜质量、卫生安全等执行情况进行调整。活动要求学校在微博上每天更新收支情况、资金余额及用餐人数四项。如果一周未更新则警告，一个月未更新则降级，暂缓拨款，甚至取消资格。因此，免费午餐之所以能得到网民积极理性的参与，微博参与平台和流程的公开透明是一个重要的原因。从参与学校的选定，到计划的实施，都是循序渐进，建立在充分的调查和了解的基础上，在这个过程中，也积极听取网民的建议，因此形成了网民的良性参与。

为了保证有序、有效地帮助贫困学童享受免费午餐，免费午餐基金建立了项目监督体系，在电话访谈、历史数据分析的基础上，积极动员多方力量监督学校。协助学校开通微博，审核申请资料，每个工作日更新收支、资金余额、用餐人数等信息，接受捐赠人、志愿者等网友的监督，由专职或者兼职人员不定期检查开餐学校，核实开餐人数，检查餐食质量，检查后向免费午餐基金管委会提交调研报告，并在免费午餐官方网站公布，接受社会各界

---

① 2012年4月2日邓飞新浪微博。

的质疑与查验。发动学生家长、党员、老干部等成立膳食委员会等组织，紧密帮助和监督学校。各 NGO 帮助免费午餐项目进行对学校的查访。

在免费午餐项目中，累积捐款超过 880 元的捐助者可自动变成免费午餐公益合伙人，除知情权、参与权和监督权之外，还可以获得选举权和被选举权，参与免费午餐相关事务的管理。中国社会福利基金会一开始就给予免费午餐较完整的项目自治权，支持建立了决策、执行和监督的分权制度和预决算框架下的总监负责制，营造了人人参与、透明公开可监督的制度空间，催生多种创新——公益人、律师和企业职员等任何身份的志愿者都有机会通过选举成为免费午餐秘书长。免费午餐的成功也离不开广大志愿者的积极参与。截至 2021 年 7 月，免费午餐基金蝴蝶侠注册志愿者人数为 39621 人，入驻志愿者团队数为 594 个，志愿服务累计信用时长为 22889 小时，志愿服务累计荣誉时长为 15302 小时。[①]

二 腾讯公益与"99公益日"

1. 腾讯公益简介

腾讯公益作为目前国内最有代表性的互联网公开募捐信息平台之一，其发展就是我国互联网公益快速发展的一个非常具有代表性的例子。2007 年，腾讯基金会成立后，腾讯公益互联网公开募捐信息平台上线。2008 年汶川地震发生后，腾讯联合相关机构启动网络募捐，8 天时间网友在线捐赠突破 2000 万元，创下互联网公益慈善史上最高捐赠纪录，互联网在公益慈善事业上的巨大潜能崭露头角。腾讯公益开启了腾讯筑梦乡村、腾讯月捐、益行家、春蕾计划等项目，因为参与门槛低、场景多元、集公益与趣味于一体、互动性和体验性强，全民参与度高。

腾讯基金会广泛开展扶贫领域公益捐助，2018 年共有 15743 个项目在平台上获得筹款，募得 17.25 亿元，其中扶贫类项目 14476 个，募得 15.55 亿元。2019 年 99 公益日，对"聚焦脱贫攻坚、聚焦特殊群体、聚焦群众关

---

① 数据来自免费午餐官网，http://www.mianfeiwucan.org/hdx/jq/。

切"的项目,腾讯公益联合腾讯系其他平台,给予了更大的宣传及曝光支持。中国慈展会首次试水线上筹款,通过参与99公益日活动链接各方资源,在腾讯公益上线"一元扶贫,攻坚有我"及"一元扶贫,善行罗霄山"两个母项目,下面包括26个来自"三区三州"、江西罗霄山片区、广西百色河池片区等深度贫困地区的子计划(左玮娜,2019)。截至2019年5月,腾讯基金会累计捐赠金额超过23.55亿元,其中扶贫领域公益慈善活动占总体捐赠项目的90%多。另外,腾讯公益作为全球最大的互联网筹款平台,已有逾2.3亿人次捐出近54亿元善款,成为公益生态圈中的"连接器",不断以科技连接信任,用互联网核心能力推动公益行业的长远发展。并且,在公益捐助以外,跨界融合健康扶贫、产业扶贫、救灾扶贫等多个领域,应用腾讯的"互联网+"能力作为数字化助手,为精准扶贫贡献力量。[①]

2020年1月,新冠肺炎疫情出现,腾讯公益1月23日开放筹款通道,一时汇集了100多家公益机构,做到边筹款、边执行、边反馈,共募集6亿多元善款用于160多个公益项目。腾讯的乘车码、健康码、远程医疗、在线办公、在线教育、数字抗疫等技术在其中发挥了重要作用。腾讯公益还推出了行为公益的创新产品,通过社会动员,传播正能量,比如"战疫接龙""承诺拒食野味""拼字送祝福"等。据统计,有700万人参与了接龙,通过用户的互动参与,传播积极向上的正能量。随着疫情进入全球大流行阶段,3月27日,腾讯健康新冠肺炎疫情模块国际版正式开源;4月3日,腾讯向全球开源"新冠肺炎AI自查助手",帮助全球民众自查新冠肺炎感染风险,并给出防范指引;腾讯还与全球多个互联网科技平台联合发起倡议,向世界各地开发者征集有助于"战疫"的技术方案。过去十年里,腾讯为村平台帮助全国1.5万个村庄开设村级微信号,打造"数字家园",实现农村和城市的连接。此次疫情中,腾讯为村平台第一时间提供疫情资讯、发热自查、实时辟谣、在线问诊等服务,并且动员平台上250万名村民自主开展疫情防控和健康宣传等活动。

2. 代表公益项目:99公益日

2015年,腾讯公益联合数百家慈善组织、知名企业、明星及各界名人

[①] 《腾讯基金会投入1500万启动资金开展技术扶贫》,腾讯公益,2019年6月16日,https://gongyi.qq.com/a/20190616/001474.htm。

等发起99公益日活动，首届99公益日活动吸引205万人次网友捐款1.27亿元，创下当时国内互联网募捐纪录（周冉冉，2019）。之后每一年的9月7日—9月9日便成为99公益日的活动时间。几年下来，通过开放微信朋友圈、为公益慈善项目提供配捐、升级公开透明体系、调动用户参与积极性等一系列机制，腾讯将99公益日打造成一年一度的互联网公益慈善盛会。99公益日在腾讯公益的筹款中占有较高比重，2015年、2016年、2017年公众捐赠金额分别为1.3亿元、3.1亿元、8.3亿元。2018年，15743个项目在腾讯公益筹款17.25亿元，其中99公益日的5498个项目筹款14.14亿元（左玮娜，2019）。到2019年，筹款额增长到17.83亿元，加上腾讯基金会和爱心企业的配捐，99公益日总筹款额达到24.9亿元（周冉冉，2019）。2020年99公益日互动人次高达18.99亿，是2019年的2.15倍；5780万人次爱心网友通过腾讯公益捐出善款23.2亿元，加上爱心企业3.24亿元配捐和腾讯基金会提供的3.9999亿元配捐，这次99公益日总共募得善款30.44亿元。除数据稳步增长之外，2020年99公益日的捐款构成也非常值得关注，小额捐赠用户占比大幅上升，更多公益项目获得关注和资源支持。此外，更多创新、高效的公益项目也涌现出来，互联网公益的生态更加丰富多元（舒迪，2020）。

2015年99公益日推出配捐规则，由腾讯基金会随机配捐。网友捐1元，腾讯就捐1元；网友捐1万元，腾讯就捐1万元，每日的配捐金额上限为3333万元。2015年99公益日举办的三天，腾讯基金会捐出了9999万元。到了2016年，腾讯配捐额达到1.9999亿元。2016年起，一些爱心企业加入配捐。2018年，腾讯基金会在2.9999亿元配捐外，新增1亿元作为支持慈善组织成长的基金，并提供了"10亿+"传播流量、个性化产品以及名校培训。配捐机制，透明准入机制，广泛动员公众、企业参与，推动互联网公益生态透明化。

2015—2019年，99公益日实现了健康、教育、助困、生态、特殊需要关怀、扶贫领域的全面覆盖。根据腾讯公益数据，2015年至2019年，99公益日期间公众扶贫捐赠总额从0.96亿元上升至16.96亿元，捐赠总人次从67.89万上升至4618.33万，分别增长了17倍和67倍。同时，平均每笔捐赠额从141.37元下降至36.72元，小额捐赠的比例也保持在高位，显示公众参与的门槛不断降低,"互联网+扶贫"用户参与广度持续提升。

2015—2019年,所有类型扶贫项目的数量、捐赠总额以及捐赠总人数都取得了大幅增长。用户对扶贫项目投入的提升不仅仅集中在疾病、教育等热门领域,其他领域的扶贫项目也得到了更多用户的支持,实现了快速增长。2019年99公益日慈善组织发起教育扶贫类项目最多,超过2200个,占项目总数的43%,募集的善款超过4.2亿元,占25%。其中大额捐赠(大于500元)人数超过8.2万人次,筹得善款9000万元,为所有大类第一。项目数量多与大额捐赠多,体现出社会整体对教育的重视程度高,捐赠意愿强(权敬,2020)。99公益日公众参与扶贫呈现出爆发性增长态势。

腾讯公益从99公益日规则共建、产品透明度组建升级到"回响计划"项目,进一步推动公益行业的透明化制度建设,2018年的99公益日,各方参与者一起制定规则,跨度近3个月,先后举办思想汇沙龙、线上公开征集、规则委员会提案会、规则委员会专业评审会,收集线下线上建议。经过专家的评审与建议,最终形成2018年99公益日规则。腾讯公益引入专业第三方德勤会计师事务所①,帮助公益伙伴高效实现"专业披露、透明呈现"。

2020年的99公益日活动中,与99公益日相关的粉丝话题在微博上掀起关注热潮,近200家饭圈粉丝团为99公益日站台打call,覆盖用户范围超过2000万人。此外,在企业侧,累计有10000多家爱心企业参与99公益日配捐和互动。它们通过一起捐、接龙、公众号、视频号等多种方式,积极支持公益项目。其中,319家企业为164.2万位爱心用户提供287.8万张公益消费券,380条企业及团体接龙共产生133.8万次用户互动。凯迪拉克联动300家经销商"一起捐",为重建G7公路沿线额济纳绿洲生态助力;麦当劳中国依托线下门店和麦当劳叔叔之家,给异地就医的患儿家庭提供免费住宿及相关支持服务;喜茶更是在全国范围送出9万个99爱心杯套,鼓励用户一边喝奶茶一边做公益。微信、微信支付、QQ、视频号、腾讯新闻、腾讯视频、王者荣耀、和平精英、QQ浏览器、看点、微视、腾讯影业、腾讯医典、腾讯云、青腾大学等腾讯29条业务线,纷纷深度参与,为99公益日推广助力(舒迪,2020)。

---

① 德勤会计师事务所(Deloitte Touche Tohmatsu)是世界四大会计师事务所之一。

2020年9月6日，腾讯基金会宣布拿出2亿元专项扶持基金，优先扶持99公益日期间表现优秀、行为规范、遵守《99公益日透明守信共建公约》的公益组织，助力它们积极探索线上传播方式、倡导传播公益议题与理念、打造创意创新互动、激发公众参与公益的热情。除助力生态效率的提升之外，腾讯还将持续开放技术资源，帮助参与99公益日的伙伴全面提升透明度和数字化水平。99公益日的捐款项目，都获得了腾讯区块链的电子认证。这使得捐款过程的数据无法篡改、不可伪造、可以追溯、公开透明，也有效解决了数据流通共享过程中的安全问题。

3. 99公益日成功原因分析

（1）社交媒体在公益传播中的强大动力

腾讯99公益日依托庞大的腾讯用户群体，将公益传播行为根植于网民的日常生活行为之中。腾讯QQ由腾讯公司于1999年推出，作为一款横跨PC端和移动端的即时通信和社交平台，QQ支持在线聊天、视频语音通话、点对点断点续传文件、QQ邮箱等多种功能，并不断推出符合年轻用户需求的创新功能，例如支持用户根据个人需求和兴趣快速扩大关系的"扩列"以及精准匹配用户兴趣的内容社交平台"看点"等。此外，腾讯亦提供提升企业工作效率的TIM（办公版QQ）。截至2020年3月，QQ月活跃用户（包括PC端和移动端）为7.68亿个。[①]

微信于2011年推出，是全国拥有最大用户群体的通信社交平台，为数以亿计的用户带来生活的便捷与乐趣。它不仅支持发送语音、视频、图片和文字，同时将实时通信与社交资讯、生活服务相结合。为满足用户不断新增的需求，微信不断加入种种创新功能，如"朋友圈""微信公众号""微信小程序""微信支付"，致力于为用户提供优越的移动数字生活体验。截至2020年3月，微信和WeChat的合并月活跃账户数超过12亿个。[②] 微信已成为连接各行业的开放平台，把人、内容、服务、智能设备连接起来。

（2）公益形式多元创新

腾讯公益改变了传统捐赠行为，把公益与日常生活相结合，捐步数、

---

① 数据来自腾讯主页，https://www.tencent.com/。
② 数据来自腾讯主页，https://www.tencent.com/。

捐声音、捐邮箱空间、捐电脑手机垃圾、捐微笑、捐早起、捐手机锁屏时间，全民爱公益、爱心接龙、集小红花……将人们日常生活中一些微小而积极向上的生活习惯与捐赠结合起来，用轻松互动的形式，发动全国数亿热爱公益的网民便捷、快乐、理性参与公益。99公益日活动让网民公益意识和公益习惯深入生活各个层面，成为促进社会公益事业革新的力量。99公益日期间，家乡公益、爱心加倍卡、集小红花、捐行为公益、明星短视频互动等玩法，意在用轻松互动的形式，发动全国数亿热爱公益的网民便捷、快乐、理性参与公益。用户通过集小红花等方式能让配捐金额加倍。除了捐钱之外，还可以捐步数、捐声音、捐读书时间，甚至捐微笑、捐知识。从线上延展至线下，从公益行业延伸到社会大众，用群众喜闻乐见的形式，践行人人公益。腾讯公益平台上线"冷静器"功能，冷静器意在鼓励用户捐款前多想一秒，多查看项目具体情况，理性捐助。

（3）新型的信息生产及传播方式

99公益日采取将扶贫项目信息故事化、人格化的方式，激发同理心和共情，引发更广泛的传播。而且，新形态下扶贫项目利用H5、视频、直播等新型载体，也更加符合当代公众的信息接收习惯——信息简单易读，阅读体验多重，并且具有互动性，更易被广大民众接受。在公众互动量方面，2019年的99公益日期间，全网用户累计互动量高达8.82亿次。[①]

三 轻松筹

1. 轻松筹简介

轻松筹于2014年8月12日正式上线，是独立众筹工具平台众筹空间首个上线的子产品。同年12月，轻松筹宣布获得了IDG数百万美元的A轮投资。健康保障行业作为一种新兴并且保持快速增长的行业，随着我国居民生活水平提高、健康意识增强，其地位也明显提高。2014年轻松筹成立后，在业内最先提出"大病众筹"的概念，这种新颖的模式借助移动互联网的

[①]《4800万人次捐款+上万场线下活动99公益日2019年全线绽放》，腾讯公益，2019年9月19日，https://gongyi.qq.com/a/20190919/004593.htm。

发展，迅速融入人们的生活中，得到了民众的认可。

作为国内健康保障领域的领军企业，轻松筹自成立至今，将目标聚焦在公众健康保障领域，搭建起涵盖大病救助、轻松互助、轻松e保、轻松公益等的全面健康保障体系，帮助用户分摊大病风险。轻松筹的业务板块主要包括：尝鲜预售（农产品众筹）、梦想清单（梦想众筹，如电影、音乐、旅行、家居等，寻求社会支持）和微爱通道（传递社会正能量，包括大病救助、灾难救助、动物保护、扶贫助学等），不同的模式满足不同人群的众筹需求。截至目前，轻松筹在全球183个国家和地区的注册用户总数突破5.5亿人，帮助超过160万个家庭筹集善款总额200多亿元，筹款额居行业榜首，是行业第二名的8倍；轻松筹作为国内最早的一批健康保障平台，最早为用户提供大病救助众筹服务，后又发展出网络互助和在线保险业务。轻松筹依托自带传播属性的大病众筹项目，成立仅四年多的时间便在全球积累了6亿个注册用户，为超过百万个家庭筹集善款320多亿元，成为国内最大的大病众筹平台（高文兴，2018）。

轻松筹帮扶覆盖全国42个贫困县，帮助村民发起8300多个众筹项目，多次助力贫困地区解决了农产品滞销问题：2015年，陕西榆林的红枣滞销，通过轻松筹的助力传播，最终在轻松筹上的众筹金额达到了72万元；2016年，秦岭地区滞销的猕猴桃在轻松筹上的众筹金额超过100万元。2018年8月17日，轻松筹与"大病医保"公益基金的"保险+互助"联创模式在山西中阳县正式实行，为中阳县内参加国家城乡居民医保的25947名儿童带来最高额度达40万元的大病保障。这种模式不仅治病于未病之时，更为患病儿童和贫困家庭提供了多重经济支撑，让精准健康扶贫工作更具可持续性，构建起一个医疗救助机构、公益组织、社会众筹等多角色参与的"儿童救助生态圈"。

轻松筹旗下轻松公益平台积极参与公益活动，为慈善项目提供技术和流量支持，并通过公益机构形成联动，走特色扶贫之路。中国红十字基金会轻松筹微基金发起的"轻爱行动"，通过互联网众筹模式展开健康扶贫工作，极大解决了大病贫困患者寻求救助不便利、手续繁杂等问题，有效提升了救助的效率。截至2018年8月，轻爱行动总共联合15家国内大型公立医院为贫困大病患者发起个人筹款项目，共筹款660余万元，配捐80余万元，共救助198名困境人士。

2. 轻松公益平台现状

"2018互联网公开募捐平台综合实力TOP 20"榜单中，蚂蚁金服公益、腾讯公益、轻松公益分列前三名。蚂蚁金服公益在用户量上高居榜首，但轻松公益平台却在传播性指标维度上力压各大互联网巨头，不仅综合实力不输传统互联网巨头，在新兴平台里，轻松公益第一批入选民政部指定的互联网募捐信息平台，增速迅猛，综合实力位列第一，展现出强劲的发展势头。

轻松公益网站（https://qsgy.qschou.com/foundation）数据显示，截至2020年9月18日，共有121个公募基金会加入轻松公益平台。100家公益平台机构在轻松公益获得的筹款总额[①]在1万元以下的为21家（其中0元5家），占21%；1万—10万元的为14家，占14%；10万—100万元的为31家，占31%；100万—500万元的为21家，占21%；500万—1000万元的为8家，占8%；1000万元及以上的为5家，占5%，筹款总额差异较大（见图8.3）。中华少年儿童慈善救助基金会、深圳壹基金公益基金会、中国红十字基金会、中国社会福利基金会、中国华侨公益基金会五家筹款总额超过1000万元。

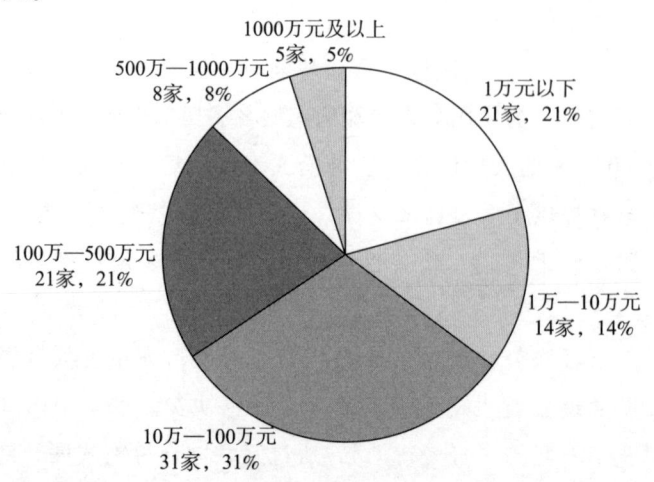

图8.3 入驻轻松公益平台的100家公益组织筹款额及占比

---

① 具体筹款总额及支持次数见附录4。

3. 成功原因分析

（1）基于产品的强社交属性增强信任度

中国的众筹环境与美国有很大的区别，美国社会信用体系较为成熟，而在中国想要获得金钱支持，首先靠亲人或朋友的帮助。如果发起者和支持者不相识，信任度低，很难完成信任度要求很高的众筹项目。基于熟人朋友圈社交是缓解信用机制缺乏所造成的普遍性信任危机的好办法。轻松筹基于强社交关系，与京东众筹、点名时间、众筹网这些专业的众筹平台不同，轻松筹是一个基于微信、微博和QQ空间的众筹工具，用户利用这些社交工具，就可以发起众筹项目。因此，在中国通过强关系获得支持的可能性和安全性，远比在陌生市场上的成功率要高，轻松筹产品的社交属性要比筹款属性更强，项目发起人和支持者相互之间有很强的信任度，这是很多开放的众筹平台所无法实现的。

这种身边人的互帮互助打破了传统救助形式和地区的界限，在筹款过程中引入强社交关系，求助者可以通过轻松公益平台发起个人求助项目并转发到朋友圈等社交网络，以此获得爱心人士的定向支持，通过熟人社交解决信任问题，靠朋友圈的社交属性解决传播渠道的问题，不仅是一种创新、高效的众筹模式，也有效解决了大病家庭医疗资金等难题，让每一份支持和帮助都能公开、透明。截至2018年，轻松筹用户超过5.5亿人，帮助超过253万个家庭筹集善款超过255亿元，为更多人带去希望。

（2）高效即时、信息透明、筹款效率高

医疗需求具有即时性和突发性，在面对重大疾病和意外的大额筹款需求时，社会保险难以覆盖，商业保险价格昂贵，广大用户难负担或不愿支付，因此对于筹款速度和效率的要求很高。基于整个行业壁垒，相较于传统的健康保障业，轻松筹依托了互联网、社交网络、大数据和区块链等技术，突出高效即时、信息透明、筹款额度大、普惠、高性价比和定制化等优势，构建了"公益+技术"的保障模式布局。通过强社交关系，定向筹款，同时将人工智能技术及区块链技术应用在快速审查筹款人信息，以及大病众筹中资金和流程的可追溯性和透明度等方面，不仅便于用户操作，还有效地提高了筹款的使用率，赢得了广大网民的信任，成为年轻人热衷的解决方案。

轻松筹旗下的轻松公益作为民政部指定的首批慈善组织互联网募捐信

息平台，将区块链技术、大数据技术、AI 技术等多项科技创新应用于公益事业，联合公益组织、医院以及所有践行公益事业的同行伙伴推出"阳光链"。"阳光链"作为首个公益区块链，截至 2019 年 12 月已经有超过 180 家公益组织、医院加入。①轻松筹"智爱"系统，不仅利用大数据和人工智能加快了审核环节的速度，人机协作的方式也让用户在更加高效、透明的模式下参与公益，保证爱心人士和求助者双方获得保障。

2016 年，轻松筹建立了区块链实验室，其将区块链技术、大数据技术、AI 技术等多项科技创新应用于公益事业。中国发展研究基金会在轻松公益平台发起的山村幼儿园项目中，经过技术的落地应用，仅上线一天时间，所筹集的善款就超过 280 万元，同时得到了当地媒体的大力支持。另外，2017 年夏季湖南发生水灾时，湖南慈善总会在轻松公益平台发出的救灾项目中，平均每分钟的筹款金额达 27565 元，总共筹得善款 430 余万元。轻松筹通过联合公益组织、医院以及所有公益事业中的合作伙伴，共同建立了一条适用于我国的公益联盟链，塑造了公益品牌形象（韦夏怡，2018）。

2018 年 7 月 23 日，轻松筹发布了行业首份黑名单，购买假病历、违背社会公序良俗的和恶意发起项目的发起人，将不能在轻松筹上发起任何项目。

（3）体系完善全面

轻松筹从单一的大病众筹模式到探索出包括轻松互助、轻松保、轻松公益、轻松健康等的全面健康保障体系，为民众提供了全面、完善的健康保障方案。经过长期发展，轻松筹不仅积累了大批潜在保险消费者，还具有健康保障意识培养和场景式营销、长期经营的用户口碑和信任、个性化的产品选择等优势。轻松筹旗下轻松互助、轻松 e 保业务同样领跑行业，轻松互助增速是行业第二名的 5 倍，轻松 e 保首创场景式营销，是互联网健康险第一平台。多元化的产品组合打造了一个涵盖事前保障和事后救助的全面健康保障体系，借助场景化营销模式，形成了可持续的良性商业模式。由公益基金会监管的轻松互助业务，具有互惠互利的特点，用户可通过预

---

① 《轻松筹首创公益区块链"阳光链"，连接 6 亿用户健康和公益需求》，搜狐网，2019 年 12 月 5 日，https://www.sohu.com/a358620005_115933。

存 10 元加入互动成为会员，如会员生病时，其他会员会在互助金中均摊医疗费，帮助其渡过难关。

四 湖北长江垄上集团——传统媒体的网络扶贫

1. 湖北长江垄上集团介绍

湖北长江垄上传媒集团有限公司（简称"垄上集团"）是在湖北省委宣传部、湖北省广播电视局的指导下，由湖北广播电视台和荆州市人民政府于 2012 年合作组建的、全国首个以服务"三农"为主题的现代文化传媒集团。集团拥有 1 个对农传播与服务的全国性品牌——《垄上行》，1 个对农专业频道——垄上频道，1 个特色电视购物频道——美嘉购物频道，以及 1 家农业科技公司——湖北长江垄上现代农业科技有限公司（简称"垄上农业"）。垄上农业下辖湖北垄上人力资源服务有限公司（简称"垄上人力"）、湖北垄上行信息科技有限公司（简称"垄上行信息科技"）、湖北垄上优选绿色农业发展有限公司（简称"垄上优选"）、湖北垄上菱鲜农业发展有限公司（简称"垄上菱鲜"）四家公司，它们共同构成农业特色鲜明、多元产业并存的全方位服务"三农"一体化平台。[①]

湖北垄上频道以"全心全意为乡亲服务"为宗旨，通过有线、无线信号方式无缝隙覆盖全省。频道全天 24 小时播出，开办有《三农湖北》《垄上行》《打工服务社》《和事佬》《舌尖上的湖北》《法案四组》等一批特色鲜明的对农服务栏目，自办节目总时长逾 300 分钟。电视媒体在广大农村具有天然的传播优势。《垄上行》作为一个十多年的电视品牌，在湖北农村有着很高的知名度和影响力。依托传统广电媒体的公信力和传播力，打造精准扶贫创新网络平台，在农村新型信息化领域进行有益尝试，充分拓展《垄上行》的公共服务功能，实现了传统电视媒体公共服务平台的延伸。

2. 网络扶贫政策与数字鸿沟

"十三五"时期是全面建成小康社会的决胜阶段。农业是全面建成小康

[①] 垄上集团官网，https://www.965333.net/html/aboutus/。

社会、实现现代化的基础。借助互联网让农民更好地对接外部世界、融入现代生活，发展"互联网+农业"特色产业，是落实"互联网+"行动计划，推动精准扶贫、农业供给侧结构性改革、新型城镇化、全面实现小康的必要举措。而应用大数据、移动互联网等现代信息技术，强化现代农业科技创新推广体系建设，培育新型职业农民，帮助他们提高收入，使其成为建设现代农业的主导力量，是农业农村信息化"弯道超车"、城乡统筹发展的重要措施和可行抓手，可加快发展现代农业，加快促进农民增收，提高农业竞争力。

2016年10月31日，中央网信办、国家发展改革委、国务院扶贫办联合印发《网络扶贫行动计划》，要求贯彻落实习近平总书记关于实施网络扶贫行动的重要指示精神，充分发挥互联网在助推脱贫攻坚中的重要作用，推进精准扶贫、精准脱贫。网络扶贫的目标为：实施"网络覆盖工程、农村电商工程、网络扶智工程、信息服务工程、网络公益工程"五大工程，到2020年，网络扶贫取得显著成效，建立起网络扶贫信息服务体系，实现网络覆盖、信息覆盖、服务覆盖。宽带网络覆盖90%以上的贫困村，电商服务通达乡镇，带动贫困地区特色产业效益明显，网络教育、网络文化、互联网医疗帮助提高贫困地区群众的身体素质、文化素质和就业能力，有效阻止因病致贫、因病返贫，切实打开孩子通过网络学习成长、青壮年通过网络就业创业改变命运的通道，显著增强贫困地区的内生动力，为脱贫摘帽和可持续发展打下坚实基础。实施网络覆盖工程，加快贫困地区互联网建设和应用步伐，实施农村电商工程，推动贫困地区农村特色产业发展。

长期以来，城乡发展不均衡带来了"数字鸿沟"。广大农民虽然极度渴望利用互联网学习新技术新方法来致富增收、改善生活，但相关服务体系、平台的缺乏，导致他们缺门路、缺技术、缺管理，不了解市场，常常遭受挫折、损失，卖难买难问题仍然存在，急需长期的指引和帮助。

据CNNIC《2015年农村互联网发展状况研究报告》统计，截至2015年12月，中国农村网民规模达1.95亿人，年增长率为9.5%。农村网民使用各种设备上网的比例均低于城镇水平。从互联网普及率来看，2015年农村地区互联网普及率达到31.6%，相比2014年提升2.8个百分点，互联网普及率仍存在上升空间。农村网民中使用手机上网的用户达到1.70亿人，相比上年增加了 2391 万人，增幅为 16.3%；手机网民占农村总体网民的 87.1%，相比 2014 年提升了 5.2 个百分点。农村网民学历结构较低。小学及初中学历占到网民总数的 72.7%，大专及以上学历只占网民总数的 6%。

对于农民而言，手机既是最方便实用的信息沟通工具，也是农村地区广大农民通过移动互联网应用分享信息资源、现代 IT 技术进步成果的重要途径。CCNIC《2015 年农村互联网发展状况研究报告》相关数据说明：2014—2015 年农村网民互联网应用使用率中，信息获取类用户规模已经超过 1.5 亿人。

截至 2015 年，湖北共有 37 个贫困县，4821 个贫困村，共计 590 万建档立卡贫困人口。主要集中在秦巴山、武陵山、大别山、幕阜山四大集中连片特困地区。[①]

2015 年 9 月 28 日，湖北省委省政府出台《关于全力推进精准扶贫精准脱贫的决定》。按照"精准扶贫、不落一人"的总要求，精准扶贫、精准脱贫的总目标为：到 2019 年，实现全省 590 万建档立卡贫困人口（2013 年底静态人口）全部脱贫销号、4821 个贫困村全部脱贫出列、国家和省定扶贫开发工作重点县及享受片区政策的 37 个贫困县全部脱贫摘帽。该决定要求，湖北省委各级党委宣传部门要整合宣传力量，创新宣传方式，加大宣传力度，充分发挥各类新闻媒体的特点和优势，大力宣传党中央、国务院关于精准扶贫的战略部署和习近平总书记关于扶贫开发的重要论述，大力宣传扶贫开发政策，大力宣传基层党组织和广大干部群众自强不息、自力更生、决战贫困的先进典型和先进事迹，构建精准扶贫的精神支撑，着力营造凝聚人心、鼓舞干劲、奋发作为的精准扶贫浓厚氛围，形成坚决打赢精准扶贫、精准脱贫攻坚战，率先在中部地区全面建成小康社会的强大气场。

扶贫首先是个经济问题，需要从经济上寻找出路。通过利用贫困地区的各种资源条件来发展产业，不仅是扶贫之首选，也是最为根本的出路。垄上频道依托大众媒体的公信力、资源整合、既有用户等优势，以电视栏目、广谱用户为基础，深度整合涉农服务资源，强化双向互动，变简单的

[①]《精准扶贫，湖北"590 万贫困人口"需要啥?》，中国经济网，2016 年 3 月 10 日，http://district.ce.cn/newarea/roll/201603/10/t20160310_9413608.shtml。

信息服务为产供销全流程深度延伸服务，以满足农技培训、致富信息、供销对接等刚需为核心功能，对农民的产供销全流程进行服务。

针对中央、省委省政府发布的有关推进精准扶贫工作的政策措施，垄上频道栏目《三农湖北》进行了及时发布和报道。例如，央行设立扶贫再贷款，扩大涉农信贷投放，《三农湖北》就及时进行了《七部门发文设立扶贫再贷款》以及《省首笔"扶贫再贷款"在英山发放》等政策实施落地的跟踪报道。湖北广播电视台垄上频道是湖北省唯一的对农电视频道。垄上集团依托垄上频道，整合垄上三农热线呼叫中心、垄上行手机报以及手机客户端、微博、微信、网站等信息服务平台和产品，打造有效的信息入口。全方位、多渠道地为农民提供农业科技、灾害预警、政策解读、致富门路、市场供求等信息服务，创新三农信息服务模式，努力将电视观众变成用户（会员），为全省 4000 万名农民提供优质、便捷的涉农信息服务，并以此有力地推进农业农村信息化产品的落地普及。通过大数据精准服务，进一步赢得用户，再以大量用户吸引厂商。通过推进农村信息化建设，使农民实实在在感受到信息的价值，培养农民的信息意识和信息使用能力，引导农民做到"学会使用信息—从信息中得实惠—愿意为信息付费"，进而使他们逐渐树立利用信息节本增收的观念、习惯，养成主动获取信息、利用信息、享受信息服务的意识。进而在农村地区，形成学习信息技术、重视信息建设、用信息化技术引导支持农村经济快速发展的浓厚氛围。垄上集团联合长江云推出大型扶贫公益活动"百天千万扶贫直播"，以网络促销路，其"直播+电商+网络课堂"的模式得到中国记协肯定。湖北卫视为房县小花菇、武当道茶、赤壁青砖茶等贫困地区特色产品制作形象宣传片、微信推文，扩大品牌影响。[①]

垄上行新农会信息科技有限公司（简称"垄上行新农会"）是垄上集团旗下湖北广播电视台垄上频道传播力、影响力的延伸和拓展，是垄上频道服务三农的创新平台，为垄上集团旗下全资子公司，是专门从事农业农村信息化、电商服务的"互联网+现代农业"服务商。为了进一步拓宽农民

---

① 《湖北广播电视台 2019 年社会责任报告》，2020 年 7 月 9 日，http://news.hbtv.com.cn/p/1861411.html。

的致富增收渠道，帮助农民抵御风险，维护农民利益，垄上行新农会充分利用自身市场资源、信息服务以及媒体优势，常年通过联合新闻媒体集中报道、批发市场上门收购、参加农产品展销会、电商企业协助推销等方式，积极探索电子商务等公益性的农产品销售渠道。在农产品电商方面，与专业的第三方移动互联网分享式电商企业合作，引导农民、合作社、企业种养适应市场需求的农产品品种，进行农产品电商化改造，并运用移动互联网分享式电商等渠道为优质农产品当"推手"，孵化有潜力的农产品电商品牌。同时还加入了全国电商联盟，积极向外省电视台等媒体、电商平台推介湖北的优质农产品。

湖北移动互联网的建设和发展十分迅速。随着4G网络和手机应用的普及，以及农村"有价值生产群体"对精准服务需求的提高，农民越来越多地通过手机和电脑进行交流、获取信息及服务。垄上频道作为服务三农的知名电视品牌，在移动互联网快速发展的当下，也不可避免地受到网络新媒体的冲击，垄上频道的目标用户，尤其是年轻、有知识、有创业意愿和条件的"有价值人群"，正在远离电视等传统的服务渠道，转而通过（移动）互联网获取信息和帮助。这已是不可逆转的大趋势。因此在媒体融合时代，垄上频道实现了"跨界+多屏"的公共服务平台的转变。

垄上频道以"TV+互联网"思路及模式，为农民提供农技、政策、供求信息及电子商务等综合性惠农信息化服务。垄上集团各农业服务企业纷纷依托垄上频道的对农服务品牌，在对农服务实践经验基础之上，以农民、农村、农业需求为导向，按照实际、实用、实效的原则，加强基础建设，整合各方对农服务资源，以移动终端为重要载体，以现代通信、IT技术、线下服务网络为重要传播服务路径，与电视频道服务相配合，形成了垄上行手机报、手机客户端、微博、微信、网站、企业QQ等新媒体交叉覆盖、双向互动的信息上下行渠道网络。

3. 垄上集团精准扶贫的媒体策略

（1）多渠道的涉农信息传播

垄上集团利用垄上行手机报彩信平台，提供了大量涉农信息服务，并联合各方力量进行延伸服务，获得广大农村干部群众的一致欢迎。2014年4月，垄上行手机报与《湖北日报》湖北手机报正式签订合作协议，并与湖北手机报共同发起成立"湖北惠农手机报联盟"。通过整合资源，充分实现全省联动和信息、资源、服务的"三通"，以壮大服务力量，增加信息曝光量，提升服务质量。升级改版后的湖北手机报（垄上行版）按照湖北省17个地市州的区域及农业特点，制作发送14个不同版本，内容更符合当地农民的需求。

为保证内容质量，垄上集团在内容方面侧重原创及一手新闻来源。除鼓励手机报会员采写身边的新闻外，手机报还对会员发来的有价值信息进行深加工，以"垄上独家"形式呈现。同时，加强与地方农业部门的对接合作，借助并整合各级对农服务单位的专家及资源优势，帮助解决当地农民朋友的农业生产、生活等方面的问题，使手机报内容更贴近当地农事，进一步提升服务质量，使内容更权威、服务更细致。此外，还通过各类观摩、培训、回馈活动，增强与会员之间的黏性，多渠道与会员进行交流，增大对会员的帮扶力度，如帮助解决农产品供求及会员求职、交友等难题，手机报因此得到众多会员的支持与鼓励。

2014年3月对农综合信息服务互联网站——"垄上三农热线"设计制作完成并上线运行，同时，开通了手机Wap网站，并开通开发了专门的微博、微信、企业QQ、QQ群等移动互联网交互应用产品群。"垄上三农热线"网站（www.965333.com），以三农服务信息为重点，以呼叫中心为终端呼应，以三农数据库为核心，除传统的图文阅读、视频点播等服务外，还提供独具特色的涉农咨询在线解答、查询服务。此外，还通过网站、微信、QQ群等展示农技视频、农技文稿、供求信息，并宣传农技观摩团等三农公益活动，以便通过多渠道多媒体的信息服务，满足用户越来越多样化的信息需求，将"垄上三农热线"的服务延伸到网络上。

（2）通过运营网络社群实现精准扶贫

如今，社交网络和社交产品开始衍生出媒体属性，以微博、微信为代表的国内社交平台，成为各大媒体内容传播的热土。微博、微信、QQ以平台优势为基础，从新闻聚合出发，逐渐延伸到新闻生产的各个环节，改变新闻传播的渠道、思维与模式。传播链条社交化带来了内容生产方式和运营机制的革新。

在互联网应用方面，除了传统的图文视频、查询解答等服务外，垄上集团还依据行业等建立了一批细分的互联网社群，如"稻虾连作""特色养殖"等，以此网罗合作社员、家庭农场主、返乡创业者等用户，构建农村移动互联网社群矩阵，搭建服务平台。通过服务该群体，发挥其引领示范作用，引导更多人通过互联网使用其服务。

手机 QQ 是农民使用频繁的社交软件，基于农民对提升致富技能的强烈需求，垄上行新农会尝试分行业组建专业 QQ 群，开设了"互联网+"远程视频农技培训课——"垄上网课"。"垄上网课"一方面通过电视节目进行有效的大范围传播，另一方面以 QQ 群、YY 语音等互联网在线视频的形式进行精确、深入、长期的农技教学与交流。农民可以通过手机、电视等直观便捷的接收方式观看并与专家进行问答互动，大大方便了农技的获取。垄上集团为满足农民的农技培训、提升致富技能等刚需，分别建立"垄上·稻虾连作服务群""垄上·禽蛋养殖群""垄上·经济作物群"等多个专业化细分 QQ 群，在这些行业领域网罗了一批种子用户，开始农村互联网社群运营。在这些社群的运营上，主要以互联网在线实时交流的形式进行精确、深入、长期的农技服务，并不定期邀请农业专家、技术人员为群成员开展免费的互联网在线、线下农技专题培训。农民可以在专题网课和日常社群互动中，通过手机群视频、微信、网站、斗鱼直播、YY 直播等多种移动互联网渠道直观便捷地与专家进行在线诊断、信息交流等实时互动，大大方便了农技的获取，得到了广大种养殖户的欢迎，并活跃了细分化互联网社群，进一步提升了各个社群的成员数量、用户黏性。

农村互联网社群运营，将农民的农技刚需与互联网应用技能培训结合起来，推动了农民移动互联网应用技能的普及、提升，落实了"互联网+"行动计划，有力推动了精准扶贫。同时，集聚的高黏性用户也为后续的互联网社群经济运营奠定了基础。

发展现代农业，需要依靠更多种养殖能手、大户、农场主、合作社、经纪人、深加工企业等"有价值用户"，走集约化之路，改变以往小户、散户生产模式。这类用户在农技培训、市场信息、供销对接、电子商务服务等方面有着越来越强烈的刚需。传统的农技信息服务存在时效性、针对性、应变性不强，以及效费比不高等问题；传统的产销方式也存在着风险大、流程长、农民利益难以保证的问题，卖难买难问题仍然存在。运用互联网来网罗住"有价值用户",帮助他们提高生产经营技能,抵御各类风险,更好地实现致富增收成为垄上集团精准扶贫重点解决的问题。将积累的用户依据行业、地域等不同兴趣图谱,分类建立一批高活跃度、高黏性、细分化的互联网社群,并逐步实现社群经济的分众化、精准化、数据化运营。通过"社群经济"开发、细分行业的垂直深度开发实现精准化服务,产生营收后反哺公益性服务,支撑项目的可持续运行,实现更大的经济、社会效益。在此基础上通过"社群经济"开发个性化、精准的对农电子商务等产业,可支撑公益服务的可持续运行以及企业的互联网化和经营发展转型升级。

(3) 利用大数据技术提高扶贫精准度

精准度是分辨精准扶贫工作的焦点,随着大数据技术在扶贫工作中的应用与普及,不同地区、不同行业、不同项目、不同人群的扶贫工作经过多年的连续开展都已积累了海量数据,在分析数据可靠性的基础上挖掘精准扶贫工作内在规律,实现扶贫方式、内容与扶贫对象有效匹配,提高扶贫资源配置效率。

垄上行新农会建成了专门的数据库——垄上农技知识数据库,并以此进行热点分析,形成热点解答信息,定期在手机报、网络、电视上进行发布。垄上行新农会针对农民发来的各类农技、公共、供求等涉农咨询的问题进行整理,梳理出近期农民反映强烈的问题、多人次咨询的问题、疑难问题,向农业、科技、财政、民政、教育、医疗等各类对农服务部门、机构及省内各涉农科研院所、专家统一咨询。不断充实的数据库使平台的服务更加有针对性、精确有效。

垄上集团探索依托呼叫中心、网络社群等渠道和遍布湖北各乡村的调研样本户,面向会员做农业生产情况等的市场调查,如开展农作物种植意愿调查、农产品生产销售情况分析、农业舆情监控等专题调查,定期形成报表和分析材料,及时发现异动和热点信息。一方面可为会员做预警信息发布,另一方面也可形成预警调控建议,为政府决策提供参考。依托自建的数据库,进行大数据比对,从遍布湖北各地的大量用户中,筛选出符合调查要求的目标地域的目标用户,进行有针对性的调查,同时形成并报送翔实的专业化调查报告,既实现了调查的直接性、快捷性、准确性和直观性，又可为农业部门的调查工作节约大量人力、物力、时间及工作量，为农业部门的决策提供参考。

农业广杂而又专业性强，需要较强的资源整合能力，这恰恰是媒体的特长。"TV＋互联网"思路及技术，基于农民的行业、地域等兴趣图谱建立细分的网络社群，构建农村移动互联网社群矩阵，搭建惠农信息化综合服务平台。平台以大众传媒为依托，推进传统媒体与新媒体、现代通信技术充分融合，同时联合农业行政主管部门、企业、院校的专家、技术、服务、市场资源，结合当下农村信息化建设的实际，强化双向互动，突出专业化服务，用最广大农民群体方便使用的方式，将全媒体渠道汇集的农技公共信息及延伸服务有效地传递给农民，为农民提供及时准确高效的服务，以适应不同层次人群的不同信息获取能力，稳步有效提升农村公共服务信息化的能力和水平，促进农民致富增收，促进农业生产方式的根本转变，促进工业化、城镇化和农业现代化的协调发展。

结　语

　　2008年汶川地震中网络媒体成为主流媒体后，十多年时间里，以互联网和手机为代表的新媒体极大促进了我国公益事业的变革与发展，一个"人人可公益"的社会化公益时代已经到来。新媒体信息传播呈现出平台化、社交化、场景多元化、科技创新化的特点，为中国公益事业的发展带来了强大的动力。

　　新媒体公益传播是个人和组织基于价值观的公益传播行为。因此，我们研究新媒体公益传播，需先从其价值观的研究入手。当今中国社会的价值观体系除了中国社会主义价值观外，中国传统的价值观、市场经济价值观也成为其重要建构资源。我们既可以通过研究看到，中国传统的儒家文化中的重义轻利思想和道德至上、集体利益至上的思想在新媒体公益传播中深刻的烙印，也可以看到资本主义价值观中的快乐哲学、个人主义以及市场经济价值观中的平等、理性精神在新媒体公益传播中的身影，新媒体成为一个多元公益价值观汇集与冲突的平台。多元必然带来冲突，冲突必然造成公益参与的无序。公益价值观的冲突背后也让我们深思：我们需要一种什么样的公益价值观来主导新媒体公益传播行为？构建社会主义的核心公益价值观，既批判又超越，既吸收又优化，真正构建适合中国社会主义初级阶段的公益价值观是我们所期盼的。而要构建这种公益价值观，其前提当然在于市民社会的不断发展，公民意识的渐次觉醒，以及国家公益法律制度及参与机制的不断完善。

　　在新媒体公益传播过程中，公众在依托新媒体进行价值表达的同时也进行着公益活动的参与。因为强大的传播力、参与平台的多样化及参与条件的低门槛，新媒体让无数公众有了参与公益的平等机会。人们发帖转帖，在线捐赠,联结线上线下活动,新媒体为中国的公益事业特别是民间公益注入生机与活力。这种完全不同于中国计划经济时代的行政式公益的公益传播方式受到民间热捧。公众通过新媒体自发参与公益活动,并引起政府的关注与支持,这为社会的自我管理和创新提供了成功的模式,促进了中国市民社会的发展培育。但是在新媒体的公益传播中,中国公益法律规范的不完善所带来的民间公益组织生存空间狭小和发展不平衡、互联网信息监管漏洞、公益组织管理缺乏规范、中国民间公益志愿精神不足等,造成了公众在通过新媒体参与公益时的无序状态。因此,促进现有公益法律法规的完善,加强公益组织的行业自律与监管,探索政府与企业及民间的合作模式,以及充分发挥新媒体在中国公益事业中的重要作用,至关重要。唯有如此,才能真正实现新媒体公益传播的良性发展。

参考文献

一　中文类

艾渝，2019，《腾讯助力"春蕾计划"让传统公益插上互联网"翅膀"》，金羊网，10月11日，http://news.ycwb.com/2019-10/11/content_30354880.htm。

北京师范大学中国慈善事业研究中心，2012，《2001—2011 中国慈善发展指数报告》，北京师范大学出版集团，第 76、87、210 页。

北京师范大学中国公益研究院慈善法律中心，2018，《"〈慈善法〉两周年十大进展"发布》，《公益时报》9 月 11 日，第 04 版。

毕素华，2015，《官办型公益组织的价值突围》，《学术研究》第 4 期。

〔英〕边沁，2000，《道德与立法原理导论》，时殷弘译，商务印书馆，第 58 页。

蔡明章、王林、吴江，2020，《区块链技术在互联网公益众筹领域的应用研究》，《图书与情报》第 2 期。

陈恒，2013，《要用强力推动慈善组织透明化》，《光明日报》4 月 12 日，第 02 版。

陈慧娟，2020，《公益，要热情还要专业》，《光明日报》3 月 7 日，第 11 版。

陈江宏，2011，《"格桑花"：依托网络而生的社团困境》，《中国社会工作》第 25 期。

陈静，2019，《行走捐、积分捐、消费捐等方式层出不穷，"互联网+公益"方兴未艾》，《经济日报》6 月 11 日，第 13 版。

参考文献

常理,2017,《我国慈善事业进入快速发展期》,《经济日报》10月9日,第16版。

陈娟、李金旭,2018,《"利他"的捐助与"利己"的信息分享——"轻松筹"项目的参与动机研究》,《新闻大学》第6期。

陈凌瑶,2020,《山东寿光首批350吨蔬菜无偿捐送武汉,保障当地市场供应》,澎湃新闻,1月28日,https://www.thepaper.cn/newsDetail_forward_5660786。

陈新民,2001,《德国公法学基础理论》,山东人民出版社,第185页。

陈学超、王赟,2011,《关注甘肃校车事故 潘石屹"被"微博网友捐校车》,《山东商报》11月18日。

陈友华,2012,《中国公益事业:现状、问题及反思——以希望工程为例》,载方长春、陈友华等编著《向死?向生?——中国公益观察2012》,中国社会科学出版社,第78页。

〔英〕戴维·米勒、韦龙·波格丹诺主编,1992,《布莱克维尔政治学百科全书》,邓正来中译本主编,中国政法大学出版社,第125—126页。

〔美〕丹尼尔·贝尔,1984,《后工业社会的来临》,高铦等译,商务印书馆,第530页。

丁依霞,2017,《从"小朋友画廊"看体验式公益》,新华网,9月1日,http://www.xinhuanet.com/comments/2017-08/31/c_1121578558.htm。

董娟、张一君,2008,《争议捐款榜 企业家的慈善逻辑》,《中国经营报》5月26日,第B01版。

段绍国,2011,《潘石屹回应微博"被捐校车":我认了》,中国经济网,11月18日,http://www.ce.cn/celt/wyry/201111/18/t20111118_22850180.shtml。

方滨兴,2014,《在线社交网络分析》,电子工业出版社。

费孝通,2008,《乡土中国》,人民出版社,第28页。

冯利,2011,《"格桑花"在虚拟社区中绽放》,载康晓光、冯利主编《中国第三部门观察报告(2011)》,社会科学文献出版社。

高文兴,2018,《艾瑞发布首份中国健康保障行业研究报告 轻松筹各项数据领跑行业》,《公益时报》7月3日,第14版。

高一村、程楠，2020，《"公益慈善数字化"未来可期》，《中国社会报》7月16日，第A01版。

ABC公益研究院，2020，《当公益遇见电商——公益电商行业趋势及运营模式研究报告之一》，《中国发展简报》4月8日，http://www.chinadevelopmentbrief.org.cn/news-24076.html。

郭庆光，1999，《传播学教程》，中国人民大学出版社，第153页。

郭小平，2009，《论视听新媒体传播的社会影响》，《中国电视》第3期。

〔德〕哈贝马斯，1999，《公共领域的结构转型》，曹卫东等译，学林出版社，第41页。

何欣禹，2019，《网络捐款，你还信吗?》，《人民日报》（海外版）5月15日，第08版。

〔美〕亨廷顿，2005，《文化有重要意义》，载〔美〕哈瑞森、亨廷顿编《为什么文化很重要》，台湾联经出版事业股份有限公司，第3页。

胡斌，2019，《"人工智能+公益"：百度公益的3.0时代》，公益时报网，9月25日，http://www.gongyishibao.com/html/gongyizixun/17374.html。

胡建淼、邢益精，2004，《公共利益的法理之维——公共利益概念透析》，《法学杂志》第10期。

胡挺、鲍泰良，2014，《慈善网站施乐会身陷"置顶费"漩涡》，《成都商报》11月6日，第06版。

黄英男，2011，《第三方评估报告出炉 格桑花专业化发展问题待解决》，《中国发展简报》12月27日，http://www.chinadevelopmentbrief.org.cn/news-4545.html。

〔英〕霍布斯，1985，《利维坦》，黎思复、黎廷弼译，商务印书馆，第94页。

贾西津，2005，《第三次改革——中国非营利部门战略研究》，清华大学出版社，第18页。

菅宇正，2018，《互联网募捐平台年报纵览 筹款总额超25亿，公募慈善组织参与占比偏低，有待激发!》，公益时报网，2月28日，http://www.gongyishibao.com/html/yaowen/13464.html。

江龙，2017，《提现40余万伪慈善主播获刑》，《成都商报》9月8日，第05版。

蒋萌，2015，《观点1+1：马云被网友"逼捐"一亿元，你怎么看?》，人民网，8月17日，http://opinion.people.com.cn/n/2015/0817/c1003-27474775.html。

金锦萍，2017，《〈慈善法〉实施后网络募捐的法律规制》，《复旦学报》（社会科学版）第4期。

金耀基，1995，《中国人的"公"、"私"观念》，载乔健、潘乃谷主编《中国人的观念与行为》，天津人民出版社，第145页。

敬一山，2015，《"微信打拐"莫走"微博打拐"老路》，《广州日报》11月23日，第F02版。

卡尔，2020，《"游戏也能做公益?"》，南方人物周刊，9月9日，http://static.nfapp.southcn.com/content/202009/09/c4013504.html。

〔美〕凯斯·桑斯坦，2003，《网络共和国：网络社会中的民主问题》，黄维明译，上海人民出版社，第18页。

康晓光等，2011，《依附式发展的第三部门》，社会科学文献出版社，第246页。

康晓光，2018，《义利之辨：PH基于人性的关于公益与商业关系的理论思考》，《公共管理与政策评论》第3期。

康晓光、冯利、程刚，2011，《中国基金会发展独立研究报告（2011）》，社会科学文献出版社，第160—163页。

康晓光、冯利主编，2012，《中国第三部门观察报告（2012）》，社会科学文献出版社，第123页。

康晓光、冯利主编，2018，《中国第三部门观察报告（2018）》，社会科学文献出版社。

〔美〕雷金纳德·范李等，2010，《群：凝聚政府、企业和非营利组织力量的新模式》，时娜译，南海出版公司，第44页。

李波，2019，《进一步完善互联网公益慈善政策制度》，《中国社会报》10月23日，第A03版。

李超、左智越，2021，《为何公益服务证书在网上明码标价出售》，《中国青年报》4月16日，第08版。

李昆昆、吴可仲，2020，《斗鱼开启直播带货：湖北公益专场售出农产品

80.9万件》，中国经营网，4月25日，http://www.cb.com.cn/index/show/bzyc/cv/cv13454061646。

李利，2008，《用行动培养捐赠文化》，新浪公益，4月26日，http://gongyi.sina.com.cn。

李明远，2019，《慈善公益信息多渠道可查，这些社会组织违法违规进"黑名单"》，《中国慈善家》第4期。

马维辉，2013，《"隐形社团"之困》，华夏时报网，3月8日，https://www.chinatimes.net.cn/article/34986.html。

梁漱溟，2005，《中国文化要义》，上海人民出版社，第73页。

刘欢、石永红、蔡玉高，2010，《透过"裸捐"观察中国慈善事业的喜与忧》，中国青年网，9月7日，http://news.youth.cn/cmgc/201009/t20100908_1331431.htm。

刘晓旭，2011，《用户假冒潘石屹微博认捐校车 众网友信以为真》，中新网，11月18日，https://www.chinanews.com/sh/2011/11-18/3469823.shtml。

〔法〕卢梭，2003，《社会契约论》，何兆武译，商务印书馆，第35页。

刘秀秀，2019，《技术应用中的死与生——以互联网公益的发展历程为例》，《社会建设》第4期。

鲁篱、程瀚，2020，《网络慈善众筹平台监管的困境与规制优化——以"水滴筹"为研究样本》，《财经科学》第9期。

〔美〕罗伯特·D.帕特南，2001，《使民主运转起来——现代意大利的公民传统》，王列、赖海榕译，江西人民出版社。

〔美〕罗伯特·L.佩顿、迈克尔·P.穆迪，2013，《慈善的意义与使命》，郭烁译，中国劳动社会保障出版社，第106页。

罗克研，2020，《水滴"扫楼筹款"风波持续 网络互助在商业和公益间游走》，《中国质量万里行》第1期。

罗玉兰、孙国嫄，2009，《"发展教育"在香港》，载杨东平主编《中国教育发展报告（2009）》，社会科学文献出版社，第56页。

麻省理工学院新媒体行动实验室、中国科学技术大学知识管理研究所、中山大学公益慈善研究中心，2012，《中国公益组织互联网使用情况分析》，载朱健刚主编《中国公益发展报告（2011）》，社会科学文献出版社，第

257—271页。

马长山，2002，《国家、市民社会与法治》，商务印书馆，第37页。

马瑾倩，2019，《今年上半年，我国互联网公开募捐总额超18亿元》，新京报网，8月21日，https://www.bjnews.com.cn/detail/156639365114739.html。

马克思、恩格斯，1960，《马克思恩格斯全集》第3卷，人民出版社。

马克思、恩格斯，1995，《马克思恩格斯选集》第2卷，人民出版社，第176页。

马南、郭云民，2019，《报恩网是我们一生的事业　石家庄80后夫妻入选"中国好人榜"》，《燕赵都市报》5月19日，第07版。

马晓荔、张健康，2005，《公益传播现状及发展前景》，《当代传播》第3期。

〔加〕马修·弗雷泽、〔印〕苏米特拉·杜塔，2013，《社交网络改变世界》，谈冠华、郭小花译，中国人民大学出版社。

〔美〕迈克尔·J.桑德尔，2009，《面向世界的认同与表达》，《社会科学报》6月4日。

〔美〕曼纽尔·卡斯特，2001，《网络社会的崛起》，夏铸九等译，社会科学文献出版社，第441—442页。

牛广文，2019，《科技改变生活　创新公益模式》，人民网，9月6日，http://it.people.com.cn/n1/2019/0906/c1009-31341423.html。

彭小兰，2014，《公益慈善的道德机理》，《华南理工大学学报》（社会科学版）第4期。

皮磊，2016，《十三家互联网募捐平台都是什么来头》，《公益时报》8月30日，第09版。

皮磊，2020，《公益直播成潮流，好产品如何被看见？》，《公益时报》5月5日，第05版。

邱越、袁勃，2020，《区块链技术助力公益慈善更透明》，人民网，2月13日，http://yuqing.people.com.cn/n1/2020/0213/c429609-31584648.html。

权敬，2020，《从"99公益日"看我国脱贫攻坚战的深化》，《慈善公益报》9月4日。

人民智库，2017，《中国公众的公益观调查报告（2017）》，《人民论坛》第6期。

任冠青，2019，《水滴筹事件：让生意的归生意，公益的归公益》，中青在线，12月6日，http：//pinglun. youth. cn/wztt/201912/t20191206_12136774. htm? mobile=0。

任珊、吴垚，2014，《募捐网站收置顶费遭叫停 施乐会商业化慈善受质疑》，中国财经网，11月17日，https：//finance. china. com. cn/consume/syal/20141117/2793376. shtml。

Smith，Mari，2013，《关系营销2.0——社交网络时代的营销之道》，张猛等译，人民邮电出版社。

沈浩卿，2019，《2019"我是创益人"升级归来，看公益"进化"》，凤凰网，5月17日，https：//ishare. ifeng. com/c/s/7ml3QV6e2Hw。

师曾志，2012，《微世界中的人类交往》，《中国教育报》5月25日，第05版。

师曾志、徐娟、潘聪平，2011，《"社会化媒体"的发展与其背景下的公益传播》，载杨团主编《中国慈善发展报告（2011）》，社会科学文献出版社，第167页。

舒迪，2010，《2009十大公益新闻事件七成与基金会相关》，《人民政协报》1月26日，第C01版。

舒迪，2020，《2020年99公益日让善意持续"破圈"》，人民政协网，9月10日，http：//www. rmzxb. com. cn/c/2020-09-10/2664830. shtml。

苏梓威，2017，《腾讯又有公益新玩法！"捐读书时间"也可以资助贫困学子》，4月24日，http：//static. nfapp. southcn. com/content/201704/24/c387927. html。

隋福毅，2020，《疫情之下，区块链如何助力慈善行业？》，《公益时报》2月25日，第07版。

唐昊，2012，《从广东公益政策法律改革看地方政府创新路径选择》，载朱健刚主编《中国公益发展报告（2011）》，社会科学文献出版社，第163页。

陶凤，2019，《爱心错付，水滴筹负了滴水之恩》，《北京商报》12月2日，第002版。

王会贤，2018，《2017年178万阿里巴巴商家参与捐赠》，《公益时报》1月16日，第12版。

王佳炜、初广志, 2016, 《论互联网公益众筹对公民参与的促进作用》, 《西部学刊》第14期。

王凯茜、王大洲, 2015, 《我国互联网慈善中的信任重建机制研究》, 《中国高新技术企业》第26期。

王克勤, 2015, 《以微力量推动大传播——以"大爱清尘"公益项目推动为例》, 《社会与公益》第8期。

王名主编, 2010, 《社会组织概论》, 中国社会出版社。

王齐, 2010, 《慈善公益传播的网络方式——以腾讯公益为案例》, 载杨团主编《中国慈善发展报告（2010）》, 社会科学文献出版社。

王森, 2020, 《为公益诉讼立法提供"深圳样本"》, 《深圳特区报》9月1日, 第A03版。

王胜先、朱薇, 2008, 《中国慈善迈入公益时代 年底慈善捐款可达1000亿》, 凤凰网, 11月4日, https://news.ifeng.com/mainland/200811/1104_17_860787.shtml。

王小乔、潘晓凌, 2008, 《"捐款门"始末》, 《南方周末》5月29日, 第C21版。

王鑫, 2016, 《"主播做伪慈善"发钱又收回, 四川凉山回应：警方已展开调查》, 澎湃新闻, 11月6日, https://www.thepaper.cn/newsDetail_forward_1556237。

王秀丽主编, 2013, 《微行大益》, 北京大学出版社。

王学军, 2020, 《慈善蓝皮书〈中国慈善发展报告（2020）〉发布》, 《慈善公益报》8月3日, 第02版。

王炎龙, 2009, 《我国媒体公益传播研究分析》, 《新闻界》第3期。

王炎龙、李京丽、刘晶, 2009, 《公益传播四维框架的构建和阐释》, 《新闻界》第4期。

王银春, 2011, 《让伦理之光照耀中国慈善道路——"21世纪中国慈善事业与慈善伦理"研讨会会议综述》, 中国社会科学网, 5月26日, http://www.cssn.cn/st/st_zthd/201310/t20131025_577139.shtml。

王勇, 2020, 《11家互联网企业39.5亿元支持防疫》, 《公益时报》2月25日, 第05版。

韦夏怡，2018，《轻松筹：以区块链技术驱动公益更透明》，经济参考网，12月5日，http://www.jjckb.cn/2018-12/05/c_137652685.htm。

魏思纳，2005，《撒哈拉沙漠以南非洲的文化、童年与进步》，载〔美〕哈瑞森、亨廷顿编《为什么文化很重要》，台湾联经出版事业股份有限公司，第184页。

魏英杰，2019，《扫楼募捐，水滴筹如何守住公益本位》，《海东时报》12月3日，第A22版。

吴楠，2019，《一个名为"公益"的科技》，《三联生活周刊》9月23日。

吴向东，2009，《重构现代性：当代社会主义价值观研究》，北京师范大学出版社，第181页。

吴欢超，2016，《新媒体浪潮下的公益组织传播策略研究》，浙江大学出版社。

肖源，2014，《慈善组织施乐会被指收置顶费 专家：尽快填补法律空白》，央广网，11月9日，http://china.cnr.cn/yaowen/201411/t20141109_516751406.shtml。

谢颖，2011，《东莞要求绑定银行卡每月扣10元搞慈善"被捐款"遭疑》，央视网，10月12日，http://news.cntv.cn/china/20111012/110587.shtml。

邢世伟，2014，《公安部摧毁4个特大网络贩婴团伙》，《新京报》2月28日，第A09版。

徐华、白宝玉，2008，《万科捐款变更真相》，《证券日报》5月27日，第E02版。

徐辉，2020，《〈中国网络慈善发展报告〉发布去年网络平台募捐额占社会捐赠总量4.1%》，《公益时报》11月3日，第02版。

徐觉哉，2003，《推进民主政治发展的深层思考——论市民社会建构的现实意义》，《中共宁波市委党校学报》第5期。

徐永光，2016，《中国慈善的三个阶段和三大趋势》，搜狐网，10月10日，https://www.sohu.com/a/115758593_373903。

闫芳、杨苏，2008，《对抗震救灾中网络捐款的观察思考》，《网络传播》第6期。

杨晨，2017，《阿里发布中国首个公益大数据开放平台》，《华西都市报》7月5日，第A2版。

杨团主编，2018，《中国慈善发展报告（2018）》，社会科学文献出版社，第121页。

杨团主编，2020，《中国慈善发展报告（2020）》，社会科学文献出版社，第88页。

叶晓彦，2019，《你捐的钱到哪儿了，慈善数据平台发布》，《北京晚报》11月13日，第32版。

俞田荣，2002，《"市民社会"批判及中国的国家与社会关系问题》，《浙江社会科学》第5期。

袁贵仁，2006，《价值观的理论与实践：价值观若干问题的思考》，北京师范大学出版社，第143页。

张朝晖，2020，《进一步做好疫情防控志愿服务的若干思考》，《中国青年报》9月3日，第06版。

张弛，2012，《"融媒时代"中国公益传播的战略思考》，《旅游纵览》（行业版）第3期。

张明敏，2012，《天使妈妈救助小传旺引质疑 NGO紧急救助的透明化挑战》，《公益时报》7月17日，第08版。

张木兰，2012，《当NGO遇到电子商务》，《公益时报》5月15日，第08—09版。

张木兰，2014，《施乐会"置顶费"事件还原》，《公益时报》11月18日，第03版。

张宁、吴嘉颖，2012，《2011年中国微公益传播报告》，载朱健刚主编《中国公益发展报告（2011）》，第180页。

张艳，2009，《浅析自媒体时代的公益传播扩散》，《国际新闻界》第10期。

张耀杰，2011，《于建嵘的底层经历与底层立场》，《东方早报》1月30日，第B06版。

赵馥洁，2009，《中国传统哲学价值论》，人民出版社，第68页。

赵华，2010，《中国互联网公益传播模式初探》，兰州大学硕士学位论文。

赵曙光、王知凡，2014，《社会化媒体与公益营销传播》，复旦大学出版社。

赵艳秋，2014，《腾讯的大数据哲学》，《IT经理世界》第16期。

钟智锦，2015，《公益行为中的动机与媒体效应研究》，《学术研究》第12期。

钟智锦、李艳红，2011，《新媒体与 NGO：公益传播中的数字鸿沟现象研究》，《思想战线》第 6 期。

钟伟，2019，《互联网慈善的"中国样本"正在形成》，慈善公益报网，https://www.csgyb.com.cn/news/toutiao/20190409/22888.html。

周冉冉，2019，《从中国慈善走向慈善中国的 70 年》，《中国社会报》9 月 27 日，第 A03 版。

朱红军，2007，《百亿化工项目引发剧毒传闻 厦门果断叫停应对公共危机》，南方周末，12 月 18 日，https://www.infzm.com/content/3459。

朱健刚主编，2012，《中国公益发展报告（2011）》，社会科学文献出版社第 2、106 页。

左玮娜，2019，《向久久公益迈进——互联网公益慈善的"腾讯样本"》，《中国社会报》9 月 11 日，第 A01 版。

朱勤，2018，《民政部社管局积极运用"互联网+"动员社会组织参与脱贫攻坚》，《中国社会报》10 月 23 日，第 A01 版。

朱卫国，2011，《慈善组织法律规则的现状与立法展望》，载杨团主编《中国慈善发展报告（2011）》，社会科学文献出版社，第 136 页。

二 英文类

Arnstein, S. R., 1969, "A Ladder of Citizen Participation," *Journal of the American Institute of Planners*, 35.

Connor, Desmond M., 1988, "A New Ladder of Citzen Articipation," *National Civic Review*, 77, 3.

Cooper, Terrry L., 1991, *An Ethics of Citizenship for Public Administration*. Englewood Cliffs, New Jersey, Prentice-Hall.

Dewey, J., 1939, *Theory of Valuation*. University of Chicago Press.

Inglehart, Ronald, 1997, *Modernization and Postmodernization: Cultural, Economic, and Political Change in 43 Societies*. Princeton, Princeton University Press.

Inglehart, Ronald and Christian Welzel, 2005, *Modernization, Cultural Change, and Democracy.* New York: Cambridge University Press.

Maslow, Abraham H., 1954, *Motivation and Personality.* Newyork: Harper & Row Press.

附录1 2013年淘宝公益店发展情况统计

序号	机构名称	淘宝网店地址	网店所在地	2020年店铺是否存在
1	泰山小动物保护中心爱心救助店	http://shop63589036.taobao.com/	济南	否
2	北京市金羽翼残障儿童艺术康复服务中心	http://shop62728575.taobao.com/	北京	是
3	成都爱之家动物救助中心	http://shop61684734.taobao.com/	成都	是
4	国际爱护动物基金会	http://shop36082590.taobao.com/	北京	否
5	同心互惠公益商店	http://tongxinhuhui.taobao.com/	北京	是
6	立人乡村图书馆	http://xctsg.taobao.com/	北京	否
7	重庆市小动物保护协会	http://shop35584495.taobao.com/	重庆	是
8	北京瓷娃娃罕见病关爱中心	http://shop67483954.taobao.com/	北京	是
9	爱德面包坊	http://shop62061463.taobao.com/	南京	是
10	青海格桑花教育救助会	http://shop64437919.taobao.com/	西宁	是
11	成都萤火助学志愿服务中心	http://shop64868853.taobao.com/	成都	否
12	羌绣	http://qiangxiu028.taobao.com/	成都	否
13	上海根与芽青少年活动中心	http://jgi-shanghai.taobao.com/	上海	否
14	广青启智服务总队	http://ngos.taobao.com/	广州	否
15	中国小动物保护协会	http://shop62573751.taobao.com/	北京	是
16	中国红树林保育联盟	http://shop64946189.taobao.com/	莆田	是
17	上海微笑青年公益服务中心	http://weigongyi.taobao.com/	上海	否
18	长沙小动物保护协会	http://hnapa.taobao.com/	长沙	否
19	佛山好友营支教	http://newhyy.taobao.com/	佛山	是
20	熙熙森林·广州猫	http://shop63112220.taobao.com/	广州	是
21	深圳小鸭嘎嘎公益基金	http://duckgaga.taobao.com/	深圳	否

附录1　2013年淘宝公益店发展情况统计

续表

序号	机构名称	淘宝网店地址	网店所在地	2020年店铺是否存在
22	亚洲动物基金	http://shop58993461.taobao.com/	成都	否
23	南京平安阿福流浪动物救助会	http://hawenjin.taobao.com/	南京	是
24	多背一公斤	http://shop68413730.taobao.com/	北京	是
25	深圳橄榄树残友公益互助中心	http://shop67184232.taobao.com/	深圳	否
26	宜农贷	http://shop68933314.taobao.com/	北京	否
27	杭州市生态文化协会	http://shop69398496.taobao.com/	杭州	否
28	常熟市七彩虹义工服务团	http://shop69197037.taobao.com/	常熟	否
29	北京文化遗产保护中心	http://shop68966470.taobao.com/	北京	否
30	北京农禾之家咨询中心	http://shop68578144.taobao.com/	北京	否
31	上海欣耕工坊	http://xggf.taobao.com/	上海	是
32	昆明环保科普协会	http://shop68270297.taobao.com/	昆明	否
33	常州市义工联合总会	http://shop58934855.taobao.com/	常州	否
34	北京金田特殊儿童康复中心	http://shop65051351.taobao.com/	北京	否
35	上海徐汇区索益社会组织服务社	http://shop70262257.taobao.com/	上海	否
36	上海市静安区关爱女童工作协会	http://huiguniangclub.taobao.com/	上海	否
37	北京侠友新社	http://shop67723056.taobao.com/	北京	否
38	上海彩虹桥公益社	http://caihongqiao001.taobao.com/	上海	否
39	广东省汉达康福协会	http://shop67739720.taobao.com/	广州	是
40	笃挚	http://handaffection.taobao.com/	北京	是
41	北京晟世锦绣	http://ame-s.taobao.com/	北京	否
42	Shu手工	http://shushougong.taobao.com/	北京	否
43	我们的自由天空-OFS	http://shop58696174.taobao.com/	北京	否
44	厦门市绿十字环保志愿者中心	http://shop70622126.taobao.com/	厦门	否
45	绿色潇湘	http://greenhunan.taobao.com/	长沙	是
46	中国红十字基金会众基金	http://shop64209516.taobao.com/	北京	否
47	贵州禾美少数民族手工艺公平贸易	http://shop35668533.taobao.com/	贵阳	否
48	中国公平贸易在线	http://innofairtrade.taobao.com/	广州	否
49	厦门担当者行动	http://dandangzheyimai.taobao.com/	厦门	否
50	山西晚报公益淘宝店	http://sxwbs.taobao.com/	太原	否

续表

序号	机构名称	淘宝网店地址	网店所在地	2020年店铺是否存在
51	映诺社区发展机构	http://fairtradeorg.taobao.com/	广州	否
52	浙江省小动物保护协会	http://zjsapa.taobao.com/	杭州	是
53	乐橙柜台	http://shop60446201.taobao.com/	杭州	否
54	野百合公益联合会	http://shop69904427.taobao.com/	河池	否
55	四川省绿色江河环境保护促进会	http://shop71072295.taobao.com/	成都	否
56	爱百福济慈之家	http://shop71225179.taobao.com/	北京	否
57	藏人文化网	http://mybudala.taobao.com/	成都	否
58	天津友爱家园	http://tjyajy.taobao.com	天津	否
59	广州市金丝带特殊儿童家长互助中心	http://shop71485262.taobao.com/	广州	是
60	杭州青年公益社会组织服务中心	http://hzqngy.taobao.com/	杭州	否
61	广州CSA	http://gzcsa.taobao.com/	广州	否
62	北京红丹丹教育文化交流中心	http://shop65068534.taobao.com/	北京	是
63	浙江绿眼睛环保组织	http://shop71412244.taobao.com/	温州	否
64	快乐小陶子教育公益工作室	http://kuailexiaotaozi.taobao.com/	北京	否
65	北京国仁绿色联盟	http://lvselianmeng.taobao.com/	北京	否
66	吉林省华益爱心志愿者协会	http://hyzyz.taobao.com/	长春	否
67	四川北川复泰玫瑰有限公司	http://shop64133597.taobao.com/	北川	否
68	深圳市残友电子善务有限公司	http://canyousm.taobao.com/	深圳	否
69	喀什市残友科技有限公司	http://kashicanyou.taobao.com/	喀什	否
70	深圳壹家亲社工服务中心	http://shop71914635.taobao.com/	深圳	否
71	深圳市新联残疾人工艺社	http://shop68031198.taobao.com/	深圳	否
72	广州满天星青少年公益发展中心	http://shop71946018.taobao.com/	广州	是
73	上海热爱家园青年社区志愿者协会	http://grassrootscommunity.taobao.com/	上海	否
74	上海无障碍艺途	http://shop64804476.taobao.com/	上海	是
75	雷励中国	http://shop64264929.taobao.com/	上海	是
76	苏州市小红帽义工协会	http://shop67774054.taobao.com/	苏州	否
77	嫣然天使基金	http://shop67601005.taobao.com/	北京	否

附录1 2013年淘宝公益店发展情况统计

续表

序号	机构名称	淘宝网店地址	网店所在地	2020年店铺是否存在
78	广州市黄埔身心飞翔心理援助服务中心	http://sxfx.taobao.com	广州	否
79	上海浦东新区慈爱公益服务社	http://shop72616224.taobao.com	上海	否
80	自然大学	http://shop72721624.taobao.com/	北京	否
81	好友营支教总部	http://shop72719432.taobao.com/	佛山	是
82	重症肌无力关爱协会	http://shop72283579.taobao.com/	重庆	否
83	四川启明动物保护中心	http://shop60362419.taobao.com/	成都	是
84	深圳市鹏博爱心互助协会	http://shop69062388.taobao.com/	深圳	否
85	四川春苗助学网	http://cmzxw.taobao.com	四川	是
86	爱心纳雍公益联合会	http://shop69655060.taobao.com/	贵州	否
87	山东泰安公益志愿协会	http://tavca.taobao.com/	泰安	否
88	福建连江谷雨公益中心	http://guyugy.taobao.com/	连江	否
89	重庆市万州区青年助学志愿者协会	http://chnqzh.taobao.com	万州	否
90	无国界爱心组织公益网店	http://shop64319924.taobao.com/	北京	否
91	芒果V基金	http://shop72567736.taobao.com/	长沙	否
92	华夏公益项目超市	http://hxngo.taobao.com/	杭州	否
93	云南博爱血友病关爱中心	http://shop72581609.taobao.com/	昆明	否
94	善淘网	http://shop72952118.taobao.com/	上海	是
95	NGO备灾中心	http://magicants.taobao.com/	成都	否
96	成都市青羊区义工联合会	http://shop71918363.taobao.com/	成都	否
97	成都高新区推动力公益发展中心	http://shop72053760.taobao.com/	成都	是
98	绵阳市爱(观)鸟协会	http://skyxb.taobao.com/	绵阳	是
99	北京华藏图书馆	http://huazang2007.taobao.com/	北京	是
100	陕西零贰玖公益服务中心	http://029gy.taobao.com	西安	否
101	茂名市乐善公益协会	http://leli365.taobao.com/	茂名	否
102	成都公益格格屋	http://shop72580679.taobao.com/	成都	否
103	东莞市绿色珠江环保促进中心	http://greenzhujiang.taobao.com/	东莞	否
104	北京海伦聋儿康复园	http://aixinjiuzhu.taobao.com/	北京	否
105	甘肃酒泉微梦公益助学联会	http://mgce.taobao.com/	酒泉	否
106	广州义务工作者联合会	http://shop71958277.taobao.com/	广州	否

附录2 "免费午餐"活动中邓飞微博部分内容

备注：@是请求某个媒体关注，//是转发，没有标有@的媒体则是微博博文中提到的媒体，//@是转发一些媒体发表过的博文，即邓飞自己关注的一些媒体的同步报道，通过转发也使得媒体的报道被广大受众知道，扩大宣传影响力。

时间	邓飞微博中提及和请求关注的媒体	请求关注的活动内容
2011-3-26 08：16	@黔中早报@都市快报	吃了一碗牛肉面，准备出发，学校在黔西县太来乡，乌江上游。我们将通过六广河大峡谷
2011-3-26 18：08	@黔中早报@都市快报@黔中早报陈峥@吕宏@逐鹿天涯@莫名在路上@鄢烈山@笑蜀@令狐补充A@杨锦麟	我们正在贵州毕节太来乡定下乌江小学食堂，谋求建立标准化模式来推动中国贫困山区免费午餐计划。刚电话@老沉 说建立专项基金，团结整合任何助学资源，已有多方力量汇聚，我们会解决这个问题
2011-3-30 23：26	@朱长振大河报特稿记者	回复@朱长振大河报特稿记者：在我们形成稳定、标准化的午餐模式后，河南也可以依据大河报展开。周六，云南信息报和华西都市报等媒体将在黔西县花溪乡沙坝小学记录免费午餐执行，推广到云南和四川山区
2011-3-31 14：36	@黔中早报@都市快报@云南信息报@华西都市报@华声在线@三湘都市报	赞，树新和天涯社区 领队在黔西另一乡镇抢先我们一天，在周五开饭。什么时候，我们像这样争先恐后去帮助弱者和底层，我们就赢了
2011-4-1 11：41	@华声在线杨博智（备注：华声在线，国家重点新闻网站，湖南新闻门户，中国门户网站品牌十强，湖南日报报业集团旗下的新媒体集团。）	回复@华声在线杨博智：谢谢家乡媒体《三湘都市报》和华声在线的支持，湘西怀化张家界也有孩子无午餐。@都市频道@长沙晚报也将参与，一起帮助推动湖南西部山区#免费午餐#问题。大家加油。//@华声在线杨博智：@邓飞华声在线、三湘都市报特派记者王立三已经在去贵州的路上，会和你在贵阳或黔西会合，华声
2011-4-3 11：32	@华声在线@三湘都市报	#免费午餐#在沙坝小学吃饭两顿，早餐面条一顿，记者们各自付餐费50元

附录2 "免费午餐"活动中邓飞微博部分内容

续表

时间	邓飞微博中提及和请求关注的媒体	请求关注的活动内容
2011-4-5 08:25	@都市快报 @沈雁冰	是#中国西部贫困山区免费午餐#核心发起人之一,在采访报道、影响社会和筹措捐款方面做得非常好。向你们学习,我们加油 【天下有免费的午餐】这两天@都市快报连续报道贵州山区孩子没午饭吃,浙江读者的热情出乎意料,下午2点到5点,3个小时接了77个电话,已是极限,有企业家、银行行长说将单独捐助一所学校,很多打不进电话的读者还想方设法找到我手机号……感谢你们!一起发力吧!
2011-4-7 10:41	南方都市报记者@左志英	【我们如何推动贵州山区免费午餐】关心免费午餐的同学,请看南方都市报记者@左志英的报道。http://t.cn/hBRc5S。我们在推动免费午餐时,仍在进行#微博打拐#,我们永远不会停止对被拐儿童的寻找,@薛蛮子@于建嵘@徐小平@深圳孙卓爸@志愿者彭高峰@上官正义——仔仔 我们继续加油
2011-4-13 21:00	@朱长振大河报特稿记者	4月14日,#中国贫困山区小学生免费午餐#联合发起人大河报将在鲁山执行第二所免费午餐小学。我授权大河报在新闻报道和公共宣传时使用该娃娃Logo。@朱长振大河报特稿记者
2011-4-14 08:15	河南大河报	#河南免费午餐#我们在大河报门口,准备出发去鲁山
2011-4-14 10:06	@天府早报 @新浪四川 @四川卫视 @四川新闻网 By @善养浩然	//@免费午餐:天府也有饥饿的孩子 @天府微博聚焦四川 @四川政协 @天府早报 @新浪四川 @四川卫视 @四川新闻网 By @善养浩然
2011-4-15 10:54	大河报	【河南第二所免费午餐学校全纪录】详见大河报报道:http://t.cn/hrpxhP 以后这个学校将持续免费午餐。北京上海的一群会计师通过@免费午餐基金定向支持这个学校
2011-4-15 22:21	《军事世界POINT》	支持赵楚老师和他的《军事世界POINT》,靠谱。 @赵楚#秒杀活动#现在发送短信 @爱知书店赠送《军事世界POINT》月刊,可凭自动回复短信到上海爱知书店获赠该刊最新一期,送完为止。移动用户发送短信到:1069009009326 联通用户发送短信到:1066888866326 电信用户发送短信#爱之旅程心的日记# + 任意内容到:1066888866

续表

时间	邓飞微博中提及和请求关注的媒体	请求关注的活动内容
2011-4-15 22:45	@华声在线@三湘都市报	周六上午10点，@薛蛮子 将出现在长沙一农家大院和湖南工商界朋友共进午餐，我们一起助力湖南免费午餐项目。欢迎长沙的朋友围观最帅最有智慧的老哥~~~湖南项目将由@华声在线@三湘都市报 牵头组织其他爱心媒体和志愿团体进行，相关事宜请联系华声在线王记者 15084915191
2011-4-16 19:17	@三湘都市报@华声在线@长沙晚报@都市频道@湖南公视	湖南怀化市新晃一学校，孩子说饿了就掐肚子。这个学校将是我们在湖南执行免费午餐的第一个学校。@三湘都市报@华声在线@长沙晚报@都市频道@湖南公视
2011-4-16 19:41	@三湘都市报@华声在线@长沙晚报@湖南公视帮女郎	回复@岚晓T：先收好，公开物品信息。资金进福基会公募账号。我们将很快启动这个学校的免费午餐，新化县还有一学校将是第二所，到时这些东西分送到学校。@三湘都市报@华声在线@长沙晚报@湖南公视帮女郎 //@岚晓T：节目播出后我们的新闻热线接到了越来越多愿意帮助孩子们的爱心 不仅仅是捐款，更想捐物
2011-4-21 08:41	东方今报、教育广播	河南加油！//@微播河南：#免费午餐计划 我们在行动# 板庙小学的王校长说，现在孩子们依然是自己烧柴做饭，声音哽咽。明天，新浪河南将联合慈善总会、东方今报、教育广播一起进山悄悄地探访这些孩子，希望大家关注，希望更多的媒体、企业、个人能够参与进来，为这些孩子解决最基本的吃饭问题
2011-5-3 22:43	@新京报@京华时报@三湘都市报@华声在线@湖南公共频道@湖南卫视	和民间助学会等30多人4日凌晨6点半出发。这个房间90元，小巧温馨，只是水忽冰冷忽暴烫，洗个澡想死的心都有了。太折磨人啦……
2011-5-4 15:52	@华声在线杨博智@免费午餐@湖南公视帮女郎	回复@SprDepp：这个学校由长沙一群爱心人士帮助建设，他们在大山里助学多年。#免费午餐#湖南项目之新化执行将考虑和他们合力进行。各省也将和其他可靠助学组织形成联盟，一起加油。@华声在线杨博智@免费午餐@湖南公视帮女郎 //@SprDepp：这所学校修得很漂亮~

附录2 "免费午餐"活动中邓飞微博部分内容

续表

时间	邓飞微博中提及和请求关注的媒体	请求关注的活动内容
2011-5-5 08:56	新京报	家长们背着柴禾走很长山路来学校,以他们的方式谢谢#免费午餐#,详见5月5日新京报这篇报道。 (转发)@免费午餐500媒体人发起免费午餐项目,已资助7所山村小学_新京报 http://t.cn/hgiMrT "米饭比红薯好吃多啦。"5岁的罗叶鹏埋头吃起课桌上冒着热气的饭菜,边吃边笑。两个荤菜、一个素菜、一个鸡蛋、一个汤。别看孩子们个头小,却都很能吃,满满的一盆饭菜,没多久就吃完了。一些家长也背着柴禾赶到学校参与做饭
2011-5-5 09:36	三湘都市报	辛苦了,我们凌晨1点回到长沙,司机累得开不动,改由王卡拉开高速。这下,我们都不敢睡了,轮流说段子给她提神。三湘都市报记录的新化小学#免费午餐#。推荐。http://t.cn/hg6GFZ
2011-5-5 17:28	@都市快报	谢谢浙江企业的支持,@都市快报 将在5月贵州铺开5所#免费午餐#小学,威武。@九月鹰飞
2011-5-6 09:42	@新京报@都市快报@潇湘晨报	【十大顶尖摄影师联手记录免费午餐】我们在做一件很酷的事情:@新京报@都市快报@三湘都市报@潇湘晨报 派出各报最顶尖摄影师,在未来半年跟随我们,拍摄#免费午餐#中的人、学校和故事,用镜头记录这段历史,明年初合力推出一本超酷画册全球网络义卖。我们还需5名摄影大师、一个优秀出版社,请荐
2011-5-7 11:29	@湖南公视帮女郎	哈哈,我狠不起来。 (转发)//@湖南公视帮女郎#帮女郎#帮女郎助学行 免费午餐#免费午餐活动发起人、《凤凰周刊》记者部主任@邓飞 做客《帮助直通车》,为#免费午餐#计划的继续实施,一起加油!
2011-5-9 13:21	@京华时报公益周刊	诚挚致谢@京华时报公益周刊,#免费午餐#得到更多北京同学的支持。 (转发)//@京华时报公益周刊【公益你我他:免费午餐——贫困孩子的期待】朋友们,午餐很重要,你吃了吗?在湖南贫困县的横拉坪小学,7岁的奉мел华无论冬夏午餐都是一个冷土豆或冷红薯,7岁的刘俊杰长这么大没吃过几次鸡蛋,6岁的刘威一年只能吃得上一次肉……(未完待续下一条)http://t.cn/hgEKHf

续表

时间	邓飞微博中提及和请求关注的媒体	请求关注的活动内容
2011-5-11 12:07	人民日报	【人民日报励#免费午餐#对接政府】3元，是一瓶饮料的价格；3元，也是贫困山区小学生一顿午饭的花费，"免费午餐"已募集了近两百万善款，让7所学校的孩子们受益。如能促成政府、社会组织和民间力量更大范围的良性互动，这一计划可能成为政府与民间协同共治范例。http://t.cn/hge5LV
2011-5-11 22:18	@都市快报	贵州省府在努力，国家开始发力了吗？//@逐鹿天涯：贵州省领导、财政厅、毕节地区等政府都在行动，接下来会有更有利的进步。//@邓飞：姜大哥，@都市快报和杭州的同学们太强了，赞！我们的#中国贫困山区小学生免费午餐项目#一定会成功。//@九月鹰飞：@都市快报为免费午餐筹集的善款达到了527万元！◆@沈雁冰#中国贫困山区小学生免费午餐计划#都市快报筹集的款项将对口资助贵州纳雍县，5月9日—13日，有5所学校的孩子能吃上免费午餐。到今天，已经有场坝小学（123人）、丫口小学（112人）两学校开饭，接下来三天，土埠小学（320人）、歌乐小学（318人）、新丰小学（122人）相继开饭。@免费午餐@邓飞
2011-5-12 08:23	《凤凰周刊》	回复@丁大伟：诚挚谢谢我刊、《凤凰周刊》持续免费刊登#免费午餐#海报，帮助筹募捐款，真正实现有钱出钱，有力出力，有版面出版面。@师永刚@赵楚 //@丁大伟：这期周刊用这张图
2011-5-13 23:00	@凤凰周刊@军事天地@看历史@华尔街中文网	【免费午餐广告】@凤凰周刊@军事天地@看历史@华尔街中文网 四家媒体将第一批刊登这个#免费午餐#广告。严重致谢@师永刚@赵楚@唐建光@李亚玲@袁莉WSJ。抄送@李红平@笨耳朵陆晖@王拥娴@尊品杂志
2011-5-16 13:31	@南方都市报 //@新快报	可以预计的是，在广东强大企业界和媒体界支持下，免费午餐广东项目将进展最顺利。@王景春@谭伟山@南方都市报 //@新快报#天天公益·免费午餐#一顿3元钱的午餐，对于城市孩子来说，也许不屑一顾。但是在常年饿着肚皮上课的贫困山区儿童眼中，却是梦中佳肴。广东"免费午餐"项目首站在连山小三江小学正式启动，本周三新快报记者将带着第一笔捐款，给孩子们送上第一份免费午餐。http://t.cn/hecgyc

附录2 "免费午餐"活动中邓飞微博部分内容

续表

时间	邓飞微博中提及和请求关注的媒体	请求关注的活动内容
2011-5-18 13:59	//@都市快报中国新闻部	#免费午餐#提高了小朋友的学习积极性，早早就来到了学校。//@广东连山小三江小学:/@免费午餐：让孩子们重返课堂！ //@都市快报中国新闻部【免费午餐。探访】贵州省纳雍县，国家级贫困县，位于苗族、彝族、穿青人集聚的山区腹地。都市快报爱心团队第三次纳雍行，再次实地考察了左鸠戛彝族苗族乡4乡6所山村学校。值得欣慰的是，5月11日，土埤小学开饭那天，曾失学的李朝勇、李朝靖回来读书了。http://t.cn/heG1LT
2011-5-18 20:41	//@三湘都市报	【#免费午餐#第15所学校开餐】我们现在去湖南长沙的高铁上，明天下午见。@马伊琍 //@华声在线杨博智#免费午餐·湖南#华声在线@三湘都市报记者明早出发，前往新化白云完小启动免费午餐，这所300年历史的学校曾走出人大校长成仿吾。著名影星@马伊琍将到场与学生互动，该校校友团现场捐赠。这是湖南第3所，全国第15所免费午餐学校@邓飞@免费午餐@湖南公视帮女郎@善养浩然@赵雨杉加油，免费午餐！
2011-5-19 12:12	//@新快报	#免费午餐#广东项目第一个学校开餐，详尽记录，推荐！ //@新快报【"免费午餐"进校园】昨日中午，由邓飞、新快报等500媒体人共同发起的"免费午餐"项目在广东正式启动。首站是距离广州330公里之遥的连山县小三江小学，350个农村娃娃吃上了从未有过的丰盛午餐。http://t.cn/hepmGu
2011-5-20 12:31	@华声在线杨博智	#免费午餐#湖南项目负责人@华声在线杨博智和金牌帮女郎陈旭在帮发鸡蛋，很开心。家长来了几百余人，欢声笑语。@免费午餐
2011-5-20 19:52	@都市快报@黔中早报@华声在线杨博智@九月鹰飞@吕宏@免费午餐@刘炳路@莫名在路上@王景春@摄影师陈杰@傅拥军@云信王雷	路边店不能上网，华声在线@王立三围脖和@鱼丝1226坐到外面发稿。谢谢我的同行兄弟们，500媒体人10多媒体联手推进#中国贫困山区小学生免费午餐#。@都市快报@黔中早报@华声在线杨博智@吕宏@刘炳路@王景春@傅拥军

191

续表

时间	邓飞微博中提及和请求关注的媒体	请求关注的活动内容
2011-5-24 22：16	//@华声在线杨博智	//@华声在线杨博智今晚最大好消息！千万网友推动的#免费午餐#实现第一阶段胜利，政府民间开始合力帮助乡村小朋友。另，同学们请收看今晚12点湖南卫视岳麓实践论，我们详尽讲述#免费午餐#。欢迎指正建议。 //@华声在线杨博智好消息！新晃县张霞县长，田竑副县长下午电话我表示全力支持@免费午餐在新晃实施，拟财政拨款给全县41所小学搭建厨房，并责成县教育局、民政局全力支持我们在当地开展工作，政府携手民间，免费午餐希望在前。向积极行动的政府致敬，向两位美女县长致敬！@邓飞@深圳小斯@中国福基会肖隆君@善养浩然
2011-5-25 00：14	//@湖南卫视岳麓实践论	我也在看这期节目，哈哈，大饼脸啊～～～ //@湖南卫视岳麓实践论明晚5月24日（星期二）晚24点，@邓飞@梁树新@CDRF卢迈讲述@免费午餐背后的故事。面对武汉大学调查团的质疑，探讨@免费午餐到底能否持续？@湖南卫视岳麓实践论
2011-5-25 09：08	@主播李湘@时尚芭莎@时尚先生@北京议文 @华少host。抄送@张丹丹@李艾@蓝凤凰刘蔷@谢东娜@赵卓娜@王茜@张醒生	淘宝网、新浪微博和我们联合建立的#免费午餐#店很快正式运行，已收到大批捐赠拍卖物和二手物品，既避免物品浪费，又可帮助乡村小朋友。谢谢@主播李湘@时尚芭莎@时尚先生@北京议文 @华少host。抄送@张丹丹@李艾@蓝凤凰刘蔷@谢东娜@赵卓娜@王茜@张醒生。。等好友 //@主播李湘谁来组织一下二手衣慈善拍卖吧！我一定第一个参与:))
2011-5-27 08：48	@华西都市报	四川同学和在外的四川同学，我们要去凉山。望支持。//@中国福基会肖隆君：由500媒体人联合中国福基会发起的@免费午餐基金将于明日前往凉山走访，和@华西都市报等推动免费午餐早日入川。三块钱，一顿饭，中国福基会将把捐赠人的爱心带到大小凉山，带给彝寨那些常年以土豆为食成长的孩子们！

附录2 "免费午餐"活动中邓飞微博部分内容

续表

时间	邓飞微博中提及和请求关注的媒体	请求关注的活动内容
2011-5-27 10:04	//@华声在线蒋小康	致谢国家统计局湖南调查总队。贵州最近提出贵州人来帮助贵州小朋友，鼓励各省同学集中财力和志愿者资源帮助本省乡村小朋友。//@华声在线蒋小康【国家统计局湖南调查总队捐万元支持@免费午餐】"山里这么穷，就是因为文化程度不够。"26日下午，国家统计局湖南调查总队机关党委专职副书记刘其祝说，"免费午餐计划"在湖南如火如荼进行的时候，湖南国调系统青年联合会向全系统发起了募捐倡议，共募得善款12745.2元。@华声在线杨博智@邓飞
2011-5-28 11:32	南方都市报	致谢伟山，致谢南方都市报。//@谭伟山：我拍的照片，南都一共推出7个版的报道，今天给报料中心电话吵醒，很多读者咨询如何帮助孩子。@王景春@邓飞@免费午餐//@南都视觉【吃吧，孩子!】"免费午餐"计划目击。谁说"天下没有免费的午餐"？现实中的"免费午餐"，始于一个不让贫困孩子挨饿的慈善梦想。这个以媒体人、公益组织和慈善捐款支撑的计划，正在逐步让中国贫困地区的孩子们每天吃上免费的营养午餐。也预祝全国小朋友们儿童节快乐! http://t.cn/hDxhRT
2011-5-29 07:44	//@湖南公视帮女郎	鼓励和致谢爱心企业认捐山区学校午餐。//@免费午餐：感谢玛萨玛索长期认捐两所学校! //@何小肚：蹭饭小弟，让人心酸，看到姐姐牵着弟弟走那么远的崎岖山路上学，只为弟弟能分上一口自己"美味的午餐"，不再饿肚子……大家更要行动起来啊! 他们的愿望很奢侈吗，3块钱，只要3块钱……//@湖南公视帮女郎"蹭饭小弟"感动"北京帮女郎"，千里送午餐，热心的@玛萨玛索官方微博为新晃孩子带来了第四所@免费午餐试点学校，谢谢大家的爱心。不论年龄，不论长相，不论国籍，只要你有爱心，你就是帮女郎! 让我们一同为公益加油! http://t.cn/hDILic@邓飞

续表

时间	邓飞微博中提及和请求关注的媒体	请求关注的活动内容
2011-5-30 21:40	@新京报@京华时报@摘星手010@南方都市报@郑杰@九月鹰飞@刘炳路@中国发展研究基金会@张丹丹	好消息!!在贵阳大街上为湖南,为新晃鼓掌。在这次免费午餐行动中,地方政府、社会和家庭第一次真正联手,合力帮助乡村小朋友。这个国家2600万乡村小朋友的免费午餐不再是梦。@新京报@京华时报@摘星手010@南方都市报@郑杰@九月鹰飞@刘炳路@中国发展研究基金会@张丹丹 //@华声在线杨博智#免费午餐#六一节最给力消息:新晃县委县政府正式承诺,除为该县41所村小建立厨房外,县财政将为享受@免费午餐的每位孩子每天承担一元钱餐费。孩子不仅是家庭的孩子,社会的孩子,更是国家的孩子。免费午餐1+1+1的爱心模式已渐成形,让我们一起转发,共同为政府、民间,所有的爱心人士鼓掌。@邓飞
2011-5-31 10:10	黔中早报	今天中午,黔中早报。贵州慈善午餐现场,很温暖
2011-5-31 16:54	南方都市报音视频部	#免费午餐专题视频#,南都制造。致谢。 //@谭伟山南都视频:《午餐梦想》。南方都市报音视频部和@免费午餐@邓飞以及壹城视效一起重磅推出免费午餐系列视频之一。@王景春@南方都市报@梁音暗黑破坏猫丨陈宏涛丨@联合国儿童基金会@刘可79http://t.cn/hDY9Fl
2011-5-31 22:27	@南国早报	支持你们~~#免费午餐#广西项目也在准备中,我们也很想早点进入广西山区,帮助小朋友~~广西的媒体同学们加油,@南国早报@huaichihLi广西都安瑶族自治县部分寄宿制小学,学生自带大米黄豆到学校蒸饭吃,一天只能吃两顿黄豆蒸饭,一吃就是九年!孩子们,六一也是你们的节日,明天你们是否会吃上一顿好的?我们正在为你们组织捐款来购置一批图书,希望精神食粮能给你们带来六一的快乐!我们的力量太小不足以改善吃的问题@邓飞

附录3 免费午餐退出情况

退出时间	学校主动退出	执行不合格	营养改善全面覆盖	学校撤并
2020.5	6	0	0	0
2020.3	4	0	0	0
2020.2	4	5	1	0
2019.12	0	2	0	0
2019.11	3	0	0	0
2019.10	2	2	0	0
2019.9	4	2	1	10
2019.8	1	1	9	3
2019.6	1	3	3	0
2019.7	0	0	0	1
2019.5	0	5	0	0
2019.4	0	2	0	0
2019.3	2	12	4	3
2019.2	0	2	0	1
2019.1	0	1	0	0
2018.12	0	2	0	0
2018.11	2	1	0	0
2018.10	1	0	0	0
2018.9	1	3	0	12
2018.7—8	0	11	1	1
共计	31	54	19	31

资料来源：根据免费午餐官网相关公告统计。

附录4 轻松公益平台公益机构筹款及支持情况

序号	公益机构名称	总筹款（元）	总支持（次）
1	中华少年儿童慈善救助基金会	39074212.91	1607240
2	深圳壹基金公益基金会	25054477.41	810006
3	中国红十字基金会	21409503.58	935740
4	中国社会福利基金会	15764047.82	609452
5	中国华侨公益基金会	12819181.99	421433
6	中华慈善总会	9329666	99455
7	中国发展研究基金会	9032735.11	357233
8	河南省慈善总会	7518232.6	253247
9	新疆红石慈善基金会	5998418	245539
10	深圳市慈善会	5016038.88	203683
11	湖南省慈善总会	4994809.47	150677
12	陕西省慈善协会	5211674	182153
13	北京天使妈妈慈善基金会	5015000	162805
14	湖北省青少年发展基金会	7680354.72	101771
15	湖北省红十字基金会	3855712.06	141559
16	广东省青少年发展基金会	3115165.52	91958
17	中华社会救助基金会	3871455.1	100746
18	安徽博爱公益基金会	1932644.2	64598
19	广东公益恤孤助学促进会	1823732	50663
20	中国妇女发展基金会	2016456	56993
21	北京京华公益事业基金会	1724771.66	85206
22	泰山慈善基金会	1683000.06	64180
23	无锡灵山慈善基金会	1624157	56316

续表

序号	公益机构名称	总筹款（元）	总支持（次）
24	四川省困难职工帮扶基金会	1881132	51328
25	郑州慈善总会	1499920.1	63514
26	中国人口福利基金会	1380178	41010
27	江苏省妇女儿童福利基金会	1220127.96	57777
28	益童基金会	1120979	31719
29	北京市公安民警抚助基金会	1105713.03	26195
30	湖南省妇女儿童发展基金会	1385757	40741
31	上海仁德基金会	1081197	46128
32	河北慈善联合基金会	1020397	39852
33	北京新阳光慈善基金会	1017491.01	34909
34	广东省源本善慈善基金会	996962	33560
35	上海市华侨事业发展基金会	868677	28091
36	四川省慈善总会	860875.68	19816
37	南昌市青少年发展基金会	1278485.75	30618
38	江西省慈善总会	758828	21883
39	湖南省温暖工程基金会	690785	15804
40	河南爱心助老基金会	661541	26525
41	北京联益慈善基金会	645791	10590
42	江西省青少年发展基金会	602010.99	15242
43	爱德基金会	497336.01	16232
44	四川省妇女儿童基金会	488210	2492
45	北京青少年发展基金会	427167	14636
46	中华思源工程扶贫基金会	420118	8799
47	海南省医疗救助基金会	392980	14547
48	春苗基金会	379639	12807
49	舟山市定海区慈善总会	364367	9193
50	中国扶贫基金会	312093	10975
51	江西省红十字基金会	239667	8758
52	中国互联网发展基金会	362135.8	8050
53	贵阳市第三届筑城公益汇	196743	6415
54	深圳市龙越慈善基金会	179042	6535

续表

序号	公益机构名称	总筹款（元）	总支持（次）
55	西安市善行公益慈善基金会	175883	7210
56	陇南光明公益联合会	169602	3353
57	天津市妇女儿童发展基金会	161013	6351
58	鹤壁市慈善总会	156759	6391
59	河南省公益文化传播基金会	152770	6996
60	成都市慈善总会	119377	5033
61	中国残疾人福利基金会	117668	4976
62	福建省公安民警英烈基金会	117020	2431
63	新疆资助教育基金会	116348	6178
64	中国医药卫生事业发展基金会	105960	5651
65	福建省商盟公益基金会	93709	87864
66	中国青年创业就业基金会	87864	2687
67	中国生物多样性保护与绿色发展	84314	4953
68	中国友好和平发展基金会	167864	3342
69	中国少年儿童文化艺术基金会	79619	3053
70	北京苹果慈善基金会	75192	2417
71	北京市企业家环保基金会	48487.42	2819
72	遵义市红十字会	45050	1570
73	浙江省爱心事业基金会	42346	1796
74	郴州市慈善总会	33395	2477
75	中国听力医学发展基金会	28228	1329
76	中关村精准医学基金会	23558	353
77	甘肃省慈善总会	21693.5	459
78	中国光华科技基金会	12542	320
79	中国绿化基金会	10168	867
80	北京市丰台区慈善协会	7003	139
81	山东现代公益基金会	6433	70
82	北京市众安公益基金会	5176	79
83	上海联劝公益基金会	2169	129
84	深圳市社会公益基金会	1540	47
85	河北省残疾人福利基金会	1222	44

续表

序号	公益机构名称	总筹款（元）	总支持（次）
86	湖南省残疾人福利基金会	468	11
87	天津市海河文化发展基金会	200	2
88	昭通市红十字会	137	7
89	赤峰市红十字会	86	7
90	房山区慈善协会	79	6
91	北京市温暖基金会	77	6
92	海南成美慈善基金会	68	6
93	北京石景山区慈善协会	41	3
94	深圳市关爱行动公益基金会	35	6
95	河南省学生安全救助基金会	3	2
96	山东省青少年发展基金会	0	0
97	河北省青少年发展基金会	0	0
98	成都市教育基金会	0	0
99	广东省丹姿慈善基金会	0	0
100	永州市慈善总会	0	0

注：数据截至2020年9月18日。

图书在版编目(CIP)数据

中国新媒体公益传播研究/李晓红著. -- 北京：社会科学文献出版社，2022.4
（文澜学术文库）
ISBN 978-7-5201-9980-3

Ⅰ.①中… Ⅱ.①李… Ⅲ.①慈善事业-传播媒介-研究-中国 Ⅳ.①D632.1②G219.2

中国版本图书馆 CIP 数据核字（2022）第 057281 号

·文澜学术文库·
中国新媒体公益传播研究

著　者 / 李晓红

出　版　人 / 王利民
组稿编辑 / 高　雁
责任编辑 / 颜林柯
文稿编辑 / 许文文
责任印制 / 王京美

出　　版 / 社会科学文献出版社·经济与管理分社（010）59367226
　　　　　　地址：北京市北三环中路甲 29 号院华龙大厦　邮编：100029
　　　　　　网址：www.ssap.com.cn
发　　行 / 社会科学文献出版社（010）59367028
印　　装 / 三河市尚艺印装有限公司

规　　格 / 开　本：787mm×1092mm　1/16
　　　　　　印　张：13　字　数：207 千字
版　　次 / 2022 年 4 月第 1 版　2022 年 4 月第 1 次印刷
书　　号 / ISBN 978-7-5201-9980-3
定　　价 / 98.00 元

读者服务电话：4008918866

版权所有 翻印必究